革命と親密性

毛沢東時代の「日常政治」

REVOLUTION

INTIMACY

鄭 浩瀾 [編著] ZHENG HAOLAN

EVERYDAY POLITICS

東方書店

革命と親密性

──毛沢東時代の「日常政治」

目　次

序　章 ……………………………………………………… 鄭浩瀾　1

第一部　婚姻、性と権力

第1章　革命とジェンダー関係：1949 〜 1953 年
　　　　──江西省の離婚事例を通して ………………… 鄭浩瀾　37

第2章　中華人民共和国婚姻法と革命軍人の婚姻問題
　　　　………………………………………………… 丸田孝志　59

第3章　人民公社期の農村における婚姻関係の変容
　　　　………………………………… 李秉奎／金牧功大訳　95

第4章　人民公社期の村落における両性関係
　　　　──浙江省海寧市聯民村を事例として
　　　　………………………………… 張楽天／手代木さづき訳　117

第二部　革命の論理と家族の絆

第5章　夫婦の感情と結婚生活──家族間の手紙に基づく分析
　　　　………………………………… 魏瀾／御器谷裕樹訳　147

第6章　ある小資産階級家庭の生存戦略と
　　　　親子関係：1965-1972 ……………… 黄彦杰／比護遥訳　175

第三部　社会生活の空間における親密性と革命

第7章　若き女性同志たちの悩み
──毛沢東時代に日記を書くこと書かないこと … 泉谷陽子　203

第8章　政治と娯楽──建国初期の都市社会におけるダンスの興隆
………………………………………………… 大濱慶子　235

第9章　「おばあさん保母」からみる村落内部の託児活動
──大躍進前後、黒竜江省の事例 ………………… 横山政子　265

第10章　「共餐」をめぐる革命と私的人間関係
──1960年河北省の資料から ………………… 小嶋華津子　293

あとがき　……………………………………………… 鄭浩瀾　319

序　章

鄭浩瀾

一　問題関心と研究目的

　本書の検討時期となる毛沢東時代は、中華人民共和国（以下、中国）が成立した1949年から最高指導者である毛沢東が死去した1976年までの時期をさす。この時代の特徴といえば、革命と政治運動の展開であろう。ここでいう革命とは、中国共産党（以下、党）が1949年以降、一連の政治運動を通して行った社会秩序の根本的な変革を意味する。[1]主要な政治運動として、建国初期の土地改革と反革命鎮圧運動、1950年代の農業集団化・人民公社化運動と大躍進運動、1960年代の「社会主義四清運動」および文化大革命などがあげられる。こうした運動を通して、農村には人民公社体制、都市には「単位」（職場）体制が成立し、中国社会は国家による全面的な統制の下に置かれるようになった。また、階級闘争は家族や親族、友人、同僚などの間でも行われ、人々の人生や運命を翻弄した。

　以上のような政治運動の歴史は、毛沢東時代の主要な流れを形成し、先行研究の蓄積も多い。[2]とりわけ近年は新たな史料の公開により、党指導部の意思決定、中央から地方に至る政治動態、さらに末端レベルでの政策執行に関する研究が進んできている。[3]これらの研究は、政治運動の全容を解明する上でいうまでもなく重要である。しかし、本書の関心は、それよりもむしろ、草の根レベルで生きていた無数の普通の人々のほうにある。普通の人々の生（生きること）からみたとき、毛沢東時代の革命とは一体、何だったのか。本書では、この問題を探ってみたい。

　普通の人々に着眼した研究は、1980年代以来、中国研究の潮流の１つをなしてきた。中国共産党の一党支配のあり方を理解する際に、民衆の認識や行

動の分析が欠かせないということは、多くの研究者に認識されるようになっており、近年、民衆の抵抗に注目する研究が多く発表された。1956年頃の高級合作社の急速な推進に対する農民の抵抗、1957年の反右派闘争の前夜に発生した学生デモ、そして人民公社の集団労働に対する農民の消極的な姿勢に関する研究がその具体例である。こうしたことはたしかに生じた。しかし、それは政権の支配に対する抵抗だったのか、それとも生きていくための必要かつ合理的な反応だったのか。人口の大半を占める農民および普通の労働者に目を転じれば、そもそも毛沢東の支配に対して反抗的、または否定的な大衆感情は存在していたのか。仮にそれが存在したとすれば、数多くの政治運動に無数の人々が自ら参加したという事実、そして上から繰り返し政治運動が展開されたにもかかわらず、毛沢東時代の中国社会に大きな反乱がなく、概ね安定していたという事実を、われわれはどのように解釈すればよいのか。おそらくわれわれが問わなければならないのは、普通の人々が、国家による厳格な社会統制のもとでいかに抵抗したのかといった問題ではなく、むしろ、彼らがいかなる倫理や行動規範のもとで行動し、生活に対する国家の全面的な統制のもとでいかに生き、そしてその時代を生き抜くためにいかなる社会関係を実践していたのかといった問題ではなかろうか。

　本書では、親密性に注目し、こうした問題を解明することを試みる。親密性といえば、多くの人は、性と愛にかかわるものというイメージを抱くだろう。無論、性と愛にまつわる諸活動は、親密性を表す重要な部分であり、本書の重要な考察対象である。しかし本書で使用する親密性の概念が意味するところは、それだけではない。親密性は、英語のIntimacyの訳語であり、主に自己と他者との間の親密な関係、あるいは他者と近い関係が保たれる状態を意味する。ここでいう親密な関係とは、①性と愛にまつわる諸関係（婚姻関係、セクシュアリティ、家族関係、恋愛関係など）と、②友人関係や同僚関係などを含めた「他者との近い関係」、という2つの意味、社会学の分野において広汎に使用される概念である。本書も、こうした意味で親密性または親密な関係の概念を使用する。

性と愛にまつわる関係であれ、友人や同僚との親密な関係であれ、いずれも社会関係の一種であり、根本的にいえば私人関係である。ただ、社会学の文脈で一般的に使用されている私人関係の概念とやや異なり、親密性の概念は、自己と他者との関係の近さを強調する意味合いがあり、自己の身体的欲求や感情、考え方を他者の前に表出することができる状態をさす場合が多い。とりわけ身体や感情の部分に関しては、これまで主に映画や文学作品のなかで描写されてはいるものの、長い間、社会科学の分野においては客観的な分析が難しいとして排除されてきた。その背景には、理性に基づいて行動するという近代的人間像が存在し、そして理性は身体の本能や欲望、そして感情と区別されたものとして一般的に認識されていることがある。

人間は理性に基づいて行動する点において、動物と大きく異なる。しかし、経験世界で生活している以上、人間の行動には、身体上の欲求のほか、喜怒哀楽、不安、焦燥、恐怖などの感情がともなう。人間の身体とは、生理的欲求を持つ生物としての身体というだけでなく、習慣、心性、意識、言語など⁽¹¹⁾を持つ統一した有機体としての「社会的身体」でもある。ここでいう「社会⁽¹²⁾的身体」は、いうまでもなく長い歴史を経て形成されてきた社会的慣習や価値観、文化などに影響され、また時間的・空間的な社会の文脈のなかで他者とかかわりながら構築されるものである。すなわち、身体の欲求や感情の表出は、社会の規範を内包しつつ、社会的に構築された産物なのである。した⁽¹³⁾がってそれは決して政治と無関係ではない。先行研究が示すように、大衆の感情は指導者の意思決定に影響を及ぼすことがある。逆に、政治権力が大衆⁽¹⁴⁾の感情を操作したり、動員したりすることもよくある。土地改革や反革命鎮圧運動、反右派闘争、文化大革命の際に開催された様々な闘争大会がその典型例であろう。こうした闘争大会においては、参加者の怒りや憎しみなどの感情が煽られて増幅し、「敵」に対する暴力へと転化されていったのである。⁽¹⁵⁾

身体上の欲求や感情がより豊かに表現されるのは、親密性のある空間である。誰しも親密性を求め、それに依存して生きる。人間は、往々にして表舞台では身体の欲求や感情の表出を抑えて「見せかけの自己」を演出するが、

自己と親密な関係を持つ他者を前にしては、自分の欲求や感情を素直に表出し、内面化された価値観や規範を実践する。その意味では、親密性とは、自己の内面世界を他者と共有する空間でもある。ただし、親密な関係は必ずしも愛や友情だけで語られるようなものではない。現実はむしろ、衝突や対立といった緊張関係に満ちていたり、暴力にさらされたりする側面がある。これらの緊張関係は、往々にして身体的欲求や価値観、行動規範をめぐる支配と抵抗にかかわるものであり、政治や生活環境の変化からも常に影響を受けるため、特定の時間や空間の文脈のなかで検討されなければならない。

いずれにしても、親密な関係は人間が生きる上で最も重要な社会関係であり、それなしには、人間は生きていくことができないといっても過言ではない。だが、まさにこのような人間の生にとって不可欠なものが、革命によって大きな打撃を受けたことに留意したい。「大義滅親」(大義のために自分の親や身内を犠牲にすること)というスローガンが示すように、血や情にまつわる親密な関係は、往々にして階級闘争の展開を妨げるものとして批判された。それによって、多くの若者たちは、自分の親との関係を断ち、親の「不正行為」を摘発した。親子関係のみならず、恋愛関係や友人関係も革命により大きな影響を受けた。「階級成分」などを理由に愛する人と別れ、愛情のわかない相手と一生を共にした人はどれほどいたのだろうか。[16] もちろん、その影響の度合いは人によって異なり、一概にはいえないが、毛沢東時代の革命は、階級闘争の矛先を親密な関係そのものに向けたという点で、非常に特徴的であった。

一方、親密性と革命との関係は、親密な関係が革命によっていかに破壊されたかという話だけでは捉えられない。現実は、それよりはるかに複雑なものだったからである。次節においてこの点を述べるが、生活コミュニティの視点からみれば、革命は人々の間の親密な関係を攻撃の対象としたものの、親密な関係を土台に迅速に展開されたという側面もあり、場合によっては親密な関係を強化することさえあった。さらに、毛沢東時代の革命は、組織や権力構造の変革だけでなく、日常生活における人々の認識や行動を変革し、

普通の人々を「社会主義新人」に改造することを目指していた。[17]その結果、革命イデオロギーはさまざまな形で日常生活に浸透し、人々の認識や行動に影響を及ぼしたのである。

いわゆる革命イデオロギーとは一体、どのようなものだったのか。もちろん、その中身や強調点は時期によって変わり、一様ではないが、毛沢東時代の政治宣伝の内容をみれば、大きく①献身的に労働し、人民の利益に奉仕するとともに、敵に対して階級闘争を行うこと、[18]②規律ある日常生活を送り、「正しく」行動することの2点に分けられる。前者に関しては、自己利益より集団利益を優先し、私的な欲望も感情も持たない「透明人間」が理想像とされた。[19]後者に関しては、清潔で健康な身体を作り、規則正しく生活し、勤勉・節約の習慣を身につけ、集団的秩序に従うこと、さらに謙虚な態度で友人に接することなどが求められた。その多くは1949年以降突如現れた行動規範ではなく、1949年以前に国民党政権が唱えていたものであり、さらにそれ以前の歴史のなかで民衆が広く実践していた儒教的倫理をある程度内包したものであった。[20]では、このような革命イデオロギーは、いかに生活のなかに浸透し、人々はどのようにそれを受容し、また実践したのだろうか。これらの点については、毛沢東時代の社会変容を考える上で不可欠な問題でありながら、これまでの研究ではあまり検討されてこなかった。[21]本書では、親密性に注目し、こうした問題を考察してみたい。

以上のように、親密性は、決して政治と無関係なものではなく、むしろ政治に密接にかかわっていた。両者の緊密性は毛沢東時代においてより顕著に表れた。親密性は革命の攻撃対象であったと同時に、革命が展開された土台であり、また革命イデオロギーが最も熱心に実践された場だったからである。したがって、本書は、親密性に注目することによって、毛沢東時代における民衆の日常生活と政治との複雑な相互関係を考察する。本書でいう「日常政治」（Everyday Politics）とは、この「日常生活と政治との複雑な相互関係」をさす。

二　親密性からみる「日常政治」

　「日常政治」の視点が地域研究や歴史学研究で使用されるようになったのは、概ね1980年代以降のことである。紙幅の関係上その詳細は省略するが、ここでは主に「日常政治」に関する研究動向を簡単に紹介し、その上で親密性からみた毛沢東時代の「日常政治」とはいかなるものだったのかを述べる。

　「日常政治」をめぐる研究動向の１つは、国家権力と農民の生存戦略との関係についての考察である。その代表作としては、ジェームズ・スコット（James Scott）の研究とマイケル・ゾーニ（Michael Szonyi）の研究があげられる。スコットの研究『弱者の武器』（*Weapons of the Weak*）は、東南アジアの農村社会における叛乱・抵抗に焦点を当て、国家や地主による権力の介入や収奪に対抗する農民の行動をダイナミックに考察したものである。(22) また彼は『統治されない技法』（*The Art of not Being Governed*）で、さらに一歩進めて脱国家型の農民の生存論理を描写した。(23) それに対してマイケル・ゾーニの著作『統治される技法』（*The Art of Being Governed*）は、中国東南沿海地域を対象に、明朝の軍事制度のもとで、家族や親族組織がいかに生存戦略を立てていたのか、その実態を考察したものである。(24) 両氏とも国家権力と民衆の生存との関係性に着目した点で共通しているが、研究対象地域の違いもあり、国家権力に対する民衆の異なる対応ぶりを描写している点が興味深い。

　「日常政治」に関するもう１つの研究動向は、日常生活に広く存在する権力のあり方に関する研究である。20世紀半ば以降の政治学の発展およびジェンダー研究の進展により、政治権力をめぐる見方は大きく変容した。権力は、もはや政党や国家機構のみが行使するものではなく、社会に存在する諸集団が政治参加を通して持つ影響力、そして個人の認識や行動に影響を与えうるような力として広く捉えられるようになった。(25) それにともなって近代的国民国家の支配が、日常生活に深く介入していることが明らかにされていった。数多くの研究が示すように、近代社会の統治は、男女の性的差異（性差）を

土台としており、国家が異性愛主義という社会規範に基づいて制度化したものが「家族」である。性、身体、政治権力の関係についても、近代に入ってから変容し、また社会的に構築されたものであることが近年の研究によって明らかにされている。中国の場合、性は王朝時代には文学作品や医学書でしか言及されていなかったが、20世紀に入り、生殖または生命の増強に関連するものとして国家レベルで宣伝されるようになった。その宣伝は健康な国民の身体作りに向けて性にかかわる科学的な知識を普及させた一方、個人の性欲にかかわる部分を抑圧し、売春婦を社会的に排除した側面もあることを見落としてはならない。

　このように、近代的国民国家の支配の特徴の１つは、国家権力による民衆の日常生活への介入にあるといえる。この点からみれば、「日常政治」という概念を用いたかどうかは別として、近代以降の人々の生活世界における価値観や行動様式などを考察した研究は、少なからず「日常政治」という視点を取り入れてきたといえる。とりわけ民衆の日常生活を全面的に統制した共産主義政権のもとにおいて、民衆がいかに生活していたのかという問題は、政治支配のあり方そのものにかかわる。一方、日常生活は人間が日々の営みを行う豊かな世界であり、人間の認識や行為も多様かつ複雑であるため、特定の分析視点を定め、対象を絞り込むことが必要となる。したがって本書は、親密性と権力との関係を中心に「日常政治」を考察する試みであるが、毛沢東時代の「日常政治」の一側面を描き出すにすぎない。

　それでは、親密性の視点からみて、毛沢東時代の「日常政治」にはいかなる特徴があるのだろうか。この問題に関しては以下の３点を指摘しておきたい。

　第１に、普通の人々の生が国家の全面的な統制の下に置かれた社会主義体制にあって、人々の間の親密な関係は、それ以前と比べて政治権力に一層依存するようになった。

　人間の生を生存と生活に分けて説明しよう。両者とも毛沢東時代に大きく変容した。生存を生物の本能としての生命維持活動と定義するならば、毛沢

東時代において、人々の生存は、人民公社や都市の「単位」といった行政組織の管理下におかれ、土地や食糧をはじめ、人々の生存に最も基本的かつ必要な資源は、こうした行政組織の幹部を通して管理・分配されるようになった。生活の面も同様である。ここでいう生活とは、生存の概念と重なる部分もあるが、人間が様々な社会関係を持ちながら日々営む諸活動（衣食住にかかわる活動、性と愛にかかわる活動、労働生産活動、娯楽活動、相互扶助の活動、さらには内面的かつ精神的な活動や信仰活動など）を含むため、生存より広い意味を持つ概念である。こうした活動も、1950年代後期から国家権力の管理下に置かれるようになった。[33]

　社会主義体制の成立は、普通の人々の生にとって、次の２つの変化を意味した。すなわち、①生存・生活空間の地縁化、②地縁化された空間における資源分配のヒエラルキー体制の成立である。[34]農村の人民公社であれ、都市の「単位」であれ、いずれも明確な地縁的境界を持つ空間ごとに人々の生存・生活を統制する組織であった。その空間のなかで、個人がどこまで生存・生活資源を獲得できるかは、「階級成分」や職位、権力、労働能力などといった要素だけでなく、人民公社または「単位」の幹部との私的な関係の良し悪しによって異なっていた。ジーン・オイ（Jean Oi）の研究は、人民公社体制下にある幹部と農民との関係を「クライエンテリズム」（Clientelism）と形容し、それが末端社会における国家の食糧徴収にいかに影響していたのかを解明した。[35]アンドリュー・ウォルダー（Andrew Walder）の研究もこの概念をもって毛沢東時代の国有工場における政治のあり方を考察した。[36]両氏の研究はクライエンテリズムという概念を用いることによって、それまで中国研究の領域で流行していた利益集団分析モデルを批判し、末端社会における政治権力の行使がいかに人々の私的関係と癒着していたのかを解明するものであった。毛沢東時代の政治を考える上で、この点は極めて重要であるように思われる。[37]なぜならば、いかなる政策も上から下へと幹部を通して実施され、その過程は幹部個人の意思や利益、私人関係によって容易に影響を受けたからである。[38]そしてその私的な関係のほとんどが親密な関係だったことに留意すべきだろ

う。幹部に対し整風や四清運動などの綱紀粛正運動が絶えず展開されたことが示すように、共産党政権は幹部の思想や行動を常に点検し、政治学習を通してその規律性を高めようとしたものの、問題の解決は容易ではなかった。

　権力と親密性との結び付きは、不平等性を持つものである。普通の農民と比べて、幹部は食糧不足で命を落とすことはほとんどなかった。幹部はまた普通の農民より、性的欲望をみたすこともできた。様々な革命運動のなかで禁止されていたにもかかわらずしばしば発覚した幹部の「不倫関係」はこの構造のもとで生まれたものである。[39] また、誰が幹部と親密な関係にあるのか、あるいは親密な関係を作れるのかは、私的関係に左右されるがゆえに不確定要素が大きかった。親密な関係と権力の関係性は、性別や年齢、職位、経済状況などの違いによって変化した。幹部と良い関係があれば、資源を多めに獲得できる可能性があり、反対に関係が悪ければ、資源の獲得どころか、幹部個人の一存によって攻撃され、命まで脅かされる可能性さえある。資源の獲得をめぐる不平等な関係は、恣意的なものだったのである。このような幹部による恣意的な権力行使およびそれによって生じた不平等な構造は、特定の運動に限定的に生じたものではなく、毛沢東時代の全般に共通してみられる現象だったように思われる。

　第2に、毛沢東時代の革命は、1949年以前より中国社会に根付いていた親密な関係を社会的基盤として展開されたことが指摘できる。

　革命の展開は、一面において親密な関係に依存しながら展開された。ソ連の農業集団化と比べて、中国の農業集団化は、社会から大きな抵抗がなく、極めて短期間のうちに達成できた点に特徴がある。そのプロセスをみると、初期と後期には大きな違いがあり、現実においては決して順調ではなかったが、少なくとも農業集団化の前期、すなわち互助組の結成を呼びかけた段階においては、村落内部の相互扶助の慣習や村民の間に存在した親密な関係が一定の機能を果たしたと考えられる。大躍進運動も同様に、初期の段階に結成された公共食堂や託児所は、親密な関係を土台にしたからこそ可能になったという部分がある。ただ、こうした親密な関係の持つ運動推進効果は、あ

くまでも一時的なものにすぎず、村落内部の相互扶助の慣習をもって初級合作社およびそれ以降の急進的な農業集団化運動の展開を説明することはできない。[40] この段階になると、親密な関係よりも、行政権力による強制的な合併や階級闘争という暴力的手段が運動を推し進めた部分が大きかった。[41] また公共食堂や託児所が長続きしなかったことも周知の通りである。[42]

　革命は、また親密な関係を強化した側面がある。人民公社体制の成立によって農村で生じた大きな変化の1つは、村落の地縁化であった。[43] 人民公社は、公社―生産大隊―生産隊という3層構造をなしていたが、公社と生産大隊はあくまでも管理組織であり、集団所有の土地に基づいて集団的な労働生産活動を行う基本的な組織は生産隊であった。生産隊は一般的には村落内部に組織化され、人民公社体制の集団的労働体制のもとでは土地の集団所有者であった。生産隊が村落と重なったことによって、村落は明確な境界と安定した土地を持つ「地縁的団体」となった。無論、村落と村落の間に山林や川、土地の耕作状況などによって「境界」が自然に形成されたこともあるが、1949年以前の村落は基本的には明確な境界と安定した土地を持つ「地縁的団体」とはいえない。ほとんどの村落は移民によって形成され、特定の家系や身分が代々土地を支配するという状況にはなく、農民の間で土地が自由に売買されていた。村民の労働と生活が村レベルの土地に縛られるようになったのはむしろ社会主義革命以降のことである。言い換えれば、社会主義革命によって「地縁的団体」としての村落が全国的に誕生したのである。この点は社会主義革命によってもたらされた大きな変化であると思われる。

　中国農村研究者のヴィヴィアン・シュー（Vivienne Shue）は、かつて人民公社体制下の農村社会を「蜂の巣」（Honeycomb）構造と形容した。[44] 農業の集団労働が生産隊ごとに行われ、生産隊と生産隊との間の交流が著しく制限されたことにより、村落内部の親密性は、内部的には緊密になり、外部からみれば閉鎖的なものになったといえる。[45] 宗族に関しても同様である。宗族は、土地改革によって共有の土地を没収され、宗族内部の有力者の勢力も潰されたが、共通の祖先を有し、血縁的関係を持つ人々は、共同で農業の集団労働を

行い、共同で集団所有の土地を持つようになった。このように一族の人々が同じ土地を耕し、日々の生産活動をともにすることは、人民公社体制の成立によってはじめて可能になった。その意味で、宗族の血縁的共同性は、社会主義革命によって強化された側面がある[46]。

　第3に、社会主義革命の産物ともいえる農村の人民公社と都市の「単位」は、単に人々を労働に動員し統制しただけでなく、娯楽などを通して新たな社会生活の空間を作り出した。それにより、人々の親密な関係は次第に変容していったと考えられる。

　毛沢東時代の歴史は往々にして政治運動を中心に描かれてきたが、運動の展開がどの程度まで人々の行動に影響を及ぼしたのかは、別途検証しなければならない。人間の生活世界に目を転じてみれば、政治運動に参加するために生きていた人間はほとんどいなかっただろう。政治運動に対する姿勢が積極的だろうが消極的だろうが、人々の関心は、政治運動というより、いかに新たな環境に適応して日々を生きていくか、という点にあったように思われる。もしそうであれば、これまでの毛沢東時代の政治に関する研究のなかで、われわれ研究者は、革命や政治運動による抑圧的な側面または社会に与えた影響ばかりを強調しすぎたといえるのかもしれない。たしかに党は軍事化された政党であり、その主導で展開された政治運動は常に暴力をともなうものであった[47]。しかし、大半の人々にとって、日常生活は連続するものであり、事件や政治運動によって中断されるようなものではない。むしろ、現実は、社会内部にもともと存在していた対立や矛盾、軋轢などが、上から進められた運動によって表面化し、幹部や農民による恣意的な行動によって新たな矛盾や衝突を積み上げていくという展開をたどったのではなかろうか。

　もう1つ見落としてはならないのは、1949年以降の革命によって人々の社会生活が再編されたことである。なかでも、人々の認識や行動に大きな影響を及ぼしたのは、労働生活と娯楽生活に対する国家の管理であろう。労働は人間が生きていく上で必要な社会活動であり、共産党が「階級成分」を画定し、農村幹部を選抜する主要な基準の1つでもあった。また朝鮮戦争が勃発

して以降、増産のための動員が強化され、模範的労働者の姿が大いに宣伝され、職場の同僚間の競争が奨励され、幹部候補として「積極分子」が育成・抜擢されるようになった。こうしたことは、少なからず人々の間の親密な関係の実践に影響を及ぼしたと考えられる。

人々の身体を休ませたり、心を癒したりする娯楽はどのような状況にあったのだろうか。労働生活と同様に、毛沢東時代には娯楽活動も国家の管理下に置かれていた。1949年以降、とりわけ朝鮮戦争の勃発以降、祖先を祀る行事をはじめ、神霊に対する信仰活動は非科学的な「迷信活動」として排除され、麻雀や博打、宴会なども規制されるようになった。その代わりに行政組織ごとに様々な集団的な娯楽活動が組織された。こうした娯楽活動を通して、権力は人々の生活空間に浸透し、結果として親密な関係も再構築されていったのである。

以上の3点とも親密性からみた毛沢東時代の「日常政治」にかかわる全体的な特徴である。日常生活と政治との関係を実際に考察する際には、個人レベルでミクロな分析を行うとともに、社会全体の文脈のなかで考察する必要もある。人口の大半を占める農民にとって、革命は、土地改革のなかで少量の土地を獲得したことを意味し、同時に村の権力者が交代したことも意味した。誰がどのような「階級成分」であるのか、どの「階級成分」が良いのか、誰が新たに抜擢された幹部として力を持っているのかといったことを、農民たちは体得していった。その意味で農民にとって革命イデオロギーの内面化とは、階級概念に対する深い理解に到達することではなく、革命によって新たにもたらされた階級秩序を理解し、それに順応して生きることを意味した。

都市住民はどうだったのだろうか。彼らにとっての革命イデオロギーは、ただスローガンとして生活の表層にとどまっていた場合もあれば、都合に応じて必要な時にだけ実践される場合もあった。革命イデオロギーの受容のあり方は、イデオロギーの内容や受容の文脈、そして個人的要素によって異なるが、全体的に革命イデオロギーを最も実践していたのは、一定の教育水準を持つ都市の若年層だったといえる。彼らは新中国の変化を目の当たりにし、

肌で感じていた。そして、積極的に政治を学習することが自らにとって良い
将来を導く機会であると認識していた。したがって、彼らは革命イデオロギ
ーに抵抗するどころか、程度の差こそあれ、その普及と実践にかかわらざる
を得なかったし、自らかかわろうとする場合もあった。実際に、「三反五反運
動」や抗米援朝運動のなかで学生や若者たちは、親や親族の不法行為を積極
的に摘発するよう奨励された。「階級成分」が悪いという理由で、親と距離を
保ち、自ら関係を断とうとする若者たちも大勢いた。

　日常生活と政治との関係を考える上では、時期にも留意すべきである。1949
年以前に教育を受けた者は、親孝行や家族の絆を比較的重視していたが、そ
れに対し、1949年以降に生まれ、完全に革命イデオロギーのもとで教育を受
けた者は、生活のなかでは伝統的な価値観を育みながらも、革命的言説やイ
デオロギーに強く影響されて、公然と暴力的な行動をとる傾向を持っていた。
文革中に紅衛兵たちが熱狂的に毛沢東を崇拝し、伝統的な施設や文化財の破
壊活動を行ったのは、彼らの教育経験と無関係ではなかっただろう。[48] また同
じ人間であっても、50年代初期の思考パターンが、50年代後期、さらにそれ
以降、変化することもままあった。分析の際には、このような可能性も念頭
に入れなければならない。

　いずれにせよ、人間の価値観や行動規範には、「旧社会」から受け継いだ部
分と、「新社会」で革命イデオロギーとともに新たに吸収した部分がある。さ
らに、革命イデオロギーの影響を受けたとしても、みな自らの状況に応じて
それらを選択的に吸収し、実践したのであり、その表現は決して画一的かつ
不変なものではなく、状況に応じて変化するものである。こうした点からみ
れば、「日常政治」は、社会に対する国家の統治という一方通行的なものとい
うより、人々が日常生活のなかで政治権力と向き合いながら状況対応的に表
出した実践そのものである、といった方が妥当であるように思われる。

三　親密性の概念と中国社会の文脈

　親密性の概念を用いて中国社会の諸関係を分析する時に、1つ注意しておかなければならないことがある。それは、中国社会における親密性が、欧米の文脈でよくいわれる親密性の意味と大きく異なるという点である。ここでは、まず欧米社会における親密性の概念について簡単に整理し、その上で、中国社会の文脈において普通の人々の親密な関係がどのように捉えられるのか、説明しておきたい[49]。

　社会学の分野において、親密性を理論的に考察したものに、ミシェル・フーコー（Michel Foucault）とアンソニー・ギデンズ（Anthony Giddens）の研究がある。フーコーの研究は、「性と愛にかかわる親密性」と政治権力との親近性を体系的かつ理論的に分析した点に特徴がある。彼の研究によれば、近代社会の統治は、人間を死なせるためではなく、生きさせるためのものであるという点に特徴があり、権力支配は身体の規律化をはじめ、日常生活の隅々にまで及ぶ。そして近代社会のセクシュアリティは、身体に対する規律・訓練を行う権力テクノロジーと、国家が人口および住民の生命や健康を管理する権力とを組み合わせた措置として捉えられる[50]。こうした見方に対して、アンソニー・ギデンズは、「抑圧仮説」であると批判する。ギデンズによれば、フーコーの権力論は、権力を人間の生を「束縛する力」であると捉えるため、そこにおいて人間は「従順な人々」としてしか描かれない。しかし人間は、たとえ「規律を強いる権力」の支配下に置かれたとしても、必ずしも従順な存在であるわけではない。ギデンズによれば、権力は快楽を生み出す手段として働くこともあり、セクシュアリティに関しても、「たんに社会的な力をもって抑制しなければならない衝動としてのみ理解すべきではない」という[51]。そして、歴史上の異なる時期における社会の変容に注目し、20世紀半ば以降の欧米社会では、性的解放が進んだことにより、「自由に塑型できるセクシュアリティ」が出現したと主張する[52]。

「規律を強いる権力」に支配されるセクシュアリティであれ、「自由に塑型
できるセクシュアリティ」であれ、いずれもセクシュアリティと政治権力と
の関係性を提示する概念である。そしてこの2つの概念とも、西欧およびア
メリカの歴史的経験に基づいたものであり、共同体の束縛から解放された「理
性的な個人」と個人間の「平等性」を前提としたものである。その背景には、
新たな生殖技術や避妊法の普及にともなって女性が生殖機能による縛りから
解放され、セクシュアリティがパーソナリティ特性を持つ自己と緊密に結び
ついた新たな時代の到来がある。婚姻は男女間の愛や性の関係によって生み
出された自然な結果であるという認識が広がったのも、第二次世界大戦以降
のことであった。

　一方、1949年以前の中国社会は、軽工業を主体とする工業が発展したもの
の、人口の大半が農民だった。農民は、家族関係を中心に形成された血縁・
地縁関係のなかで生活していたため、個人の独立や平等な権利を追求する意
識が弱かった。欧米の思想史において「近代的かつ理性的な個人」は、身分
制や領主制に基づく村落共同体のなかから、それによる束縛を打破する主体
として登場した。それに対して、中国の村落は、基本的には移民と同族聚居
の慣習によって形成された生活コミュニティであり、身分制に基づく秩序は
そもそも欠如していた。財産の諸子均分の慣習により、村民を構成する個々
の家は、身分的には平等な存在であった。「富は三代続かない」という諺が示
すように、家の経済力や社会的地位は、身分によって保障されるものではな
く、個人の能力や努力などによって変化する不安定なものであった。

　村の血縁関係の濃淡は地域によって異なるが、農村社会は全体的には固定
化された土地および身分に基づく共同体社会ではなく、家族関係を中心とす
る社会であった。村民の間に結ばれた血縁・地縁的関係も、根本的には個々
の家、または農民の間の私人関係にほかならなかった。村落のほか、中国社
会には相互扶助のために結成された様々な「会」や「幇」、また擬似的な血
縁・地縁的関係に基づいて結成された秘密結社も多く存在した。こうした組
織は、明確な規則や仲間意識を持つ場合もあったが、その形成メカニズムを

みると、個々の家を中心とする持ち寄りの関係で形成されたり、有力者個人の能力や関係に左右されたりする場合が多かった。都市社会も同様に、人々の最も基本的な関係は、血縁に基づく家族関係であった。ただ農村と比べて、工場や学校、企業などで働く人々の間には、同級生関係、同僚関係などがより多く結ばれていた。

　以上のような中国社会の文脈およびその歴史的経緯から考えれば、毛沢東時代の中国社会における親密性は、明らかにフーコーやギデンズがいう親密性の概念と大きく異なる。また近年、親密性は、民主主義や「市民的公共性」の構築につながる概念として論じられることがあるが、本書で考察される親密性は、それとも次元が異なるものである点を指摘しておきたい。ギデンズによれば、「親密な関係性は、公的領域における民主制と完全に共存できるかたちでの、対人関係の領域の掛け値なしの民主化という意味合いを伴う」。このように、親密性という概念は、彼にとって民主主義を構築する可能性を内包したものである。日本でも、それに関連した議論がある。政治学者の齋藤純一の研究がその代表である。齋藤は、人間は、「常に自立的な存在者として生きている」のではなく、「身体を通じて互いに曝され、互いに含みあっているのであり、依存性こそ私たちの生の基本的な条件である」とし、親密圏を構築する必要性を主張する。彼によれば、親密圏とは、「具体的な他者の生への配慮／関心を媒体とするある程度持続的な関係性」であり、それを構築することを通して、その先に公共性を生み出すことができる。このような理論的な考察はいうまでもなく個人の孤立化が進む現代社会においては意義があるが、そのまま毛沢東時代に適用することはできない。したがって、本書では親密性という社会学の概念を使用するものの、それに関する理論的な考察より、毛沢東時代の社会における親密な関係の実態分析に重点を置くこととする。

四　研究手法と史料

　親密性は、根本的には個人関係であり、ある関係が親密か否かは、流動的で不安定なものであり、また個人的な要素に左右されるところが大きい。その実態を知るためには、個人の認識や行動をミクロな視点から考察しなければならないが、そこには一個人の分析結果がどこまで一般性を持ちうるのかという方法論的な問題がともなう。この問題を克服するためには、個別の事例とあわせて、社会全体の状況を把握しなければならない。ただ、特定の事例か、それとも社会一般に通用する分析かという二者択一的な考えをとる必要もないように思われる。社会全体にかかわるデータがない限り、社会の一般的な法則を抽出したり、代表性を求めたりすることは困難であろう。むしろ、個人レベルの認識や行動を考察することを通して、これまでほとんど注目されてこなかった歴史を発見し、それをどのように意味づけるのかという点が重要である。⁽⁶³⁾

　以上のような方法論的な問題を踏まえながら、本書は、①婚姻関係や家族関係、友人関係など社会関係、②個人レベルでのこうした関係の実践、という両面から親密性と政治との関係を考察することとする。①に関しては、毛沢東時代の家族や親族、婚姻関係の変容に関する社会学や人類学の先行研究⁽⁶⁴⁾を参照しつつ、当時の政治的文脈のなかでマクロ的に考察する。史料としては、新聞や雑誌、出版物、地方志文献、さらに近年入手可能となった共産党・政府の文献（『中国共産党重要文献彙編』）などを使用する。②に関しては、個人レベルの活動を社会全体の文脈と関連づけてミクロ的に分析する。さらに、以下の３種類の個人史料も使用する。

　（1）日記。日記を書く習慣は、国民教育の一環として民国時代から毛沢東時代まで奨励されていた。とりわけ建国初期の中国では、新たな革命イデオロギーが大いに宣伝されるなか、学生や幹部、技術者など一定の教養を持つ

人々の間に日記をつける習慣が広がった。無論、日記の内容はプロパガンダの影響を常に受けており、また政権によって推奨されたこともあり、自己検閲・自己規制が働いていたといえる。[65] また日記の記し方や内容は、書き手によってレベルが異なる。[66] しかし、本書で使用される日記は、軍隊や学校で課された作文ではなく、階級闘争の最高潮をむかえた文化大革命期に書かれた[67] ものでもない。ほとんどは社会に対する国家の統制がまだ本格化していなかった1950年代初期に、若者が自分自身のために書いたものであり、そこには日々の活動をはじめ、自分の考え方、人間関係をめぐる悩み、さらに人生設計などが述べられている。こうした内容は、当時のイデオロギーから影響を受け、自己規制を行うために書かれた部分もあるが、それを通して、当時の人々がどのように生活し、どのように自分の家族や友人との親密な関係を実践し、どのような悩みや葛藤を持っていたのかなどを知ることができる。

　（2）手紙。毛沢東時代に暮らした人々は、手紙を通して互いに連絡をとっていた。手紙は、人々が情報を伝達したり、意見や感情を表出したりする主要な手段であった。手紙の書き方は、相手との関係性によって異なるが、親密な関係を持つ者に対しては、自分の要望や意見、そして感情をより直接表出することができる。また、日記と比べて、手紙は自己との「対話」ではなく、自己と他者との「対話」またはコミュニケーションの手段であるため、個人間の関係のあり方を直接示す材料となる。とりわけ夫婦や親子、兄弟といった家族間の手紙は、親密な関係を考察する上で最も重要な史料であるといえる。

　（3）口述資料やインタビュー記録など。口述資料やインタビュー記録などは、当事者が自らの記憶を通して語った経験であり、人々のライフヒストリーを知る上で極めて重要な資料である。ただしこれらの資料は、「語り手」と「聞き手」との信頼関係の有無やインタビューの実施場所などによって内容が変わってくる。本書では、研究者自身が信頼関係を築いた相手にインタ

ビューを行い、その記録を貴重な口述資料として使用する。そのほか、建国初期の江西省の離婚裁判資料にも、男女双方が自らの婚姻関係や夫婦関係を記述したものがあるため、史料として使用する。

五　本書の概要

　本書は、3部から構成される。各部はそれぞれ問題意識が異なるが、総じて次の3つの問題を中心に展開されている。すなわち、毛沢東時代において、①国家権力がいかに親密性に絡みながら普通の人々の日常生活に介入したのか、②個人がいかに主体的に親密な関係を実践したのか、③その親密な関係がいかに変容していったのかということである。以下、各部の問題意識と各章の概要を紹介する。

　「婚姻、性と権力」をタイトルとする第一部では、婚姻・セクシュアリティをめぐる関係が、毛沢東時代においてどのように変容し、どのように個人によって実践されていたのかを扱う。本書ではジェンダーの視点を取り入れつつも、毛沢東時代の婚姻と性をめぐる関係の変容およびその実践に重点をおいて考察する。[68] 第1章と第2章は1950年代を中心に、政治秩序の再編にともなう混乱のなかで、国家がいかに婚姻関係に介入し、個人がいかに婚姻関係を実践したのかを論じる。それに対して、第3章と第4章は、秩序が比較的安定した人民公社時代を対象に、同時代の農村における婚姻や性をめぐる関係の変容を検討する。各章の概要は、以下の通りである。

　第1章（鄭浩瀾論文）では、離婚案件に関する県レベルの裁判史料や地方文献などに基づいて、過酷な生存環境のもとで、女性が離婚を通して何を求め、それに対し男性や農村幹部がどのように対処していたのかを考察する。「階級成分」に基づく新たな政治秩序が成立するなかで、誰と結婚するか、そして婚姻関係を維持するかどうかの判断は、「階級成分」および労働能力の強弱に

19

大きく左右されるようになった。本章ではその点を踏まえた上で、権力を持つ男性幹部または幹部と関係のある男性は、自らの権力や私的な関係を利用して、女性に対する「階級闘争」を実施しえたこと、社会における従来の心性や行動は消えたのではなく、階級闘争という名目のもとで新たな合法性を獲得したことを指摘する。

　第2章（丸田孝志論文）は、1950年代の戦時動員体制が続く状況のもとで、国家はいかに革命軍人の婚姻をめぐるトラブルに対応し、それを通して社会秩序の再建と動員体制の貫徹をはかろうとしていたのかを歴史的に検証したものである。朝鮮戦争までの16年に及ぶ総力戦の継続により、入隊した夫や婚約者が長期間不在となるなか、一部の女性は生活の必要や将来の見通しの不透明さから、事実婚や婚外婚を選択し、大量の離婚訴訟が起こされ、基層幹部から被害を受ける者も多かった。こうした状況において、国家は、婚姻法公布以前の妻側の新たな婚姻を事実上容認する方針をとる一方で、軍人の妻らに対する教育・支援、婚姻トラブルの解決などを通じて、軍人の婚姻や婚約関係を保障しようとする動きを強めた。また、戦場と生産現場で共に活躍する新民主主義社会の理想の夫婦・婚約者像を宣伝し、模範の顕彰を通じて女性らを農業集団化へ組織していった。これらから、婚姻が国家権力によって規制されていた事実、その規制が実際に社会で作用したときにはさまざまな逸脱が生じたものの、社会全体が国家に把握されていったことが提示される。

　第3章（李秉奎論文）は、各地域の状況を踏まえ、人民公社時代の農村の婚姻関係を社会学の視点から俯瞰的に論じたものである。人民公社体制のもとでは、農業集団労働をはじめ、民兵の訓練や模範劇の鑑賞など集団活動のほとんどが村落内部で行われたため、青年男女がともに労働し、ともに娯楽活動に興じる機会が増え、結果として「村内婚」（村民間で結ばれた婚姻関係）が増加した。また、男女とも集団労働に参加し、労働点数を得られたため、自分の婚姻に対する若者の自主権が高まり、伝統的な婚姻関係の締結に不可欠であった仲人の役割は低下した。他方で、伝統的な仲人の代わりにさまざ

な「紹介人」が登場したことは、婚姻を個人の選択というより家庭間で結ばれる関係として捉える伝統的な意識が依然として存在していたことを示している。こうした事実を踏まえ、筆者は、婚姻に対する自主権の拡大を過大視することはできないと指摘する。

　一方、性的関係はどうだったのだろうか。毛沢東時代の革命的言説は、身体的な欲求を抑制し、欲望や性欲を持たない崇高で潔白な人間を作り出そうとしていた。しかし、人民公社化運動が極めて短期間のうちに、既存の社会関係を基盤に推進されたため、社会内部に存在していた慣習や心性、行動規範などはそのまま人民公社体制のなかに残存した。生育のための性ではなく、身体的な欲望としての性は消えることなく、性的規範から逸脱した現実を生み出した。こうしたことをリアルに描写したのが第4章（張楽天論文）である。第4章では、筆者自身の経験および口述資料に基づいて、浙江省海寧市聯民村を事例に、人民公社時代の村落における性をめぐる規範の実践とそれに対する逸脱行為が分析される。筆者によれば、当時はかつて儒教の論理のなかで提唱された禁欲主義が大いに強調され、性が汚れたものだという意識も根強く存続した。しかしこのような言説は若者の性的欲求をある程度抑止することができた反面、性に対する若者の「妄想」をかき立てた。さまざまな不倫問題の出現が示すように、性にかかわる人間の欲求を、革命の論理によって改造することはできなかった。村落には、性意識と性規範に関する二律背反する現象が同時に存在していた。

　第二部（「革命の論理と家族の絆」）では、家族間の手紙や個人の日記に基づいて、親密性を持つ家族関係が、革命の論理のもとでいかに変容し、それにともなって当事者の内面世界にいかなる葛藤がもたらされたのかが考察される。

　第二部で使用される家族間の手紙や日記は、いずれも都市住民、とりわけ一定の教育水準を持つ大学生や「ブルジョアジー階級」出身の知識人が書いたものである。農民と比べて、彼らのなかには、革命の論理を比較的よく理

解し、それを自らの行動を規制する規範として受け止めた者も少なくなかった。しかし、彼らの日常生活における革命論理の浸透は、決して順調に進展したわけではなく、むしろ、現実においてさまざまな矛盾や緊張関係を生み出した。また、その浸透のあり方は、一様ではなかった。理解されても実践されなかったもの、部分的に実践されただけで長く続かなかったもの、そして生活世界に元々存在した規範と一致したため長く続いたものなど、1人の個人にとっても革命論理の内容によって浸透の次元が異なった。[69]こうした複雑な実態の全てを描くことはできないが、第二部では、日記や手紙に基づいて革命の論理と家族の絆の関係をミクロに考察する。

　第5章（魏瀾論文）は、1961年から1986年にわたってある夫婦の間で書き続けられた679通の手紙の内容を考察し、夫婦関係およびその背後にある感情の構造を分析する。この手紙を書いた女性は、儒教主義の伝統や革命の論理に縛られず、夫との関係に平等性に基づくロマンチックな愛情を求めていた。しかし彼女の夫は、政治的な進歩を求める「積極分子」であり、政治的用語を積極的に使用して、常に自分の「進歩」を表現しようとする人間であり、同時に親孝行など伝統的な儒教主義の規範を重視する側面も持っていた。このようなロマンチックな愛情と婚姻の現実との距離に直面した彼女は、転勤によって別居となった夫との手紙のなかで、夫の日常的な行動に誠実性がないと批判し続け、自らの婚姻が不幸なものだと訴えていた。しかし、夫が文革後に逮捕された後も、この女性は夫を見捨てることなく、むしろ婚姻関係の維持に努めた。政治によって翻弄されながらも、ロマンチックな愛情を求め続けた女性が、最終的に婚姻の維持または家庭の安定という伝統に回帰したことは興味深い。

　では、革命の論理が最も激しく貫徹された文化大革命という「非日常」的な時代においてはどうだったのだろうか。第6章（黄彦杰論文）は、家族間の手紙に基づき、60年代前半には体面を保ちつつ生活していた華家という小資産階級の家庭が、文化大革命中にいかに残酷な批判闘争に遭遇し、そうしたなかで親子関係がいかに変化したのかを描写した。悪い「階級成分」の親を

持つ若者は、階級を重視する立場に立って親に対する闘争を行うか、それとも家族を守って自ら階級闘争の対象になる運命を受け入れるか、という苦しい選択を迫られた。そうしたなかで、華家の子どもは、批判闘争に主体的に参与して国家の承認を得ることを望んだが、それでもなお、伝統的な親孝行の規範を捨て去ることはなく、むしろ文革がピークをむかえると、イデオロギー的言説から離れ、階級闘争よりも肉親への情を重視するようになった。革命の論理が激しく展開されてもなお、親子の間の感情や絆は根強く存続し、人々の生を支えていたことが示される。

　第三部（「社会生活の空間における親密性と革命」）では、社会生活の空間における親密性と革命との関係を考察する。主に考察されるのは、職場の同僚・友人間の親密な関係、娯楽や飲食を通して構築される他者との親密な関係、村落という生活コミュニティにおける村民の間の親密な関係である。この3種類の関係はいずれも革命の展開と密接に絡みあっていた。

　同僚・友人の関係に関しては、「団結友愛」や互助の精神が唱えられた一方で、次第に政治的上昇をめぐる激しい競争が持ち込まれた。1949年以降の中共の支配体制は、慢性的な幹部不足の状況にあり、常に社会から積極分子を抜擢し、幹部として育成しなければならなかった。誰が政治的な進歩を認められて積極分子になれるのかは人々の大きな関心事となった。積極分子としての抜擢をめぐって熾烈な競争が展開されるなかで、多くの人が出遅れてしまうことを不安に思ったり、焦燥感を覚えたりした。また政治運動の展開によって、職場の人間関係に亀裂が生じることもよくあった。これは、建国初期の都市社会に共通してみられた人間関係の変化といってもよい。

　政治的上昇をめぐる競争は、農村社会にも存在したが、都市社会と比べて、農村では、村落内部にもともと親密な関係が存在し、家族を中心とする情や絆がより濃厚だった。こうした親密な関係を土台に、農業集団化運動、人民公社化運動、さらに大躍進運動や公共食堂化運動が推進されたのだが、農村では、親密な関係が公権力の行使に影響を及ぼす事態が広く観察された。幹

部と親密な関係を持つ者は、それを持たない者より生存資源を多く確保することができた。親密な関係は本質的には権力に依存する私的な人間関係であり、不安定なものであったのみならず、親密な関係を持たない他者の生に対する無関心な態度を内包したものでもあった。

第7章から第10章は、以上のことを論じている。第7章（泉谷陽子論文）は、都市社会の若き女性3人の日記を使用し、3人ともが、毛沢東思想の実践者になろうとしたものの、職場の人間関係に亀裂がもたらされ、悩んでいた姿を描写する。この章ではまた、史料としての日記の使用方法に注目し、書き手が何を記述し、何を記述しないのかという問題を提起する。すなわち、3人の女性はいずれも、日常的な活動や内面世界の悩みを多く記述しているものの、自分の本当に私的な生活についてはあまり記述しなかった。そして、職場の人間関係に悩み続けていた若き女性は、最終的には家族という親密な関係のもとへ戻ろうとしたのであった。

第8章（大濱慶子論文）は、建国初期に中国の都市部を中心に流行した「交誼舞」（社交ダンス）と「集団舞」（民間民族舞踊）という2つのダンスに着目し、国家がいかにダンスを通して人々の余暇時間に介入し、社会主義化を推進していったかを考察したものである。国家による舞踊運動の動員を通して従来の「交際舞」は「交誼舞」へ変容を遂げ、「集団舞」という新しいダンスが創出され、人々の生活に組み入れられていった。この章では、第7章と同様に、50年代の都市青年の回想録や日記を手掛かりとし、ダンスという娯楽が、社会に大きな緊張関係をもたらした政治運動とは異なり、他者との親密な関係の再構築を通じて社会主義体制への転換を促す一助となったという見解を提示する。一方で筆者は、個々人において、ダンスという娯楽活動が政治の意図を超えて実践されていた点も指摘する。

第9章（横山政子論文）は、大躍進時期の黒竜江省の農村における託児組織に注目し、託児組織と村落内部の親密な関係との関係性を考察したものである。同論文によれば、託児所は生産隊を単位として設置され、顔見知りの人々が生活を営む村落のなかで運営された。大躍進時期における急激な託児所の

増設は、村落内部の親密な関係を土台としたからこそ実現できた可能性が高い。この点を指摘した上で、同論文は「おばあさん保母」の存在に注目し、現実における託児活動は、家庭で孫の面倒をみる祖母とあまり違わなかったことを明らかにした。政府の宣伝では、専用の建物、年齢別編成、研修を受けた保母を有する託児所の成立が謳われたが、農村社会における託児活動の多くは、村民の親密な関係に基づいた互助的な活動であり、農作業上の必要性に応じた臨時的な預かり行為にすぎなかったという実態が示される。

　第9章と同様に、第10章（小嶋華津子論文）も大躍進時期の農村社会を対象に、公共食堂の「共餐」（共に食事すること）に焦点を絞って、農民と幹部、あるいは幹部間の私的な関係がいかに公共食堂の運営に影響を及ぼしていたのかを考察したものである。公共食堂は本来、私本位・家本位の秩序を革命イデオロギーに基づく秩序へと変革するとともに、各世帯が炊事に用いる時間を節約し、資源を有効に活用することを目的に設置されたが、現実には、食堂の炊事員・管理員やその家族によるピンハネ行為が後を絶たなかった。また、幹部たちは、特別なルートや私的な関係を通じて食糧を入手し、公共食堂の外で「共餐」を享受していた。幹部の特権化の現実は、公共食堂という「共餐」の場の画一化によって白日の下に晒された。本章では、公共食堂をめぐる革命イデオロギーと農村の現実との乖離ぶりがリアルに描写される。

　以上のように、毛沢東時代の革命は、親密性と複雑に絡みあい、相互不可分の関係にあった。そこにみられる親密性は、現代社会に生きるわれわれが現在よく語る親密性、すなわち互いに自立的な個人が、身体的かつ感情的な感覚を他者の前に曝け出し、共有するという意味での親密性とは異なるものであった。無論、身体的欲求や感情の表出もあったものの、他者との関わりは、家族を中心とする社会内部の既存の諸関係のなかで営まれていたことを軽視してはならない。既存の親密な関係は、地縁化された空間のなかに包摂され、激しい革命運動の影響を受けつつ、個人の生を支え続けていた。しかし他方で、こうした関係は権力構造に強く依存し、さまざまな形で公権力の

行使の場に侵食していったのである。

　公共性とは、親密な関係を持たない「他者」がどうなるのかに関心を寄せてはじめて生まれるものだ。しかし毛沢東時代の政治秩序は、反革命分子や地主を排除する前提で構築されており、それぞれの「単位」のなかでヒエラルキー関係が成立し、「単位」と「単位」の間は分断されていた。「単位」や行政組織を超えた私的なつながりがあったとしても、公的な関心を持つ社会的連帯はなかったし、その形成を促す社会的な要請もなかった。大半の民衆は、親密な関係に支えられて生活し、親密な関係を最大限に活かしてよりよく生活しようとし、さらに親密な関係をめぐる葛藤を抱えながら生きていた。毛沢東時代の社会における親密性は、強靱なものだった反面、私的なつながりとしての不安定性や脆弱性も持ち合わせていた。

【注】
（1）体制の変革という視点からみれば、毛沢東時代の革命とは、主に「新民主主義革命」（封建地主と官僚資本主義による統治を倒すための革命）と「社会主義革命」（社会主義社会の実現を目指す革命）をさす。革命を目指す政治運動は毛沢東の死去まで続いた。
（2）中国共産党の歴史に関する最新の研究成果としては次の文献がある。『中国共産党の歴史』（高橋伸夫、慶應義塾大学出版会、2021年）、『中国共産党、その百年』（石川禎浩、筑摩選書、2021年）、『毛沢東論　真理は天から降ってくる』（中兼和津次、名古屋大学出版会、2021年）。
（3）ここでいう新たな史料には『中国当代政治運動数拠庫』、新華社『内部参考』、『中共重要歴史文献資料彙編』がある。これらの史料を利用した近年の研究成果としては次のものがある。『中国共産党の神経系　情報システムの起源・構造・機能』（周俊、名古屋大学出版会、2024年）、『毛沢東の強国化戦略1949-1976』（山口信治、慶應義塾大学出版会、2021年）、『中国共産党の統治と基層幹部』（小嶋華津子・磯部靖編著、慶應義塾大学出版会、2023年）。
（4）Jeremy Brown and Paul G. Pickowicz eds., *Dilemmas of Victory: The Early Years of the People's Republic of China*, Cambridge, Mass: Harvard University Press, 2007; Jeremy Brown and Matthew Johnson eds., *Maoism at the Grassroots: Everyday Life in China's Era of High Socialism*, Mass.: Harvard University Press, 2015; Masuda Hajimu, *Cold War Crucible: The Korean Conflict and the Postwar World*, Cambridge: Harvard Uni-

versity Press, 2015.『人びとのなかの冷戦世界　想像が現実となるとき』（益田肇、岩波書店、2021 年）。また、民衆史の研究動向に関しては、『毛沢東時代の政治運動と民衆の日常』（鄭浩瀾・中兼和津次編著、慶應義塾大学出版会、2021 年、序章（鄭浩瀾））に総括されている。

（5）Li Huaiyin, "Confrontation and Conciliation under the Socialist State: Peasant Resistance to Agricultural Collectivization in China in the 1950s", *Twentieth-century China*, Vol.33, No.2, 2008, pp.73-99.

（6）Elizabeth Perry, "Shanghai's Strike Wave of 1957", *China Quarterly*, 137(137), 1994, pp.1-27.

（7）『人民公社時期中国農民「反行為」調査』（高王凌、中共党史出版社、2006 年）、Ralph Thaxton, *Catastrophe and Contention in Rural China: Mao's Great Leap Forward Famine and the Origins of Righteous Resistance in Da Fo Village*, Cambridge: Cambridge University Press, 2008.

（8）愛とは必ずしも異性間のものだけでなく、家族や友人に対する愛や同性愛も含むが、便宜上ここでは性と一緒に扱う。

（9）広い意味でこの概念を使用した著作には以下の文献がある。Martin Fisher and George Stricker eds., *Intimacy*, New York: Plenum Press, 1982; Lauren Berlant, "Intimacy: A Special Issue", *Critical Inquiry*, 24(2), 1998, pp.281-288; Lynn Jamieson, *Intimacy: Personal Relationships in Modern Societies*, Cambridge; Malden, Mass: Polity Press, 1998; Ziyad Marar, *Intimacy: Understanding the Subtle Power of Human Connection*, New York: Routledge, 2014.『親密性の社会学　縮小する家族のゆくえ』（筒井淳也、世界思想社、2008 年）。

（10）Richard E. Sext on and Virginia Staudt Sexton, Intimacy: A Historical Perspective, in Martin Fisher and George Stricker eds., *Intimacy*, Ibid, pp.1-20.

（11）「思考様式」や「信念体系」など、集合的な態度、ある特定の文化における共通感覚または信念体系の構造をさす。Peter Burke, *History and Social Theory*, Cambridge, UK: Polity Press,1992, pp.91-96.（『歴史学と社会理論』ピーター・バーク著、佐藤公彦訳、慶應義塾大学出版会、1992 年、133-140 頁）。

（12）Roy Porter, "History of the Body Reconsidered" in Peter Burke ed., *New Perspectives on Historical Writing*, University Park, Pa.: Pennsylvania State University Press, pp.233-260.（ロイ・ポーター「身体の歴史」、『ニュー・ヒストリーの現在　歴史叙述の新しい展望』ピーター・バーク編、谷川稔ほか訳、人文書院、1996 年）。

（13）Jan Plamper, *The History of Emotions: An Introduction*, Oxford, UK: Oxford University Press, 2015.（『感情史の始まり』ヤン・プランパー著、森田直子監訳、みすず書房、2020 年）。

（14）次の文献を参照されたい。前掲『人びとのなかの冷戦世界　想像が現実となると

き』（第 4 章）、『フランス革命の心性』（ミシェル・ヴォヴェル著、立川孝一・槙原茂・奥村真理子・渡部望訳、岩波書店、1992 年）、『党と農民　中国農村革命の再検討』（高橋伸夫、研文出版、2006 年、補論）。

(15) Elizabeth J. Perry, "Moving the Masses: Emotion Work in the Chinese Revolution", *Mobilization: An International Journal* 7, no.2 (2002), pp.111-128; Yu Liu, "Maoist Discourse and the Mobilization of Emotions in Revolutionary China", *Modern China* 36, no.3 (2010), pp.329-362.

(16) 『追憶双親』（丁東編、北京・工人出版社、2011 年）、『復旦往事』（呉中傑、桂林・広西師範大学出版社、2005 年）、Weiguo Zhang, "Class Categories and Marriage Patterns in Rural China in the Mao Era", *Modern China*, Vol. 39 (4), 2013, pp.438-471。

(17) 「社会主義新人」に関しては、次の研究が詳しい。『形塑「新人」：中共宣伝与蘇聯経験』（余敏玲、台湾・中央研究院近代史研究所、2015 年）。

(18) 「毛沢東同志論反対貪汚浪費」『人民日報』1951 年 12 月 21 日、「培養青年共産主義的道徳　反対資産階級思想的侵蝕」『人民日報』1954 年 10 月 30 日、「鼓足幹勁、力争上遊、多快好省地建設社会主義的総路線万歳」『人民日報』1964 年 10 月 1 日。

(19) 「透明人間」像は延安革命根拠地における整風運動の時から提唱され、建国以降も一貫していた。「整風運動的心霊史」（黄道炫、『近代史研究』2020 年第 2 期、4-26 頁）。

(20) こうした規範は 1934 年から始まった新生活運動のなかで大いに提唱されていた。新生活運動については、次の文献を参照。『身体を躾ける政治　中国国民党の新生活運動』（深町英夫、岩波書店、2013 年）、『蔣介石と新生活運動』（段瑞総、慶應義塾大学出版会、2006 年）。革命イデオロギーと日常生活の行動規範との関係については、次の文献を参照。Haolan Zheng, "Thought Reform in Daily Life: Revolutionary Ideology and the Self of a College Student", in *Twentieth-Century China*, Vol. 49, No. 1, January 2024, pp.47-65.

(21) 前掲『毛沢東時代の政治運動と民衆の日常』も同様な問題意識を提起し、初歩的な考察を行った。

(22) James C. Scott, *Weapons of the Weak: Everyday Forms of Peasant Resistance*, New Haven: Yale University Press, 1985.

(23) James C. Scott, *The Art of not Being Governed: An Anarchist History of Upland Southeast Asia*, New Haven: Yale University Press, 2009.

(24) Michael Szonyi, *The Art of Being Governed: Everyday Politics in Late Imperial China*, Princeton, NJ: Princeton University Press, 2017.

(25) S. Laurel Weldon, "Power, Exclusion and Empowerment: Feminist Innovation in Political Science", *Women's Studies International Forum*, 2019-1, Vol.72, pp.127-136.　毛

沢東時代の女性を論じた研究として次のようなものがある。『中国と日本における農村ジェンダー研究　1950・60年代の農村社会の変化と女性』（堀口正・大橋史恵・南裕子・岩島史編、晃洋書房、2024年）、『20世紀中国女性史』（末次玲子、青木書店、2009年）、小浜正子「中華人民共和国の成立とジェンダー秩序の変容」（『中国ジェンダー史研究入門』、小浜正子・下倉渉・佐々木愛・高嶋航・江上幸子編、京都大学学術出版会、2018年）。

(26)『近代家族の成立と終焉』（上野千鶴子、岩波現代文庫、2020年）、『近代家族とフェミニズム』（落合恵美子、勁草書房、2022年）。20世紀中国の家族の変遷については、次の文献がある。『中国の家族とジェンダー　社会主義的近代化から転形期における女性のライフコース』（坂部晶子編著、明石書店、2021年）、江上幸子「近代中国の家族および愛・性をめぐる議論」（前掲『中国ジェンダー史研究入門』）。

(27) 三者の関係については次の文献が詳しい。Georgina Waylen, Karen Celis, Johanna Kantola, S. Laurel Weldon ed., *The Oxford Handbook of Gender and Politics*, New York: Oxford University Press, 2013; R. W. Connell, "The State, Gender, and Sexual Politics: Theory and Appraisal", *Theory and Society*, Vol. 19, No.51, 1990, pp.507-544. 江上幸子「愛・性と近代家族」（『論点・ジェンダー史学』、山口みどり・弓削尚子・後藤絵美・長志珠絵・石川照子編著、ミネルヴァ書房、2023年）。

(28) R. Keith McMahon, "A Case of Confucian Sexuality: The Eighteenth-Century Novel, Yesou Puyan", *Late Imperial China* Vol.9, No.2, 1988, pp.32-55.

(29) Frank Dikotter, *Sex, Culture and Society in Modern China*, London: C, Hurst, 1995; Harriet Evans, "Defining Difference: The 'Scientific' Construction of Sexuality and Gender in the People's Republic of China", *Signs*, Vol. 20, No.2, 1995, pp.357-394; *Women and Sexuality in China: Dominant Discourses of Female Sexuality and gender since 1949*, Cambridge, UK: Polity Press, 1997; Linda Grove, Prostitution in a Small North China in the 1930s, in *Nan Nu: Women and Gender in China*, Vol. 20, No.2, 2019, pp.285-305；Gail Hershatter, "Regulating Sex in Shanghai: The Reform of Prostitution in 1920 and 1951", in Frederic Wakeman, Jr., Wen-hsin Yeh. Eds., *Shanghai Sojourners*, Berkeley , Calif: Institute of East Asian Studies, 1992, pp.145-185; "Sexing Modern China", in Gail Hershatter, Emily Honig, Jonathan N. Lipman, and Randall Stross eds., *Remapping China: Fissures in Historical Terrain*, Stanford, California: Stanford University Press, 1996, pp.77-93.

(30) この点を総括的に論じたものに次の文献がある。Nikolas Rose, *Governing the Soul: The Shaping of the Private Self*, London; New York: Routledge, 1990. 「私的領域と権力　19世紀フランスの私生活と政治から」（ミシェル・ペロー著、福井憲彦訳、『思想』765号、1988年3月、25-39頁）。

(31) 20世紀中国の社会史・生活史については、農村に関するものが多い。たとえば次のような文献がある。Richard Madsen, *Morality and Power in a Chinese Village*, Berkeley: University of California Press, 1984; Anita Chan, Richard Madsen and Jonathan Unger, *Chen Village: The Recent History of a Peasant Community in Mao's China*, Berkeley: University of California Press, 1984; Huaiyin Li, *Village China under Socialism and Reform: A Micro History, 1948-2008*, Stanford, California: Stanford University Press, 2009; Yanyun Xiang, *Private Life under Socialism: Love, Intimacy, and Family Change in a Chinese Village, 1949-1999*, Stanford, California: Stanford University Press, 2003.

(32) ソ連や北朝鮮の民衆の日常生活と権力との関係については次の文献を参照。Changyong Choi, "'Everyday Politics' in North Korea", *The Journal of Asian Studies*, Vol.72, No.3, 2013, pp.655-673; Sheila Fitzpatrick, *Everyday Stalinism: Ordinary Life in Extraordinary Times: Soviet Russia in the 1930s*, New York: Oxford University Press, 2000.

(33) 生活資源に対する統制の視点から農民の日常生活と政治との関係を論じたものとして、次の文献を参照されたい。常利兵「政治権力と農民の日常生活の組織化」(『中国農村社会の歴史展開　社会変動と新たな凝集力』、内山雅生編著、御茶の水書房、2018年、第12章、215-228頁)。

(34) ここでいうヒエラルキー体制とは、共産党組織を中心とする組織体制のほか、階級によって差別化される秩序をもさす。その形成については戦争による影響という視点から捉えられる。『文化大革命への道　毛沢東主義と東アジアの冷戦』(奥村哲、有志舎、2020年)、『中国戦時秩序の生成　戦争と社会変容、1930-50年代』(笹川裕史、汲古書院、2023年)、『戦争と社会主義を考える（講座：私たちの歴史総合）』(歴史総合研究会編、久保亨著、かもがわ出版、2023年)。

(35)「クライエンテリズム」とは、「恩顧主義」とも呼ばれ、「パトロン」(patron、庇護者)と「クライアント」(client、顧客)との間に特別な利益やサービスをめぐる恩恵関係が存在することを強調する概念である。Jean C. Oi, *State and Peasant in Contemporary China: The Political Economy of Village Government*, Berkeley and Los Angeles: University of California Press, 1989.

(36) Andrew Walder, *Communist Neo-Traditionalism: Work and Authority in Chinese Industry*, Berkeley: University of California Press, 1986.

(37) Jean C. Oi, "Communism and Clientelism: Rural Politics in China", *World Politics*, Vol.37, No.2, 1985, pp.238-266.『中国農村社会と革命　井岡山村落の歴史的変遷』(鄭浩瀾、慶應義塾大学出版会、2009年)。

(38) 公と私との関係について、仁井田陞は、中国社会は公私の間に境界線がなく、「私」の意識確立のないところではまた「公」の確立意識もないと指摘する。『中国法制

史研究』（仁井田陞、東洋文化研究所、1964年、530-534頁）。溝口雄三は思想史の文脈から中国の「公」と「私」との関係を考察した。『中国の公と私』（溝口雄三、研文出版、1995年）。

(39) この問題は、次の文献のなかで論じられている。Emily Honig, "Socialist Sex: The Cultural Revolution Revisited", *Modern China*, Vol.29, No.2, 2003, pp.143-175; Xiao ping Fang, "Sexual Misconduct and Punishment in Chinese Hospitals in the 1960s and 1970s", *Nan Nuvu*, No.14, 2012, pp.262-296; Bing Xia, "The Vulgar-Minded: Cadres' Improper Man-Woman Relations in the Mao Era", *The PRC History Review*, Vol.9, No.1, 2024, pp.1-16; Bin Yang, Shuji Cao, Cadres, "Grain, and Sexual Abuse in Wuwei County, Mao's China", *Journal of Women's History*, Vol.28, No.2, 2016, pp.33-57.

(40) 前掲『中国農村社会と革命』（161-203頁）、「河北省における互助組・農業生産合作社組織過程の諸問題：等価・相互利益および遊休労働力を中心に」（河野正、『歴史学研究』2020年第8号、1-18頁）、「長治老区互助組織与社会主義：山西十個農業生産合作社的重新解読」（高潔・辛逸、『中共党史研究』2010年第1期、21-30頁）。

(41) 「高級農業生産合作社の成立と瓦解：河北省を中心に」（河野正、『史学雑誌』Vol.124, No.4, 2015年、491-527頁）、「『大衆動員』とは何だったのか？　貴州省東北部における農業集団化の展開と民兵（1954-1956）」（高暁彦、『中国研究論叢』第23号、2024年、25-41頁）。

(42) 公共食堂に関しては次の文献を参照。『"大鍋飯"：農村公共食堂始末』（羅漢平、四川人民出版社、2015年）、『毛沢東大躍進秘録』（楊継縄著、伊藤正・田口佐紀子・多田麻美訳、文藝春秋、2012年）。

(43) 前掲『中国農村社会と革命』（260頁）。Shue, Vivienne, *The Reach of the State: Sketches of the Chinese Body Politics*, Stanford, Calif.: Stanford University Press, 1988.

(44) 前掲、*The Reach of the State: Sketches of the Chinese Body Politics*。

(45) 『20世紀の農民革命と共産主義運動　中国における農業集団化政策の生成と瓦解』（小林弘二、勁草書房、1997年、472-484頁）、前掲、*The Reach of the State: Sketches of the Chinese Body Politics*, pp.132-137。

(46) Michael Szonyi, "Lineages and the Making of Contemporary China", in Vincent Goossaert, Jan Kiely, John Lagerwey eds., *Modern Chinese Religion II: 1850 - 2015* (2 Vols), Boston: Brill; 2016, pp.433-487. Gregory A. Ruf, *Cadres and Kin: Making a Socialist Village in West China, 1921-1991*, Stanford, California: Stanford University Press, 1998; Myron L. Cohen, Kinship, Contract, *Community, and State: Anthropological Perspectives on China*, Stanford, California: Stanford University Press, 2005; Yang Su, *Collective Killings in Rural China during the Cultural Revolution*, Cambridge

University press, 2011.

(47) Andrew G. Walder, *Civil War in Guangxi: The Cultural Revolution on China's Southern Periphery*, Stanford University Press, 2023; *China under Mao: A Revolution Derailed*, Harvard University 2015.（『脱線した革命　毛沢東時代の中国』アンドリュー・G・ウォルダー著、谷川真一訳、ミネルヴァ書房、2024 年）

(48) Anita Chan, *Children of Mao: Personality Development and Political Activism in the Red Guard Generation*, New York: Palgrave Macmillan, 1985.

(49) 親密性に関する研究は、ジェンダー研究やフェミニズムの分野において盛んに行われているが、紙幅の関係でそれらを詳述することはしない。

(50)『性の歴史 I　知的意志』（ミシェル・フーコー著、渡辺守章訳、新潮社、1986 年）、『性の歴史 II　快楽の活用』（ミシェル・フーコー著、田村俶訳、新潮社、1986 年）、『性の歴史 III　自己への配慮』（ミシェル・フーコー著、田村俶訳、新潮社、1987 年）。

(51)『親密性の変容　近代社会におけるセクシュアリティ、愛情、エロティシズム』（アンソニー・ギデンズ著、松尾精文・松川昭子訳、而立書房、1995 年、34-35 頁）。

(52) 前掲『親密性の変容』（34-57 頁）。

(53) 同上（13、22、24 頁）。

(54) Janet Finch, Penny Summerfield, "Social Reconstruction and the Emergence of companionate marriage, 1945-59", in Clark, D. eds., *Marriage, Domestic Life and Social Change: Writing for Jacqueline Burgoyne, 1944-88*, London; New York: Routledge, 1991, pp.7-32; Lynn Jamieson, *Intimacy: Personal Relationships in Modern Societies*, Ibid, pp.23-26.

(55) 民国期の中国経済については次の文献を参照されたい。『中国経済史入門』（久保亨編、東京大学出版会、2012 年）。

(56) 中国農村社会の基本構造に関しては次の文献を参照されたい。『中国農村社会の構造』（福武直著作集 9、東京大学出版会、1976 年）、『郷土中国』（費孝通著、西澤治彦訳、風響社、2019 年）、『中国の農村家族』（仁井田陞、東京大学出版会、1966 年）。

(57) 前掲『中国農村社会と革命』。また、農村社会の構造は村落のみならず、廟を通じて形成される地縁・神縁に注目する必要もある。『近現代中国における社会と国家　福建省での革命、行政の制度化、戦時動員』（山本真、創土社、2016 年）。

(58)『中国郷村社会論』（清水盛光、岩波書店、1951 年）、『中国法制史』（寺田浩明、東京大学出版会、2018 年、第 3 章）、『中国社会とギルド』（仁井田陞、岩波書店、1951 年）。

(59) 前掲『親密性の変容』（14 頁）。

(60)『政治と複数性　民主的な公共性に向けて』（齋藤純一、岩波書店、2008 年、196

頁）。

(61)『親密圏のポリティクス』（齋藤純一、ナカニシヤ出版、2003年、vi頁）。

(62) 前掲『政治と複数性』、『公共性』（齋藤純一、岩波書店、第4章）。また、同様な視点から親密圏と公共圏の関係性に着目したものに、落合恵美子の研究もある。『親密圏と公共圏の再編成　アジア近代からの問い』（落合恵美子編、京都大学学術出版会、2013年）、『親密圏と公共圏の社会学　ケアの20世紀体制を超えて』（落合恵美子、有斐閣、2023年）。

(63) 前掲『ニュー・ヒストリーの現在』（128頁）。

(64)『中国湖北農村の家族・宗族・婚姻』（秦兆雄、風響社、2005年）、『劉堡　中国東北地方の宗族とその変容』（聶莉莉、東京大学出版会、1992年）、『中国における社会結合と国家権力　近現代華北農村の政治社会構造』（祁建民、御茶の水書房、2006年）、『村から中国を読む　華北農村50年史』（三谷孝ほか、青木書店、2000年）。

(65) Shan Windscript, "How to Write a Diary in Mao's New China: Guidebooks in the Crafting of Socialist Subjectivities", *Modern China* 47, no.4 (2021), pp.412-440; Sha Qingqing and Jeremy Brown, "Adrift in Tianjin, 1976: A Diary of Natural Disaster, Everyday Urban Life, and Exile to the Countryside", in Brown and Johnson, *Maoism at the Grassroots*, pp.179-195.

(66) どのぐらい日記を書くのか、どこまで内面世界の活動を日記に記すのかに関しては、生活環境や年齢によって異なる。同一人物であっても、時期によって内容やスタイルが異なる。

(67) 兵士や学生が軍隊や学校で書く日記に関しては次の文献を参照されたい。Aaron William Moore, "Talk about Heroes: Expressions of Self-mobilization and Despair in Chinese War Diaries, 1911-1938", *Twentieth-Century China* 34, no.2 (2009), pp.30-54; L. Halliday Piel, "The School Diary in Wartime Japan: Cultivating Morale and Self-discipline," *Modern Asian Studies* 53, no.4 (2019), pp.1004-1037.

(68) 毛沢東時代の女性史を考察したものに次の文献がある。Gail Hershatter, "State of the Field: Women in China's Long Twentieth Century", *The Journal of Asian Studies*, Vol.63, No.4, 2004, pp.991-1065; *The Gender of Memory: Rural Women and China's Collective Past*, Berkeley, CA: University of California Press, 2011; Zheng Wang, *Finding Women in the State: A Socialist Feminist Revolution in the People's Republic of China, 1949-64*, Berkeley, CA: University of California Press, 2016.; Kay Ann Johnson, *Women, the Family and Peasant Revolution in China*, University of Chicago Press, 1983.

(69) 前掲、"Thought Reform in Daily Life"。

第一部
婚姻、性と権力

第1章

革命とジェンダー関係：1949～1953年
——江西省の離婚事例を通して

鄭浩瀾

はじめに

　中国の農村におけるジェンダー関係は、1949年の中国革命によって大きく変容したといわれる。その大きな出来事として取り上げられるのは、「中華人民共和国婚姻法」（以下、「婚姻法」）の公布である。[1] 1950年5月に施行された同法は、童養媳や請負婚（中国語：包弁婚姻）など不平等な婚姻制度を法的に廃止し、また一夫一妻制や男女平等、婚姻の自由などを定めた点において意義がある。[2] これまでの研究も、ほとんどの場合、同法の実施に注目して中華人民共和国が成立した（以下、建国）初期の農村におけるジェンダー関係の変容を論じる傾向がある。

　しかし、建国初期に限定してみたとき、「婚姻法」の実施に注目するだけで、農村におけるジェンダー関係の変容を十分に捉えられるのだろうか。婚姻と性の関係を中心にジェンダー関係をみれば、現実は極めて複雑だったことがわかる。数多くの研究が示すように、「婚姻法」の理念と農村社会の現実との間には大きな乖離があり、「家父長制的秩序」は社会主義時代の農村にもある程度存続した。[3] 婚姻や性をめぐる農民の心性も、道徳的規範に基づく自己規制を求めるエリート層の心性とは大きく異なり、われわれが想像する以上に複雑なものであった。[4] マシュー・ソマー（Matthew Sommer）の研究によれば、女性の貞操や寡婦の貞節を重視する性的モラルが、18世紀に清朝政府によって大いに提唱・強化されたが、貧困農民にはほとんど無縁なものであった。[5] 生存のために、他の男性に自らを売ってほしいと女性が夫を説得した

り、女性が複数の男性と夫婦関係を結んだりすることもあった。[6]高橋伸夫の研究によれば、1920年代後半から30年代前半にかけて中国共産党が構築した鄂豫皖根拠地と闡西根拠地において、自由な婚姻をうたった条例の公布は、性的モラルの崩壊につながるような混乱を社会にもたらした。[7]叢小平（Cong Xiaoping）や徐進などの研究も、建国以前の中国共産党の革命根拠地における開放的な「性文化」を描写している。[8]こうしたことからみて、婚姻と性にかかわる男女の関係は、農村社会内部で長い間かけて形成された心性や慣習に深くかかわるものであり、上から進められた革命によって容易に変えられるようなものではなかったといえる。

　「婚姻法」の実施が建国初期の政治状況から大きく制約を受けたのも明白なことであろう。政権にとっての中心課題は、「婚姻法」の実施より、むしろ「剿匪運動」（土匪勢力を一掃する運動）や土地改革、反革命鎮圧運動であった。[9]そのため、婚姻法の実施は多くの地域において形式上のものにとどまり、農村幹部にはあまり重要視されなかった。その実施期間も短く、1951年秋に一部の地域において「婚姻法」の「再検査」（実施状況の確認）が行われたが、全国にわたり大規模に実施されたのは主に「婚姻法」貫徹運動の時に限られた。[10]これについても、たった1ヵ月で終了し、農村幹部がこれをどこまで徹底して実行していたのかは不明である。[11]こうしたことからみれば、建国初期の「婚姻法」の実施によって、農村のジェンダー関係が大きく変容したとは考えにくい。

　一方、注意しなければならないのは、建国以降の農村で、革命によって政治秩序が大きく変動したことである。建国直後に貧農・中農を中心とする農民協会が組織され、これらの幹部を中心に、地主に対する「反覇闘争」（ボス地主に対する闘争）や「減租減息運動」（小作料や利息を引き下げる運動）などが展開された。1950年冬に「秋収運動」（農産物の収穫および農業税の徴収に関する運動）、1951年春に農業生産運動が実施され、それにともない、民兵組織、婦女組織、青年団組織などの大衆組織が村落レベルにおいて成立するようになった。その上で反革命鎮圧運動および土地改革が実施され、地域によって

第1章 革命とジェンダー関係：1949～1953年

は「ボス地主」（中国語：悪覇地主）や「反革命分子」に対する処刑が行われた。また各郷において地主の財産に対する没収と再分配が行われた。これによって農村の権力者は、かつての地主や富農から貧農・雇農へと交代した。こうした流れをぬきにして、ジェンダー関係の変容を検討することはできないと思われる。しかしこれまでの研究のなかで、この視点を用いたものは極めて少ない。

筆者の問題関心と関連した研究として、政治運動と「婚姻法」の実施との関係を検討した研究がある。M・J・メイヤー（Marinus J. Meijer）は、婚姻関係に対する土地改革の影響を分析した。[12]ニール・J・ダイアマント（Neil J. Diamant）は、中国の農村地域における離婚率が都市より高かった背景には土地改革の影響があったと指摘し、その影響の表れとして、土地改革によって国家権力が村落内部に浸透し、離婚に対する姑や村幹部の圧力が弱くなったことや、土地を配られた女性が離婚を交渉するための資本を獲得できるようになったことなどをあげている。[13]ほかに、東北地域を事例に「婚姻法」の実施に対する抗米援朝運動の影響を検討した隋藝の研究がある。[14]上記の研究はいずれも「婚姻法」の実施を政治運動と関連づけて検討しており、本研究にとって重要な参考文献であるが、建国後の秩序変動のなかで、婚姻をめぐる男性と女性の認識と行動がいかに変容していたという点に関しては十分に検討していない。

本章は、建国から「婚姻法」貫徹運動が行われた1953年までを対象時期として、農村におけるジェンダー関係の変容を考察する。事例として扱うのは、永修県の38の「離婚案件」である。[15]建国初期の大半の農村地域と同様に、永修県において離婚を求めたのはほとんど女性で、38の案件のうち、35件が女性を原告とする。[16]ゲイル・ハーシャッター（Gail Hershatter）や王政（Wang Zheng）らの研究が示すように、ジェンダーまたは女性をめぐる歴史を書くためには、「主体性」の視点から女性自身の声に耳を傾ける必要があり、その際には女性が生きていた地域社会の状況も理解しなければならない。[17]本章も「主体性」の視点を用いて、政治秩序の変動のなかで婚姻と性をめぐって男女双

方はいかなる認識を持ち、どのように行動したのかを中心に考察したい。ただし、離婚は、男女双方の同意のほか、農村幹部（県・区・郷幹部）の意向が介入する複雑な過程を経るため、男女双方のみならず、農村幹部の認識と行動も考察対象とする。それを通して、建国初期の農村におけるジェンダー関係は、社会内部の諸関係や農民の心性に制約されつつも、政治秩序の変動のなかでいかに変容していったのか、その実態を解明することを試みる。

　史料として、38の離婚案件に関する裁判資料（以下、「離婚材料」）を使用する。これらの「離婚材料」は以下の6種類の情報からなる。1）案件の分類、離婚申請を受け付けた日付と案件終了日、2）郷幹部または区幹部が県人民法院幹部（以下、県司法幹部）宛に書いた紹介状、3）県司法幹部が男女双方に対して実施した面談記録、4）県司法幹部が必要に応じて実施した調査の報告書、5）「伝喚証」[18]、判決書および「民事調解書」（民事調停書）、6）男女双方に案件の結果を知らせる「伝達証」[19]。このうち、第2・3・4類、すなわち県司法幹部宛の紹介状および男女双方に対する県司法幹部の面談記録や調査報告書は、婚姻形態や結婚後の夫婦関係をはじめ、男女双方および郷幹部の認識と行動に関する情報を多く含んでいるため、本章で主に使用する。さらに、「離婚材料」だけでは永修県の地域的特性および建国初期の歴史的状況を把握することができないため、永修県の地方志文献および県の檔案資料も多く使用し、当時の経済・政治的状況を考察する[20]。

一　生存環境からみるジェンダー関係

　ジェンダー関係は、まず、地域社会の生存環境に大きく制約される。永修県の地域的特性について概略にとどめるが、ここで経済状況、性別比、村落社会の構造という3点を取り上げて、ジェンダー関係とのかかわりを論じる。

　まず、経済状況についてみる。鄱陽湖の西、江西省の省都である南昌市の北部に位置する永修県は、農業に大きく依存する地域であり、主要な農産品

第1章　革命とジェンダー関係：1949〜1953年

は米と綿花であった。1949年の建国直前において、工業はほとんどなく、米、布、木材関連の私営の店が県城および鎮を中心にあったが、発達したものとはいえなかった。1951年の土地改革のデータによれば、57の郷にある21,460戸のうち、地主と富農はそれぞれ1,023戸と532戸であり、総戸数の4.7％と2.4％を占めていたのに対し、中農と貧農はそれぞれ4,306戸と12,203戸、総戸数の20％と56.8％を占め、雇農（作男）は1,693戸で、総戸数の7.8％を占めていた。土地所有面積をみると、地主の世帯あたりの所有面積は68.3ムーだったのに対し、貧農と雇農を合わせた世帯あたりの所有面積は5.1ムーであり、雇農のみとするとさらに低く、わずか0.6ムーしかなかった。『永修県志』によれば、大半の農民は食糧不足の問題に直面していた。1日の食事は、春と夏は粥が2回とご飯が1回、秋と冬は粥が1回とご飯が1回のみだったようである。食糧のみならず、衣服をはじめとする日常用品も欠乏していた。大多数の農民は、一家全員で布団が1枚しかなく、同じ綿ジャケット（綿衣）を何世代にもわたって着るなど、冬の寒さを十分に防ぐことができない状態だったという。永修県の主要な農産品が米と綿花であったにもかかわらず、貧しい農民の場合は米と綿花の消費量がごく限られていたことから、貧富の格差が深刻であったことがわかる。

　貧困状況は、夫婦関係に大きな影響を及ぼした。「離婚材料」が示すように、夫婦間のトラブルは、往々にして財物をめぐる些細なことから発生する。ある離婚を求めた女性は、男性家族から十分な食糧を得られなかったことを訴えた。義理の父と母および夫がご飯を食べられたのに対して、自分はお粥しか食べられなかったという。衣類の不足もトラブルの原因であった。ある女性が就寝時に夫から布団を奪われたと訴えたのに対して、その夫は女性が破れた服を直してくれないことに不満を表した。また、離婚にともなう財産分割に際し、女性は、結婚時に実家から持ってきた財物や、土地改革により新たに分配された土地のほか、綿布団や綿衣を要求することも少なくなかった。

　ジェンダー関係は、性別比にも大きく左右されていた。『永修県志』によれ

ば、女性100人あたりの男性の人数は、1949年から1953年にかけて、109人、109人、108人、112人、114人と推移しており、女性の数が不足していた。[25]これは貧しい農民にとって嫁取りが困難であることを意味している。「離婚材料」にある原告の女性のうち、14～15歳前後で結婚した者が少なくなかった。結婚時には結納金として男性から女性家族に20～40石（1石は100ℓに相当）の籾が贈られるのが相場だったようである。[26]当時、雇農の年間報酬は15～20石であり、[27]結婚時の礼金は、雇農2年分の収入に相当していた。

　村落社会の構造も、ジェンダー関係を規定する要素としてあげられる。永修県の農村は、華中の多くの村落と同様に、村落の規模が小さい。筆者は永修県における1,507の村落の規模を整理した。1985年の時点において20戸未満の村落が730、20戸から50戸のものが606、あわせて1,336であり、村落全体の大半（88.6％）を占めていた。[28]これらの村落のうち、1つの姓からなる単姓村の数が20戸未満で549村、20戸から50戸で458村、合計1,007村であった。つまり、永修県の村落の大半は50戸以下で、そのうち20戸以下のものが多くを占めていた。[29]規模の小さな単姓村が多く、また単姓村の村民が血縁的なつながりで結ばれている点からみれば、永修県の村落は宗族の血縁的共同性が強いといえるが、華南の村落と比べると宗族の勢力が弱いと考えられる。華南地域の場合、勢力の強い宗族がある村落は、一定の規模を持つものが多く、また有力者の存在や共同財産、そして有力者や族老によって定められた内部規則（以下、「族規」）があるという共通した特徴がある。女性の「不貞」行為を厳しく懲らしめたのも主にこうした内的には明確な「族規」が定められた単姓村の場合である。しかし、永修県のような人口が少ない単姓村が多く存在する地域には、どこまで「族規」があり、それがあった場合にはどこまで宗族内部の「不貞」行為を懲らしめたのかは、別途検討しなければならない課題である。[30]実際、永修県の38の離婚案件のうち、女性自身の「不貞」行為が9件もあった。[31]このことから、当該地域においては性的規則が比較的弱かったと考えられる。

　上記のとおり、経済状況、性別比、村落社会の構造という3点からみれば、

建国前後における婚姻関係は不安定なものであった。「離婚材料」からうかがえるのは、女性に対する「性規制」が、主に家庭内部、基本的には男性や義理の親によって行われていたことである。38の案件のうち、ほとんどの女性が夫や姑から暴力を受けたと訴え出ている。ただ、暴力は決して男性によるものだけではなく、女性も暴力の行使者であったことに留意しておきたい。とりわけ姑の暴力は一般的であった。嫁の「不貞」行為を懲罰するのも主に姑であった。また、原告の女性自身も、夫婦喧嘩の時に殴り合ったりしており、暴力の行使は日常化していたようである。

　夫による妻の「転売」も、婚姻関係の不安定性を示している。離婚案件38件のうち、一部の女性は自分は複数の男性に売られた経験があると訴えていた。生計を立てるために男が自分の妻を売る、またはほかの男性と「共有」することはあっただろう。それは完全に男性による一方的な行為とは限らない。たとえば、ある女性は自分が「売られた」ことについて、多くの人から勧められたと言及した。(32)「売られる」ことに女性自身が同意した例もあり、合法的な離婚の手続きが普及していなかった当時においては、夫と別れる方法でもあったと思われる。

二　「離婚材料」にある「政治意識」

　当時、どのような女性が離婚を求めたのだろうか。彼女たちは何を訴え、何を訴えなかったのだろうか。原告女性の年齢からみれば、20歳未満が15名、20〜30歳が15名と、大半は30歳以下で、子どもをもっていなかったことがわかる。注意しておきたいのは、県司法幹部からの質問（「なぜ離婚を求めるのか」「結婚後の夫婦感情はどうだったのか」）に対する女性の回答において、当時の政治宣伝でよく使われていた用語が使用されていたことである。たとえば、ある村の農民協会婦女主任（19歳）は次のように自分の婚姻関係を形容し、夫と別れることを主張している。

私は婦女主任を務めたら、ダメだといわれた。会議に参加したら殴られるし、パトロールしたら、殴られる。今回は私が子どもを産んでいないから、食糧が多く徴収されたといわれてまた殴られた。拳骨で殴られたり、蹴られたりした。服もひっぱられて裂かれた。彼の家で畜生のように生活していて、いつになったら苦境から抜け出すことができるのか。いまは、生まれ変わらなければならないのだ。⁽³³⁾

ここにみられる「畜生のように生活」（中国語：過牛馬生活）や「生まれ変わらなければならないのだ」（中国語：翻身）などは、明らかに政治的な用語である。こうした政治的用語は、ほとんどが乱れた筆跡で書かれており、修正を加えた形跡もなく、また自分の経験に対する具体的な描写のなかに現れている。さらに女性幹部による記述のなかに多くみられることから女性自身の認識をある程度反映したものと推定できる。

婚姻関係に対する女性自身の記述のなかには、男性の「階級成分」や労働力の面における夫に対する不満が表されている。たとえば、19歳の呉 HY は、富農出身で足が不自由な夫との離婚を求める理由を次のように説明した。

今は労働について話す時期だが、彼は耕すことができない。しかも私のことを警戒している。私がほかの婦女と一緒に座ったら、だめだといわれた。必ず離婚しなければならない。⁽³⁴⁾

県司法幹部がこの女性の夫に対して行った面談記録では、男性は自分の「階級成分」が富農であるため、女性に嫌われたと述べている。「階級成分」のほか、この女性は夫が労働できないことについても懸念していた。これは、決して特殊な事例ではなかった。38件の離婚案件のうち、被告（男性）の「階級成分」が地主や富農である案件は 8 件あるが、そのうち 7 件において女性側は自分の「階級成分」が地主であることを否定していた。その場合には、実家の「階級成分」が貧農であると主張するか、そうでなければ、貧農の「階

級成分」を持つ親戚の例をあげて、自分も貧農であることを主張した。[35]

　女性のみならず、男性の記述内容にも「政治意識」がみられる。女性は男性から暴力を受けたことを強調するのに対し、男性は妻の「不貞」行為に対する寛容な態度を強調し、自分が被害者の立場であると示唆した。ある男性は、自分が妻に加えた暴力に関して、「殴ったことは何回もあったが、ただ毛沢東主席が来てからもう殴るのをやめた」と弁明した。[36]男性は1949年以前の自分とは違うのであり、悪い習慣はもうやめたのだと主張したのである。

　では、女性の離婚要求に対して、県司法幹部は、どのように対応していたのだろうか。「婚姻法」第17条によれば、「県と市人民法院は離婚案件に対してまず「調解」をしなければならない。「調解」が失敗した場合には、判決を下す」。[37]「調解」とは、県司法幹部が判決を下す前に男女双方に対する調査を実施したり、対立や矛盾を解消するために交渉したりすることをさす。黄宗智（Philip Huang）らによれば、「調解」は、欧米の第三者による仲介と異なり、延安における革命の経験に基づいて形成され、大衆路線の方針を司法裁判に活用した中国共産党独自の方法である。[38]ただ、現場においてどのように「調解」を行うのかに関しては、県司法幹部の判断に任せられた部分が大きい。女性が自由婚姻ではないことを理由に離婚を求めた案件では、幹部は特に何も意見をいっていない。男性が離婚に同意しない場合には、幹部が往々にして離婚に同意するよう男性を説得し、ときには財産の分割をめぐって交渉したりもしている。このことから、県司法幹部は女性の権利主張を比較的よく受け入れていたといえる。

　案件の処理方法も、県司法幹部の「政治意識」によって異なっていた。38の離婚案件はその表紙にすべて「民調」か「民判」かが明確に書かれている。「民調」とは、離婚案件について判決を下すことなく「調解」の結果のみで処理したことをさすのに対して、「民判」とは、「調解」の不調などから、被告と原告の双方を法廷に呼び、双方に対する質問を行った上で判決を下したことをさす。どのような案件を「民調」とし、どのような案件を「民判」とするのかについて、明確な基準はなかったようである。38件の「離婚材料」の

うち、「民調」は24件、「民判」は14件であった。[39]「階級成分」をみると、被告が地主や富農であるのは10件あり、そのうち6件が「民判」で処理された。被告（主に男性）の「階級成分」が、案件の処理方式に影響を与えていた可能性があるが、詳細ははっきりしない。[40]

三　秩序の変動とジェンダー関係

　離婚案件の大半が土地改革の実施後に提出されたことからみると、当事者の男女および県司法幹部が上述のように「政治意識」を持っていたのは、不思議なことではない。土地改革のなかで、地主に対する階級闘争が各郷で実施され、村民が広く動員されて参加した。その結果、村民はある程度「政治意識」を持つようになったと思われる。ただ、ここでいう「政治意識」とは、階級という概念や党の政策を正確に理解したという意味ではなく、どの家がどの「階級成分」であるのか、どの「階級成分」が良いのかについてある程度理解していたことをさす。注意しておきたいのは、「階級成分」に対する認識は土地改革の実施によって突如生まれたものではなく、建国直後に農村で実施された一連の政治運動のなかで徐々に形成され、最終的に土地改革によって大幅に強化されたということである。以下、この点を中心にみていく。

　地主や富農、中農、貧農といった「階級成分」の概念が広く農民に知られるようになったのは、おおよそ建国直後の1949年秋から1950年春にかけてであろうと推定される。1949年10月に保甲制を廃止し、同年11月からボス地主に対する小作料の引き下げ要求を中心とする「減租減息」運動が実施された。[41] 1950年春の人民代表大会の開催にともなって、農民協会体制が、県―区―郷―村のレベルで組織された。その主要な任務は、上からの政策を執行することであった。[42]

　地主に対する階級闘争がはじめて大衆大会の形で行われたのは、1950年の春から夏にかけての「反覇闘争」の時である。永修県では、1950年6月に5

人のボス地主に対する闘争が実施され、一部の地域においては地主の財物が「階級成分」に応じて貧農と雇農に分配された。「闘争大会」の参加者3,000人のうち、女性は665人であった。[43] 1950年の時点で県の女性人口が50,849人だったことから考えれば、[44] 地主に対する「闘争大会」に参加した女性の割合はまだ低かったものの、この時点において女性がすでに動員されていた点にあらかじめ留意しておきたい。1950年2月の永修県各界人民代表大会の総括によれば、代表172人のうち、男性は138人、女性は34人であった。[45] ある郷のデータによれば、農民協会の男性会員が256人、女性会員が154人いた。[46]

　女性は、地主に対する闘争大会のほか、水利工事や農業生産にも動員された。永修県では、県内を流れる2つの川が暴雨のたびに氾濫し、川周辺で常に堤防を建築・修繕しなければならない状況にあった。1950年に水害が起こり、被災地では食糧が不足し、ある郷では、人口の3分の1は主食がない状態で、それが原因で子どもの売買も発生したという。[47] こうした状況のもとで、県政府は、被災地域に農業税の減免措置を打ち出したものの、主に農民代表大会を通した自己救済活動を行うことを提唱した。その1つが女性を中心とする副業（山菜採り、川での魚採り、池での蓮根掘りなど）活動である。[48]

　1950年春の農業生産運動は、「階級成分」と結びつける形で実施された。貧農と雇農を中心に「生産小組」が村に組織され、各小組から労働模範を選出し、労働成果をめぐる評定も行われた。政府幹部がまとめた農業生産運動の報告書によれば、一部の「富裕中農」は「階級成分」の引き上げを心配し、農業生産に消極的な姿勢をとった。また地主の土地を耕作することを放棄した雇農もいた。[49] このことから、少なくとも1950年春の時点で一部の村民は「階級成分」のことを気にしていたといえる。

　1950年夏に展開された「減租減息」運動のなかで、地主に対する闘争が強調された。「減租減息」は本来、地主に対する小作料の引き下げを意味したが、永修県では、地主への小作料不払いが提唱され、そうしたなかで多くの女性が動員されたようである。[50] 直接カゴを持って地主の家に籾を取りに行く女性も現れた。[51] 運動の結果、村レベルにおける大衆組織が拡充された。1950

年8月に、県内の80の郷のうち、36の郷において青年団支部が成立したという。[52]

　では、土地改革によってどのような変化がもたらされたのか。紙幅の関係からその詳細を述べることはしないが、ここで次の2点を指摘したい。1つ目は、ボス地主や反革命分子の処刑によって、政権の力をみせてそれ以降の政策執行を容易にさせたことである。永修県では、ボス地主に処刑を言い渡したほか、一般地主に対して、「人民が受けた損失」を賠償し、人民の前で自分の非行を認めるよう求める政治闘争も行った。大衆はこの政策に積極的に応じていたのに対して、一般地主は「人民法廷」で裁かれるのを恐れて従わざるをえなかったという。[53]

　2つ目は、闘争範囲の拡大である。各郷レベルにおいて地主が認定され、それに対する階級闘争が幅広く展開された。永修県では雇農が一部存在したため、地主に対する階級闘争は、貧農と雇農への指導を強化する形で実施された。6区14郷では当初、参加者は100人余りだったが、数日後には600～700人にまで増加した。2区1郷では、500～1,000人が動員されて「闘争大会」に参加した。[54] 1950年の各郷の平均人口は子どもや老人を含めて1,200人程度であったことから、[55] 各郷人口の大半が「闘争大会」に参加したと推測される。[56]

　土地改革は「階級成分」に基づいて土地の没収と再分配を行ったことにより、「階級成分」に基づく政治秩序を村レベルで本格的に成立させた。どの「階級成分」を持つのかは、農民にとって生存にかかわる問題になった。この「階級成分」の良し悪しと労働力の強弱が、ジェンダー関係を規定する重要な要素として登場するようになったのである。

四　動員、関係と権力

　婚姻と性の関係は「階級成分」に基づく政治秩序のなかに組み込まれ、そ

れにともなって新たな要素を付与されるようになった。ここでいう新たな要素とは、「階級成分」に対する「政治意識」だけでなく、特定の個人に対する階級闘争を公的に実施することもさす。階級闘争は、中共が貧農・雇農のなかから「積極分子」を抜擢して育成した郷村幹部を通して実施されたが、これらの郷村幹部はほとんどが村落に居住し、村民と血縁関係または友人関係を持っていたため、私的関係から影響を受けやすい。実際、離婚を求めた多くの女性が、時に男性やその家族からだけでなく、村幹部からも阻害されたり、辱められたりした。[57]

　全体的にみて、離婚のプロセスのなかで、女性は男性と比べて不利な立場にあった。ただし、農民協会の幹部または「婦女民主連合会」のメンバーとして抜擢された女性幹部は、異なっていたようである。「離婚材料」にある郷・区幹部からの紹介状は、この点を示唆している。紹介状をみると、大半は「片方が離婚に同意しない」または「調解できなかった」など簡単な語句しか書かれていないが、明らかに女性の立場に立って離婚の正当性を主張しているものもあった。たとえば、ある郷長は、県人民法院宛に直接紹介状を書き、女性の婚姻が女性の父親によって一方的に取り決められたものであること、女性が家庭内暴力を受けたことを記述した。[58]別の区長は県人民法院宛の紹介状に同様のことを記述し、離婚を求める女性の被害者としての立場を強調していた。[59]注意しておきたいのは、2つの案件とも、原告の女性が村婦女主任か農民協会の幹部として活動していたことである。村の幹部は郷農民協会の幹部と一緒に働く場合が多く、県・区幹部と直接接触する機会もあったことからみて、原告の女性が区幹部または郷幹部との個人的な関係を活かして彼らの支持を獲得しようとしていた可能性がある。

　大半の女性にとっては、離婚を求めることは容易ではなかった。「婚姻法」があまり宣伝されていない地域では、多くの女性は「婚姻法」の内容をよく知らず、あるいはそれを知ってもただちに離婚を求められるわけではなかった。男性が村のなかで一定の関係または権力を持っていた場合にはなおさらである。男性は村幹部を動員して女性の離婚を阻止し、場合によっては大衆

（村民）を動員して女性に対する「闘争大会」を実施することがある。この点について以下の事例を通してみていきたい。

　原告の女性李GYは、被告の男性趙KHに離婚を求めた。この女性は、1949年以前から夫以外の男性（富農丁ZT）と肉体関係を持っていたが、趙KHと夫婦関係を続けていた。趙KHは1949年以降、貧農の「階級成分」を得たのみならず、村の青年団員に抜擢された。一夜で村の「積極分子」となった彼は、郷幹部および村民を動員して妻の李GYに対する「闘争大会」を実施した。郷長と郷農民協会の主席が区長宛に書いた紹介状には、次のことが記述されている。

　　我が郷5組の居民趙KHは、階級成分が貧農でありすでに青年団員になっている。彼は正しい行為をする方でおとなしくルールを守っているが、彼の妻である李GYは男女関係の素行が悪く、富農の丁ZTと肉体関係を持っていた。我々とほかの幹部の調査によれば、そのことは確かにあった。したがって小組レベルで会議を開き三日三晩闘争した。李GYは…（中略）…家で秩序を守り、生産労働に従事し、男が勤勉で女が倹約に努めることを守り、素行を正すことを約束した。[60]

　ここで、郷幹部は明らかに秩序を守る「おとなしい」青年団員の立場に立ち、女性の「不貞」行為を責めている。それに対して、女性李GYは、県司法幹部に対して自分が受けた扱いが不当なものだったと訴えた。県司法幹部による調査の結果、趙KHは郷幹部のみならず、他の村民も動員して、妻の李GYを3日間監禁していたことが判明した。[61]また、趙KHは、知り合いを集めて区長宛に「集団訴状」を出した。そのなかで、李GYの「不貞」行為を懲らしめることの正当性を「大衆」の立場から訴えた。その内容の一部を引用する。

　　わが組は10月30日の午後7時に小組会議を開き、組員である婦女李GY

50

第1章　革命とジェンダー関係：1949〜1953年

の素行が悪く、富農の丁ZTと肉体関係を持っていることに対して闘争を行った。李GYのような行為をほかの婦女が真似することを恐れたからである。李GYは気性が荒く、わが大衆を罵倒するようなことさえもしていた。したがってこのような状況を区長などの指導者に知らせ、郷政府に李GYを区政府に連れていくよう依頼し、区長による合法的かつ合理的な処理をお願いする。[62]

「集団訴状」には「大衆」全員の手形が押され、署名もされている。その苗字の情報を、『永修県地名志』にある村落・苗字の情報と照らし合わせてみたところ、この案件は、B公社X大隊（現在のB郷X村民委員会）で発生し、また訴状に署名をした村民はほとんど同じ地域——河南省光山から来た者だった可能性が高いことがわかった。[63]趙KH自身が河南省光山からの移民であることから、彼によって動員されたのは、同郷の者だったと推測できる。いずれにしてもこのように村民を動員し、女性に対する「闘争大会」を実施することが可能になったのは、政治秩序の変動のなかで一部の男性が権力を持つようになったことと関係しているのである。

おわりに

ジェンダー関係は、まず地域社会の特性から大きく制約を受けていた。貧困による生存状況の厳しさや、アンバランスな性別比、村落内部における「性規制」の弱さなどにより、1949年以前の永修県では、請負婚や売買婚が多くあり、もともと婚姻関係が不安定な地域であった。こうしたことを概観した上で、本章は、江西省永修県の38の離婚案件、『永修県地名志』および永州県檔案資料に基づいて、婚姻をめぐる男女双方および農村幹部の認識と行動を考察した。

建国直後、地域社会の過酷な生存状況のもとで、男女ともがさまざまな政治運動に動員され、誰がどのような「階級成分」なのかに関する「政治意識」

51

をある程度持つようになった。そして土地改革の実施にともなって、地主や富農に代わり貧農や雇農が村の権力者となり、またすべての家が特定の「階級成分」に定められるようになった。その意味では「階級成分」に基づく政治秩序は村落レベルで本格的に成立したといえる。ジェンダー関係は、このような秩序変動のなかで検討しなければならないのである。両者の関係性について、次の2点が指摘できる。

　第1に、上述した政治秩序の変動のなかで、誰と結婚するのか、そして婚姻関係を維持するかどうかは、「階級成分」および労働力の強弱に影響されるようになった。永修県の離婚材料が示すように、幹部であれ、当事者の男性・女性であれ、いずれも自分の「階級成分」に関する認識を持っていた。良い「階級成分」を持つ者は、県幹部からの支持を獲得しやすく、その反面、地主や富農といった悪い「階級成分」を持つ者は、不利な状況にあった。また、労働力の強弱も結婚相手の選択基準として正式に登場するようになった。

　第2に、権力を持つ男性幹部または幹部と個人関係がある男性は、権力や個人関係を利用して大衆を動員し、階級闘争という手法を用いて女性に対する「闘争大会」を実施することが可能になった。同様に、新たな政治秩序のなかで幹部として抜擢された女性は、幹部との個人関係を活かして自分の離婚の合法性をアピールすることができるが、全体的にみてその数は少なく、男性と比べて弱い立場にあった。「婚姻法」があまり宣伝されていない地域では女性が離婚を求めることはさらに困難だっただろう。

　このように、建国初期の農村におけるジェンダー関係は、政治秩序の変動のなかで男女双方が実践したものとして捉えられる。男女双方および村幹部は、離婚をめぐって既存の社会関係や従来の心性から影響を受けつつ、「階級成分」に関する認識を持ち、また政治秩序の変動のなかで新たに獲得した権力と絡みながら行動していた。そこで、女性が離婚できるか、男性が離婚要求を阻止できるかは、男女双方の「階級成分」、権力の大小および社会関係の資源などによって左右されていたのである。

【注】

（1）「中華人民共和国婚姻法」（中共中央文献研究室編、『建国以来重要文献選編』、中央文献出版社、1992年、第1冊、175頁）。

（2）Elisabeth Croll, *The Politics of Marriage in Contemporary China,* New York: Cambridge University Press, 1981; Kay Ann Johnson, *Women, The Family, and Peasant Revolution in China,* University of Chicago Press, 1985.

（3）Judith Stacey, *Patriarchy and Socialist Revolution in China,* Berkeley: University of California Press, 1983; Margery Wolf, *Revolution Postponed: Women in Contemporary China,* Stanford, California: Stanford University Press, 1985; Phyllis Andors, *The Unfinished Liberation of Chinese Women*, Bloomington: Indiana University Press, 1983.

（4）Neil J.Diamant, "Re-Examining the Impact of the 1950 Marriage Law: State Improvisation, Local Initiative, and Rural Family Change", *The China Quarterly*, No.161 (Mar.), 2000, pp. 171-198; *Revolutionizing the Family: Politics, Love and Divorce in Urban and Rural China, 1949-1968*, Berkeley and Los Angeles: University of California Press, 2000; Ellen R. Judd, "Reconsidering China's Marriage Law Campaign: Toward a De-orientalized Feminist Perspective", *Asian Journal of Women's Studies*, Vol.4, No.2, 1998, pp.8-26.「婚姻法貫徹運動をめぐって」（小野和子、『東方学報』49号、1977年2月、263-311頁）、「中華人民共和国における婚姻慣習と法政策 —— 売買婚について」（中生勝美、『明治大学院紀要』第18集、1980年、134-149頁）、「女性解放・婚姻改革から見る中国共産党革命：東北における1950年の婚姻法の施行を中心に」（隋藝、『現代中国』90号、2016年、65-78頁）。

（5）Matthew Sommer, *Sex, Law and Society in Late Imperial China*, Stanford: Stanford University Press, 2000, pp.8-17, 305-320.

（6）Matthew Sommer, *Polyandry and Wife-Selling in Qing Dynasty China: Survival Strategies and Judicial Interventions,* Oakland: University of California Press, 2015. 女性の生存状況については次の文献も参照されたい。Johanna Ransmeier, *Sold People: Traffickers and Family Life in North China,* Cambridge, MA: Harvard University Press, 2017.

（7）「党、農村革命、両性関係：中国革命と伝統社会の変容に関する一考察」（高橋伸夫、『現代中国研究』第23号、2008年、20-34頁）、「党、農村革命、両性関係」（高橋伸夫、『救国、動員、秩序：変革期中国の政治と社会』、慶應義塾大学出版会、2010年、第6章）。

（8）Cong Xiaoping, *Marriage, Law and Gender in Revolutionary China: 1940-1960,* Cambridge University Press, 2016; Chi-hsi Hu, "The Sexual Revolution in the

Kiangsi Soviet", *The China Quarterly*, No.59, 1974, pp.477-490.「革命与性：晋察冀根拠地村幹部『男女関係』問題的由来」（徐進、『史学月刊』2011 年第 10 期、91 -97 頁）。

（9）「全面結束土地改革運動」（1952 年 9 月 27 日）（杜潤生、中南軍政委員会土地改革委員会編、『土地改革重要経験与文献彙編（続輯上冊）』、1953 年 4 月）。

（10）1951 年 9 月 26 日に公布された「婚姻法執行状況に関する指示」のもとで、中央政府の 19 の部門および組織は、華東、中南、西北、華北の 4 大行政区に 41 人のチームを派遣し、婚姻法の執行状況を点検した。「婚姻法執行情況中央検査組検査報告」（史良、『人民日報』1952 年 7 月 4 日）、「今年上半年各地執行婚姻法情況」（『人民日報』1952 年 8 月 28 日）。

（11）県レベルの幹部の状況については次の文献を参照されたい。「建国初期中共幹部任用政策考察」（楊奎松、華東師範大学中国当代史研究中心編、『中国当代史研究（1）』北京、九州出版社、2011 年）。

（12）M. J. Meijier, *Marriage Law and Policy in the Chinese People's Republic.* Hong Kong: Hong Kong University Press, 1971, pp.102-103.

（13）Neil J. Diamant, *Revolutionizing the Family: Politics, Love and Divorce in Urban and Rural China, 1949-1968*, 前掲書.

（14）隋藝、前掲論文、Yi Sui & Chao Guo, "Women as a Pathway: Dilemmas of the Marriage Law in Northeast China in the early 1950s", *Critical Asian Studies,* Vol. 54, No.2, 2022, pp.214-229.

（15）「離婚案件」は、永修県人民法院の離婚裁判資料の一部であった。これらの資料はゴミとして廃棄されたが、現在は復旦大学社会生活資料センターによって収集・保管されている。その内容の一部は『離婚故事』（張楽天ほか編著、広西師範大学出版社、2024 年刊行予定）にも収録されている。

（16）ほとんどの女性は童養媳や親による取決婚を理由に離婚を求めていたが、県幹部である夫から指示を受けて離婚を求めたケースも 1 件あった。

（17）Gail Harshatter and Wang Zheng, "Chinese History: A Useful Category of Gender Analysis", *The American Historical Review*, Vol.113, No.5, 2008, pp. 1404-1421; Gail Harshatter, *The Gender of Memory: Rural Women and China's Collective Past,* California: University of California Press, 2011; Wang Zheng, "'State Feminism? ' Gender and Socialist State Formation in Maoist China", *Feminist Studies,* Vol. 31, No.3, 2005, pp.519-551; Cong Xiaoping, *Marriage, Law and Gender in Revolutionary China: 1940-1960*, 前掲書.

（18）「伝喚証」とは、人民法院が裁判への出席を求めて当事者宛に送った召喚状である。

（19）「伝達証」は、人民法院が裁判の結果を当事者に送達する書面である。当事者が受

け取ったらこの書面に手形か印を押さなければならなかった。

(20) 本章と同じく永修県の離婚裁判資料に基づいて婚姻法を研究したものには、朱穎の修士論文があるが、同論文は主に1953年以降の離婚裁判案件を扱っており、着眼点や考察内容も異なる。本章で使用した「離婚材料」は主に1951～1952年のものである。「解放初期的婚姻訴訟研究：以永修県法院的判決為例」（朱穎、江西財経大学修士論文、2010年12月）。

(21) この数字には「半地主富農」が含まれている。

(22) 『永修県志』（江西人民出版社、1987年、117頁）。

(23) 同上、544-545頁。

(24) 楊YXと呉CYの離婚材料（1951年「民調」第22号、復旦大学社会生活資料センター）。

(25) この数字は、男性と女性の人口をもとに計算して、小数点以下を四捨五入したものである。前掲『永修県志』（56頁）。

(26) 礼金の金額は女性の年齢によって変動する。各地域における結婚の費用に関しては、小野氏の研究を参照されたい。「婚姻法貫徹運動をめぐって」（小野和子、『東方学報』第49号、1977年、263-311頁）。

(27) 前掲『永修県志』（117頁）。

(28) 『永修県地名志』（永修県地名志弁公室、1985年）。

(29) このデータは、1985年の状況を示したものである。1984年の農業人口（252,886人）は1950年の農業人口（82,195人）の3倍まで増加したことから、1949年の時点での村落規模は、この数字よりさらに小さかったといえる。「建国後全県歴年戸数人口統計表」（前掲『永修県志』、56-57頁）。

(30) 一部の華南地域においては、宗族の有力者は「族規」にしたがって姦通した女性を懲罰することができる。井出季和太「族人間の禁制」（陳銘樞総纂、井出季和太訳『改訂　海南島志　附・海南島の現勢』松山房、1941年、378-379頁）。王朝中国の性的規制に関しては、次の文献を参照されたい。Mark Elvin, "Female Virtue and the State in China", *Past & Present*, No. 104, 1984, pp. 111-152; Susan Mann,"Widows in the Kinship, Class, and Community Structures of Qing Dynasty China", *The Journal of Asian Studies*, Vol. 46 (1), 1987, pp.37-56; Philip C.C. Huang, "Women's Choices under the Law: Marriage, Divorce, and Illicit Sex in the Qing and the Republic", *Modern China*, Vol. 27 (1), 2001, pp. 3-58.

(31) この9件は、男女双方の口述資料の中で「不貞」行為が言及されたものにすぎない。ほかの「離婚案件」が「不貞」行為と関係があったかどうかは不明である。

(32) 楊XMと鄒WDの離婚材料（1951年「民判」第65号、復旦大学社会生活資料センター）。

(33) 赫GHと毛DKの離婚材料（1951年「民判」第26号、復旦大学社会生活資料セン

ター）。

(34) 呉HYと凌MYの離婚材料（1951年「民判」第32号、復旦大学社会生活資料センター）。

(35) 李MLと江CGの離婚材料（1951年「民判」第30号、復旦大学社会生活資料センター）、徐XXと鄭ZHの離婚材料（1952年「民調」第42号、復旦大学社会生活資料センター）。

(36) 前掲、赫GHと毛DKの離婚材料。

(37) 前掲「中華人民共和国婚姻法」。

(38) Philip C. C. Huang, "Divorce Law Practices and the Origins, Myths, and Realities of Judicial 'Mediation' in China", *Modern China*, Vol. 31. No.2, 2005, pp. 151-203; Jerome Alan Cohen, "Chinese Mediation on the Eve of Modernization", *California Law Review*, Vol. 54, No. 3, Aug., 1966, pp. 1201-1226; Stanley Lubman, "Mao and Mediation: Politics and Dispute Resolution in Communist China", *California Law Review*, Nov., 1967, Vol. 55, No.5, pp. 1284-1359.

(39) 38の離婚案件の表紙には、全て「民調」か「民判」の番号が記されている。

(40) 被告の「階級成分」がボス地主の場合には、民調を経ずに直接民判で処理されたこともある。

(41) 前掲『永修県志』（14頁）。

(42) この点については次の史料からうかがえる。「1950年永修県各界人民代表会議総結」（1950年9月23日、永修県檔案館、No.1034-2-1）。

(43)「永修工作報告」（1950年6月23日、永修県檔案館、No. 1001-2-004）。

(44) 前掲『永修県志』（56頁）。

(45)「1950年永修県各界人民代表大会総結」（1950年9月23日、永修県檔案館、No.1034-2-1）。

(46) 前掲「永修工作報告」。

(47)「永修県春耕初歩総結農業増産調査総結報告」（1950年7月25日、永修県檔案館、No.1034-2-2）。

(48)「生産情況報告」（1950年、永修県檔案館、No.1034-2-2）。

(49)「永修三月工作報告」（1950年3月28日、永修県檔案館、No.1004-2-004）。

(50)「区書聯席会議総結」（1950年9月1日、永修県檔案館、No.1001-2-001）。

(51)「永修県半月工作報告」（1950年4月14日、永修県檔案館、No.1001-2-001）。

(52) 前掲「区書聯席会議総結」。

(53)「合法闘争専題報告」（1951年3月26日、永修県檔案館、No.1001-3-15）。

(54)「永修県第1期土改総結」（1951年3月17日、永修県檔案館、No. 1001-3-15）。

(55) この数字は『永修県志』にある人口のデータに基づいて計算したものである。前掲『永修県志』（56頁）。

（56）前掲「合法闘争専題報告」、前掲「永修県第1期土改総結」。

（57）「正確執行婚姻法、消滅封建婚姻制度」（『人民日報』1951年4月30日）、「中央人民政府政務院　関於検査婚姻法執行情況的指示」（『人民日報』1951年9月29日）、「加強区郷幹部対婚姻法的学習」（『人民日報』1951年10月9日）。

（58）前掲、呉HYと凌MYの離婚材料。

（59）前掲、赫GHと毛DKの離婚材料。

（60）李GYと趙KHの離婚材料（1951年「民判」第45号、復旦大学社会生活資料センター）。

（61）同上。

（62）同上。

（63）前掲『永修県地名志』（78-89頁）。

第2章

中華人民共和国婚姻法と革命軍人の婚姻問題

丸田孝志

はじめに

　中華人民共和国（以下、共和国）の成立以前、農村根拠地に依拠して戦争と革命を遂行する中国共産党（以下、中共）にとって、出征兵士が地元に残した妻との婚姻の継続を保障することは、兵士の士気の保持、逃亡の防止、以後の徴兵の順調な遂行を含む軍隊の維持に欠かせない問題であり、1930年代以来、「封建主義的」婚姻の撤廃と男女の自由意思に基づく婚姻を謳う婚姻法規のなかで、出征者の配偶者の離婚条件を兵士の同意と通信のない期間によって規定する条項を設け、その婚姻を維持しようとしていた[1]。

　共和国成立以降も、国内の対抗勢力鎮圧の継続と朝鮮戦争の勃発によって、戦時動員体制が継続、強化されていくなか、兵士の婚姻保障への対応は引き続き重要な課題となっていた。朝鮮戦争勃発の2ヵ月ほど前、1950年5月に施行された「中華人民共和国婚姻法」（以下、婚姻法）もまた、根拠地の婚姻法規の流れを受けて、「封建主義的」婚姻の撤廃を謳いながら、「現役革命軍人」の配偶者の離婚の条件を現役革命軍人の同意と通信の期間によって設定し、その婚姻を保障するものであった。ここでいう現役革命軍人とは、生産から離脱した「人民の軍隊」の軍人のことで、中国人民解放軍（以下、解放軍）と公安部隊の人員をさす[2]。1951年10月に朝鮮戦争に参戦した中国人民志願軍（以下、志願軍。実際には解放軍の一部）の軍人も、その後の最高人民法院等の指示により、現役革命軍人に含まれることとなった。

　婚姻法第19条は、現役軍人が家庭と通信関係がある場合、離婚には軍人の同意を必要とすること、同法公布日より2年間家庭との通信がない場合、お

および公布前に 2 年間家庭との通信がなく、公布後さらに 1 年間通信がない場合、配偶者が離婚を請求すれば認められると規定していた。[3] 中共政権の大衆運動の推進にともない、女性の政治活動が活発化するなか、婚姻法の施行に前後して女性からの離婚の訴えが大量に起こされているが、軍人に対する離婚請求も頻繁に起こされ、当局が対応に追われることとなる。

　近年の共和国成立前後の婚姻改革に関する研究は、女性を主に抑圧や解放の対象として捉えるかつての視点から転換し、女性の主体的な選択を重視するようになっている。[4] その先駆的な業績であるニール・ダイアマント（Neil J. Diamant）の研究によれば、都市よりも農村女性の方が、離婚・結婚の目的を達成しようと政治的言語も使用して活発に行動していた。その背景には農村独自の開放的な性文化や訴訟に積極的な「法文化」があり、権力側も一枚岩ではないため、女性らは出身村に身を寄せたり、女性の解放を志す上級権力に訴えを持ち込むなどして、目的を実現しようとしていた。[5] ただし、彼の研究は農村女性の主体性や受益者としての性格を強調する一方で、軍人の離婚問題について軍人を被害者としてのみ描く傾向があり、軍人の婚姻に関する保護規定・指示、判例などに十分な注意が払われていない。これに対して隋藝（Yi Sui）とグオ・チャオ（Chao Guo）の研究は、経済建設と前線兵士の士気の保持のため、東北地区において婚姻政策の調整が行われ、女性解放が近代化と国防の課題によって抑制される状況を描いている。[6] また、隋藝は大衆動員により高度に政治化された社会状況を反映して、1953 年の婚姻法貫徹運動に階級闘争、政治運動の論理が持ち込まれる状況にも言及している。[7] 黄宗智は、中共の婚姻法規が、「封建主義的」婚姻の撤廃および軍人の婚姻保障・婚姻の安定を望む社会への対応の二つの潮流によって発展し、調停を基本とする独自の法制度を形成してきたことを指摘するが、軍人の婚姻保障に関する具体的な分析には踏み込んでいない。[8]

　軍人の婚姻問題の解決は、その家庭や地域社会の安定と戦時動員体制の確立に直接かかわっており、軍人の家族を通じて社会を安定させ、政治化していく重要な契機となっていた。本章ではこのような関心から、1950 年代を中

心とした軍人の婚姻をめぐるトラブルと政権の対応について検討する。婚姻問題を契機に人々が権力にアクセスし、権力が社会に介入する過程を分析することで、事実婚や重婚を規制し、戦争によって混乱した社会を秩序立てていこうとする権力の意図を確認することができるであろう。[9]

一　現役軍人と軍人家族、復員・転業の概況

　まず、日中戦争、国内戦、朝鮮戦争と続いた約16年間の総力戦において中共側で動員された軍人とその家族に関する統計から、軍人とその妻・婚約者らが抱えた婚姻のリスクについて確認する。

　総力戦に駆り出された軍人らのなかには、戦死、病死、失踪などで故郷に戻れなかった者もいれば、一つの戦争終息の後に次の戦争に動員されたり、所属部隊の投降や反乱などによって国民党軍から共産党軍へ編入されるなどして、長らく音信不通になる者も多く存在した。配偶者・婚約者が生死不明で、照会先もわからない状況のなか、婚姻法の施行に前後して、再婚を選択する者、婚約を解消する者が大量に生み出されることとなった。

　表1は日中戦争、戦後国共内戦、朝鮮戦争における中共側の軍人の死亡、行方不明、捕虜になった者の人数をまとめたものである。これらの半数ほど

表1　日中戦争から朝鮮戦争までの死亡・行方不明・捕虜数統計（人）

	死亡	行方不明	捕虜	合計
日中戦争	160,603	45,989	87,208	293,800
戦後国共内戦	243,900	188,900	10,400	443,200
朝鮮戦争	148,977	25,621	21,300	195,898
合計	553,480	260,510	118,908	932,898

「抗戦期間犠牲了多少共産党将領」（朱成山、『党史縦覧』2015年11期）、「戦績総結第三号公報」（『人民日報』1949年7月16日）、「中国犠牲18万志願軍　朝鮮戦争中交戦各方損失多少軍人」（徐焔、『文史参考』2010年12期）より作成。

が既婚者であったすると、その規模は数十万に上る。共和国成立後の行方不
明者は1953年以降、「失踪軍人」として軍人家族の待遇が維持され（後述）、
その後、烈士に追加認定されることもあった。それ以前の死者・行方不明者
も随時、烈士として認定されている。

　婚姻法施行の1950年、解放軍軍人の数は550万人で、翌年には史上最大の
627万人にまで膨れ上がっていた（表2）。このなかには朝鮮戦争の志願軍軍
人（最大で135万人）も含まれる。1950～58年に約486万が復員し、約136万

表2　烈士家族・現役軍人家族・犠牲病故失踪軍人家族・復員軍人・解放軍軍人統計
　　　（戸、人）

年	烈士家族		現役軍人家族		犠牲病故失踪軍人家族*		復員軍人	解放軍軍人
	戸数	人数	戸数	人数	戸数	人数	人数	人数（概数）
1950							239,086	5,500,000
1951							336,734	6,270,000
1952	937,945	3,550,959	5,967,298	25,942,720			1,629,985	4,064,000
1953	908,631	3,573,919	5,934,777	26,143,799			2,033,427	4,800,000
1954	910,844	3,612,423	5,913,684	26,223,188			2,532,063	
1955	976,373	3,796,651	4,887,440	21,942,535			3,395,500	
1956	1,011,968	3,944,097	4,210,244	17,164,515	280,846	1,258,098	4,130,908	
1957	993,013	3,791,992	3,454,437	15,356,436			4,722,415	
1958							4,865,459	2,370,000
1961	1,126,756	4,099,344	2,772,696	11,603,010	191,827	843,498		
1962	1,204,742	4,745,312	3,217,946	13,532,024	457,213	1,788,216		
1963	917,884	3,091,309	2,381,478	11,278,481	156,324	570,481		
1964	1,383,580	4,734,913	3,272,633	17,291,203				

『民政統計歴史資料彙編』（民政部計画財務編、1993年、66-67、72-74、93頁）、『中国人
民解放軍復員工作文件彙編』第3輯（中央転業建設委員会編、1958年、10、12頁）、「新
中国人民解放軍的精簡整編」（鄧礼峰、『軍事歴史研究』1998年第3期、36-40頁）より
作成。
1957、1961年は、一部の省の統計が欠落しているため、それ以前の直近の統計で補正し
た。
＊「犠牲」は一般に革命のための死を意味し、烈士に対応する概念であるが、ここでは烈
　士としての資格が未確定の段階の者をさすと考えられる。「病故」は病死で、一般に烈
　士には認定されない。

が転業（部隊から他の職場への配置転換）し、計約622万人が除隊して、1958年の軍人数は237万人となった。この間、1950～53年に200万人余りが、1954年には83万人が補充されているが、総除隊数と1958年の現役軍人数から推算すれば、その後も約40万人が部隊に補充されたことになる。

　統計のある年の軍人家族の最大数は、1952年の約596万世帯である（表2。同年の現役軍人数と大きく数値が異なるのは、1人の軍人の家族が複数の世帯に分かれている場合と、除隊や死亡・行方不明にともなう資格取消の遅れなどの問題によると考えられる）。1955年以降、軍人家族は復員・転業工作の進展と軍官給与制の導入にともなう軍官家族への優待廃止、軍人の死亡や失踪認定により急速に減少し、1957年には約354万世帯となった（表2）。ただし、軍官の婚姻保障は維持された。

　婚姻法が定める離婚の要件となる音信不通の期間は2～3年であり、朝鮮戦争勃発による動員の拡大を予期していなかったが、朝鮮戦争参加者については和平実現まで離婚できないという方針が導入される（後述）。軍人の入隊から除隊までの期間を示す統計は確認できないが、入隊時期別の各年の復員者数の統計によって、戦争終結から除隊までの時間を確認することはできる（表3）。それによれば、それぞれの戦争の終結から10年以上を経て復員した者は約1万4,000人で、同様に各戦争終結から5～9年経過した後の復員者数は、日中戦争期入隊者で約13万人、戦後国共内戦期入隊者で約70万8,000人である。入隊から除隊まで5年以上かかった者の数は厳密に算出できないものの、100万人前後の規模に上ることが推察できる（ただし、当初国民党側などで出征した者の場合、さらに数年、時間が長くなる）。動員の規模が最も大きいのは共和国成立以降の入隊者で、朝鮮戦争の終結後の5年間に約176万1,000人が復員している。

　また、軍人の婚姻問題が深刻化する背景として、長期にわたる戦争を経ても、男性が過多の人口構成が基本的に変わらなかったことも指摘しておくべきであろう。1936年の全国人口の統計では女性100に対し男性119.42で、1949年には108.2に落ち込むが、男性過多の状況は変わらず、この数値は1960年

まで107〜108程度とほぼ変わらない。中華人民共和国期の省・地域別の統計は1953年以降しか確認できないが、同年に100を切っているのは山東省（98.97）と西康省（95.67）のみである。[16] 山東省は四川省に次いで復員軍人数が多く、すなわち徴兵にともなう人的損失も多かったと考えられ、1937年に115.57であった比率が1949年には93.57にまで低下している。[17] しかし、復員軍人数が最も多い四川省は1936年の117.51が1953年には108.29となったが、全国平均の107.61を上回っている。山東省に次いで復員軍人数が多い順の1953年の数値は、河南省（105.94）、湖南省（111.63）、河北省（103.46）、遼寧省（111.11）と、やはり男女比が逆転することはなく平均より高い数値も見られる。[18] この状況は、1940年代のソ連において戦争によって男性人口が女性人口を下回り、政策的に離婚の抑制が行われたことと対照をなしている。[19]

　以上から、戦争による人的損失も含め、数百万に上る人々の婚姻・婚約関係が不安定な状態に置かれ、男性の人口過多のなかで、女性の新たな婚姻の

表3　各戦争終結後の経過年数と入隊時期ごとの復員人数（人）

年	国共内戦期		日中戦争期		戦後国共内戦		共和国成立後		その他	合計
1950	13	362	4	9,464		83,070		140,325	5865	239,086
1951	14	115	5	6,207	1	32,564		49,513	9249	97,648
1952	15	959	6	56,360	2	583,299		645,506	7,127	1,293,251
1953	16	208	7	17,967	3	196,104		159,060	0	373,339
1954	17	629	8	29,201	4	276,805	(1)	228,733	0	535,368
1955	18	171	9	21,155	5	449,817	(2)	356,533	0	827,676
1956	19	180	10	7,023	6	180,087	(3)	523,887	24,231	735,408
1957	20	13	11	2,253	7	60,902	(4)	578,339	0	641,507
1958	21	7	12	1,724	8	17,568	(5)	73,745	0	93,044
合計		2,644		151,354		1,880,216		2,755,641	46,472	4,836,327

「復員人員的入伍時期、功臣模範以及随同復員軍人回郷的家属統計表」（中央転業建設委員会編『中国人民解放軍復員工作文件彙編』第3輯、1958年、12頁）より作成。左枠の数字は、それぞれ、国共内戦、日中戦争、戦後国共内戦、朝鮮戦争終結から経過したおよその年数。共和国成立後入隊者の復員人数には、朝鮮戦争開始前、終結以降に入隊した者が含まれる可能性が高いため、戦争終結からの経過年を（　）に入れている。

64

選択が進められたことが理解できる。

二　現役革命軍人の婚姻問題

（一）軍人の婚姻トラブルと離婚訴訟

　軍人の妻が離婚を選択する背景には、さまざまな問題が絡まっていた。長期不在にともなう音信不通は、生存や帰還の期待値を確実に下げていたし、離婚の要件としての音信不通の期間は、女性側が音信なしに待つことのできる時間が極めて短かったことを反映している。

　軍人の婚姻保護に関する政府や軍の指示が、生活が困難な家族への経済的支援に繰り返し言及しているように、働き手が不在であるため生活に困窮し、現在の結婚を放棄して再婚を選択する者や、婚約を解消して新たな結婚を選択する者もいた。農村では生活のために婚外婚を許容する社会風潮があり、ダイアマントが指摘するように性に関して都市よりも解放的であったため、[20]新たな結婚の選択は比較的容易に行われた可能性がある。女性一般の統計ではあるが、農村においては婚姻法施行前より女性の婚姻・離婚にかかわる活発な訴訟行動が確認できる。1949年を中心とした北京・上海など8都市と華北解放区71県、陝甘寧辺区の一部と山西省8県の各人民法院の統計では、民事案件中の婚姻案件の比率は都市で17.4〜46.9％、農村で33〜99％と基本的に農村が都市より高く、女性からの離婚要求は、北京・天津・上海の800件では68％であるのに対し、山西省3県の763件では92.4％と圧倒的に高かった。[21]毛沢東は、1927年の「湖南農民運動考察報告」で「夫権というものはもとより貧農においては比較的弱く」、「性においても比較的自由で、農村の三角および多角関係は貧農階級ではほぼ普遍的である」と述べており、[22]兵役を担う社会層の困窮と開放的な性文化が、事実婚や離婚、婚約解消を促進した可能性を示唆する。

65

一方で、当時は家の取決による結婚が一般的であり、一般家庭で実家や一族が娘の売買婚を繰り返したり、寡婦の再婚先を決定する事例も報告されている[23]ことから考えて、軍人の妻の離婚や再婚においても実家の意向が反映されている可能性がある。甘粛省臨洮県のある地主は養女に軍人との婚約を破棄させ、役人との結婚を画策している[24]。この事例は、養女を支配・搾取する地主と革命軍人との愛を貫く養女という政治的構図が対比的に描かれているが、実家の戦略が女性自身の生存、安全や上昇と結びついていれば、両者の意向は常に対立したわけではないであろう。婚姻法が自由な婚姻を促進する一方で、戦時動員に対応してリスクを回避しようとする家族の戦略が併存していたと考えられる。

　この他、基層幹部などが女性らの生活の困窮や不安につけ込んで、職権を利用して便宜を供与し、誘惑、脅迫したり、離婚を挑発することもあり、女性らは誘拐、不法占有、強姦などの被害にも晒されていた[25]。湖南省4県の軍人289人中、既婚者は138人で、妻が他人と関係した者は84人、子どもを産んだ者は29人で[26]、陝西省では他人に占有された者は108人、姦通者は1,103人であった[27]。江西省贛南区8県では軍人の妻2,621人の内19％が姦通していた[28]。1956年の報告では、河南省の軍人の妻で強姦された者が8,592人、他人に奪われた者が199人で、3,666人が子どもを産んだという[29]。同省の1957年10月までの復員者の内、既婚者は144,473人であり[30]、これを基にすれば軍人の妻の6％が被害を受けたことになる。1957年の同省35県の検査では、強姦された者415人、他人に奪われた者93人で、強姦が理由で409人が離婚した[31]。このような事例は枚挙に暇がなく、加害者の多くは地元幹部で、江蘇省興化県の278件の事件中、70％の加害者が郷村幹部であった[32]。陝西省襄城県では村主任が軍人の妻を妊娠、堕胎させ、夫と離婚させたが、病気になると遺棄し、自殺未遂に追い込んでいる[33]。

　婚姻法の公布からおよそ1年後の1951年4月には、軍人に対する離婚請求において様々な問題が指摘されている。音信がない期間を捏造する者、農会の証明書や軍人の手紙を偽造して離婚し、新たな婚姻の手続きをする者など

がいた他、軍人の出征の経緯を中傷したり、軍人家族の身分を隠す、「不法の既成事実」に固執したり、離婚をせずに別に結婚するといった状況も見られ、「命をかける」、「自殺する」などといって法院を脅迫する者もいたという。[34] このような状況は1953年にも報告されており、軍人の手紙を偽造して離婚判決を受けたり、夫が悪事を多く働き、民衆に検挙されるのを恐れて入隊したという内容の農会の証明書を偽造して離婚申請した妻の例が確認できる。[35]

妻の交際相手がこれらの不正にかかわっていることを示す史料もある。陝西省眉県では、妻の交際相手が夫と妻の離婚表明の手紙を偽造し、法院・検察院の知人を通じて軍人の調査要求を妨害した。[36] 山西省崞県の軍人の妻は、交際相手の指示で幹部を脅迫して丸め込み、夫が国民党系軍隊に参加して7年間音信がないとの証明を得て離婚し、交際相手と再婚したとされる。[37]

女性側が不正な手段に訴えてでも離婚訴訟を起こしたのは、様々な混乱をともないながらも軍人の婚姻が保護の対象として政府の管理下に置かれ、事実婚・重婚が徐々に排除されようとしていたこと、また、法的に裏付けられた婚姻が財産権・政治的権利の認定など、政府の社会管理において機能し始め、女性側に新たな婚姻を法的に位置づける動機が生まれていたことを反映していよう。1953年には婚姻法貫徹運動のなかで、女性らに「三証（三つの証明書）教育」が行われ、土地改革により土地証、婚姻法により結婚証、普通選挙により選民証を獲得したことで、女性らが経済的政治的権利を獲得したことが強調された。[38] 大規模な戦時動員と大衆運動を契機として権力が社会を厳密に管理する端緒が開かれつつあった。[39]

女性らの訴えに対して、各地の法院も調査をしない、軍人の同意を得ないか粗雑な確認で離婚判決を下したり、脅迫されて妥協するなど、法令違反の判決を下していた。司法幹部のなかには一般の男女問題として対処し、これらの行為を犯罪と認識しない者もいて、姦通・妊娠を理由として離婚を認めることもあった。[40] そもそも、この問題が指摘された1951年4月の時点では、いかなる状況でも婚姻法の音信不通の要件を満たしておらず、法院側の対応の粗雑さは否めない。江蘇省南通県人民法院は、通信のある夫の訴えを無視

して離婚判決を下しており、最高人民法院西北分院は婚姻法19条は思想的に[41]
遅れた兵士への妥協であり、幹部には適応しないと解釈していた。[42]訴訟を利用した不正・犯罪も確認され、県法院の院長や副院長が、軍人の妻を離婚させ自ら結婚したり、婚姻訴訟の当事者らを強姦するという事例も報告されている[43]（『人民日報』1952年7月21日、以下RR52.7.21のように略記）。

　婚姻法貫徹運動は、同法公布から1年以上遅れた1951年9月から展開するが、その原因について、泉谷陽子は同年夏頃から各地で展開される政府機関に対する粛清運動に直接的な契機を求めている。[44]泉谷の分析は正鵠を射ているが、上述のような司法幹部の水準の問題は、軍人の婚姻を脅かし、軍事動員を根底から堀り崩す危機感を当局に与えていたことも事実であろう。また、このような軍人の婚姻を巡る混乱への対応を指示した文書が発せられたのは、婚姻法施行後1年を経て、軍人に対する合法的な離婚が請求できる1ヵ月前の1951年4月であった。軍人の婚姻問題が婚姻法貫徹運動の動向にも深くかかわっていたのである。

　基層幹部の一部は上述のように軍人の婚姻を率先して破綻させていたが、各級幹部の教育水準と経験不足も現場の混乱を助長したと考えられる。婚姻法施行後間もなく、第四野戦特種砲兵1師47団1営に所属する東北籍の軍人に大量の離婚と婚約解消の手紙が送られてきたが、これらの多くが対日戦勝以降の入隊者で常に家庭と連絡を取っていたにもかかわらず、地方政府が適切な処理をしていなかったと指摘されている。[45]1953年にも福建省連城県では、ある区婦女聯合会（以下、婦聯）幹部が軍人の同意なくても離婚できると説明していた。[46]

（二）軍人の婚姻・婚約保障のための措置

　表4、5は、婚姻法公布以降、軍人の婚姻・婚約保障に関して随時確認された原則をまとめたものである。

　婚姻法は軍人の婚姻の保障のみに言及し、その婚約の保障については触れ

ていなかったため、婚姻法公布の翌年6月には政務院の政治法律委員会と軍事革命委員会総政治部（以下、総政治部）によって婚約解消に関する非公開の暫行規定が通知された。この規定では、婚姻法第19条の精神に基づき、婚約解消には軍人の同意が必要であること、同規定通知後1年間音信のない者お

表4　現役革命軍人の離婚に関する原則

	離婚不可	離婚可
一般原則	• 軍人の同意がない • 公布日[1]より2年内に家庭との音信がある • 公布日前、2年内に家庭との音信がある • 調査により音信判明、消息確認 • 調査により通信困難・未着が判明 • 和平実現以前の朝鮮戦争参加者 • 任務の関係で通信できない • 国民党軍として出征し、革命軍側に参加 • 離婚訴訟中に入隊し、未決・上訴中 • 傷痍軍人の障害を理由とした離婚請求	• 軍人の同意がある • 公布日より2年間家庭との音信がない • 公布日前に2年間家庭との音信がなく、公布後さらに1年間音信がない（慎重な調査） • 軍人本人・家族による虐待（軍人・家族の説得を前提） • 誘拐・不法占有・脅迫による結婚 • 軍人側の重婚 • 離婚訴訟中に入隊し、離婚判決確定 • 1953年6月〜「失踪軍人」（共和国成立以降の失踪者） • 1955年1月〜公布日より2年間家庭との音信がなく、さらに2年間音信がない • 傷痍軍人の内、性機能の消失、軍人による虐待、妻の介護放棄
配偶者が第三者と結婚している場合[2]	• 公布日以降の第三者との婚姻 　重婚として処罰 • 公布日以前の第三者との婚姻 　右欄の離婚可の条件に当たらないものは、関係を離脱させ、軍人家族の待遇を回復する	• 公布日以前の第三者との婚姻 　配偶者への働きかけ、説得を前提に、以下の場合、軍人を説得して離婚を認める 　• 夫の従軍が長く、天災人災で生活困難か、その他やむない理由により結婚し、すでに時間が長い 　• 当時当地の婚姻法に故意に違反して結婚し、時間が長く子どもがいる 　• 当地の婚姻法に違反した判決 　　（不注意は反省謝罪させ、故意は反省謝罪と処分） 　• 国民党軍として出征し、革命軍側に参加 　　当地解放後に解放軍にいることを知りながら再婚した場合は、適切に批判

『司法手冊』（最高人民法院華北分院編、1954年、712、741-746、754-756、763-766頁）、『八一雑誌』第6巻（1951年6月、90-91頁）、『江西政報』（1955年8月14日、13頁）、『中華人民共和国民法資料彙編』第三冊（北京政法学院民法教究室編、北京出版社、1957年、237頁）より作成。
1　婚姻法公布日　2　転業軍人も含む

69

および通知前1年間音信がなく、かつ通知後、半年音信のない者については、婚約解消が可能であるとしていた。[47] 同規定が「内部執行　非公開」とされたのは、規定を根拠にした婚約解消が活発化することを避けようとしたためと考えられるが、福建省高級人民法院は最高人民法院に対して、中央法制委員会の「婚約は結婚に必要な手続きではなく」、「一方が自ら解消を望む場合、相手方に通知してこれを解消できる」という説明と矛盾しており、当事者に違反の根拠が示せず、婚約維持の説得が困難であるとの問い合わせをしている。最高人民法院は知らずに法に触れた場合は、処分は軽くてよいと回答している。[48]

　婚姻法が音信のない期間を離婚の要件として掲げたため、同法が施行された翌月の1950年6月、総政治部と内務部は、軍人に家庭と連絡するよう教育・動員する命令を発している。しかし、それでも個別に連絡しない者、親に連絡し、妻や婚約者に連絡しない者がおり、女性らは苦悶し、離婚や婚約解消を申請する者があったため、河南省唐河県人民法院は最高人民法院宛、妻・婚約者に手紙を書かせるよう求める問い合わせを行っている。しかし、その回答は、個別の状況によるため宛先を制限できないというものであった。[49]

表5　現役革命軍人の婚約解消に関する原則

婚約解消不可	婚約解消可
• 軍人の同意がない • 暫行規定通知後、1年内に音信がある • 暫行規定通知前の1年内に音信がある • 和平実現以前の朝鮮戦争参加者 • 親の取決による婚約（童養媳を含む） • 婚約解消不同意の状態で入隊 • 国民党軍として出征し革命軍側に参加 • 婚約解消訴訟中に入隊し、未決・上訴中	• 軍人の同意がある • 暫行規定通知後、1年間音信がない • 暫行規定通知前、1年間音信がなく、通知後、半年間音信がない • 童養媳に対する虐待 • 入隊前の婚約解消 （通知により解消可［教育により婚約解消を放棄させる］） • 1953年6月～「失踪軍人」（共和国成立以降の失踪者）

『婚姻法資料彙編』（下集）（中国政法大学民法教研室、1984年、157-158頁）、『司法手冊』（最高人民法院華北分院編、1954年、745-746、757-758、763-765頁）、『中華人民共和国民法資料彙編』第三冊（北京政法学院民法教究室編、北京出版社、1957年、243頁）より作成。

70

同じく河南省では、一部の妻・婚約者が部隊の訪問や前線での結婚を求め、兄や父の同行を要求して騒ぎ、一部区郷幹部は証明書を書くなど無責任に対応したという。民生課の担当者は経済的負担の説明や愛国教育によって説得したが、女性らの焦りや不安がうかがえる。

長期的な音信不通者の離婚の要件が成立する直前の1951年4月に最高人民法院が各級人民法院へ発した指示は、軍人の離婚案件に関する調査や審理の厳格化などを求めていた。具体的には、家庭との音信状況については音信のない期間・理由・証明などについて厳密な調査を行うこと、離婚申請書は所属部隊の団（連隊相当）以上の政治機関に送付し、本人の同意がない場合、離婚を許さないこと、配偶者に対する粘り強い充分な説得教育を行うこと、19条違反の離婚判決は再審し、判決未定の間、配偶者は別途に結婚できないこと、審判にはできるだけ当地駐軍と婦聯代表を陪審に加えることなどである。

同月、最高人民法院と司法部が各級人民法院へ発した指示は、手続きの厳格化についてさらに踏み込み、離婚をより困難にする新たな条件を加えている。すなわち、婚姻法公布前2年間音信不通で公布後1年間音信不通を理由とする離婚請求については、家族、友人、県区村機関と民衆団体に対して慎重に調査し、音信が判明した場合は、離婚を許さない、所属部隊政治機関などに問い合わせて、戦闘で通信困難であったり、手紙が未着であった場合は、離婚を許さない、朝鮮戦争参加者や任務の関係で通信できない者は、配偶者を説得し効果がなければ、訴えを退ける、というものである。この他、各級司法機関が民生部門、婦聯などと連携し、当地の軍人の婚姻問題を検討すること、愛国運動と結合して軍人とその家族を愛護する教育を深め、展開すること、軍人配偶者の前線支援、家庭の和睦、労働生産等の模範的事績を称揚すること、軍人家族が光栄であるという愛国主義教育を行い、軍人家族と傷痍軍人の困難を解決することなどが求められ、軍人の婚姻問題や家庭の問題を、愛国教育という政治問題とつなげて行政や社会の力を動員して解決することが提起された。なお、軍人の離婚同意書の偽造に対抗するため、1953年には、最高人民法院の指示により、軍人側の離婚提起に際して必ず団以上の

政治機関の証明書を付帯することが決定された。[53]

　1952年、司法部部長史良は、全国法院幹部2万8,000人の22％が旧司法人員であると、司法人員の質の低さを政治問題にひきつけて解釈する一方で、転業軍人や各種人民団体の優秀な人材を法院に送り組織を強化する方針を提示している（RR52.8.23）。同年12月には、最高人民法院と司法部が、安徽省が実践している傷痍軍人、復員軍人を軍人婚姻裁判の陪審に加える方法を各級法院に紹介して、全国での実施を促した。[54]

　婚姻法公布後2年が経過し、公布後2年間の音信不通者も離婚の対象となった後の1952年7月、司法部の主催で、総政治部、全国婦聯、最高人民法院、法制委員会、内務部および北京市人民法院が参加して開催された革命軍人婚姻問題座談会（以下、座談会）において、軍人の長期的不在により事実婚や重婚が進行する状況への対応が改めて検討されるようになる。座談会では、軍人の帰郷前にすでに配偶者が結婚している場合の対応について、婚姻法公布後の第三者との婚姻は重婚として処分し、誤った判決は撤回させるとする一方で、婚姻法公布以前に第三者と結婚している場合については、女性の説得を前提としながらも、長期の婚姻状態と軍人との離婚を容認する方針が確認された。該当する各項を要約すれば、以下の通りで、この方針は、建設・生産に従事し、待機状況にある転業軍人にも通用するとされた。

　㈠　夫の出征が長く天災人災で生活困難であるか、その他やむない理由で別途に結婚し、すでに時間が長い場合、働きかけて（原文は「動員」）意志が固ければ、軍人を説得して離婚させる。

　㈡　当時当地の婚姻法に故意に違反して結婚し、時間が長く子どものいる者は、説得して意志が固ければ、軍人を説得して離婚させ、女性を教育する。

　㈢　当地の婚姻法に違反した離婚判決については、女性に働きかけて効果がなければ、軍人を説得して離婚させる。

　㈣　国民党軍兵士で戦争中に解放軍に参加した者の妻で、国民党軍にい

る間に再婚した者は、意志が固い場合は尊重する。当地の解放後、夫が解放軍にいることを知りながら再婚した者は、働きかけて戻らなければ、適切に批判する。

　このように軍人の長期的な不在にともなう女性の新たな婚姻の選択に対して、婚姻法施行以前に関しては大きく譲歩した方針が提示された[55]（厳密には女性の軍人も想定して、双方の性別を固定すべきではないが、一連の軍人の婚姻保護の指示や方針では、以下にもみるように、男性の軍人とその配偶者の女性という前提で書かれたものが多い）。

　以上のような方針の実施状況も含めて、婚姻にかかわる訴訟のいくつかの具体例を各地人民法院から最高人民法院への問い合わせとその回答の文書によって確認する。

　河北省任邱県のある軍人は1939年に出征し、10年間音信がなかった。妻は申請なしで再婚して1953年時点で6、7年が経過していた。1949年に夫の手紙が届き、弟が妻を提訴したが、妻は妊娠中で夫宅に戻らなかった。1953年に夫が転業帰郷して復縁を要求したが、妻には2人の子どもがおり、転業委員会、民政科、婦聯、3村の幹部が妻を説得したものの拒否され、夫も離婚の説得を拒否した。同県人民法院からの問い合わせに対する最高人民法院の回答は、夫に離婚を説得せよというものであった[56]。この事例は、音信がない期間が婚姻法の離婚条件に合致する上、妻の再婚は婚姻法公布前であり、かつ子どもがいることから、座談会の基準に照らして離婚が認められるが、地元幹部らは原則に従い、妻に粘り強い説得を行っている。

　遼寧省荘河県の男性は1946年に出征し、翌年、男性の母親が仲人を通じてある女性と婚約させた。女性は取消を求め、男性の母親も同意し、女性は1952年に転業軍人と結婚して娘が生まれた。男性は県人民法院に女性の結婚取消と自身との婚約維持を求めた。同省人民法院からの問い合わせに対する最高人民法院の回答は、部隊と母親を教育し、夫に婚約を放棄させよというものであった[57]。この事例は婚約の解消問題であり、第三者との結婚が婚姻法

施行後であることから、座談会の基準とは直接かかわらず、音信の有無が婚約解消の基準となりうるが、その情報は不明である。婚約は母親の取決であり、婚約と婚約解消が婚姻法公布以前であること、子どもがいることなどから、婚約解消が判断されている。

昆明市四区では、国民党軍兵士として出征した男性が、1948年に解放軍に参加し、1955年に朝鮮から復員した。婚約者は1953年に他人と結婚しており、男性は違法行為の処罰と結納返還の訴訟を起こした。双方で音信の有無の主張が食い違っていたが、第四区人民法院は男性の主張を容れて女性に訓戒し、婚約は解消されたが、結納の返還は不要とした。[58] 訴訟は婚約の継続を求めたものではないが、女性の婚約破棄は違法行為として認められている。

上述のように座談会は、婚姻法公布後の第三者との婚姻は重婚として処分し、誤った判決は撤回させる方針を提起しているが、その後も数十万の規模で長期的に帰還できない軍人が生まれ続けており、新たな婚姻を選択する女性らと軍人の婚姻を保障しようとする政府・司法・軍との摩擦は長期的に続くことになる。座談会と同じ1952年に発せられた中南軍政委員会の指示[59]では、婚姻法19条に違反する形で許された転業軍人の離婚は、軍人の訴えにより原則として元の夫婦関係を回復するよう改めて審理することを指示しているが、妻の感情が悪く、婚姻が多年に渉り、子どもがいて戻ろうとしない場合、軍人を説得すること、重婚状態についても同様の措置をとることを指示しており、婚姻法施行後の妻方の第三者との不法な結婚を無効にすることは困難を極めた可能性がある。[60] 翌年、中南行政委員会民政局は、各地では「軍人家族の婚姻問題については一様に処理が難しいと感じ、敢えて口出ししようとせず、少数のものは粗雑で頑なな干渉の態度を取ったため、無駄に紛争を増加させた」という状況を内務部宛、報告している。同報告は愛国主義教育と優待工作から着手するという各地の経験も紹介しており、湖南省醴陵県人民法院が27件の離婚案件に関して下郷して綿密に調査し、当地の区郷幹部と民衆の積極分子とともに軍人家族に宣伝を行い、家族の具体的な問題を解決して11件を自ら撤回させ、その他の案件処理についても有利な条件を作っ

たと報告している。内務部もこの方法を各県で行うことを推奨している。[61]

　配偶者と第三者の姦通は、一般的に配偶者は処罰せず、男側を軍人婚姻破壊罪として処罰するとされた。[62] 1951年には、妻の姦通は、法院が積極的に処理すべきであり、原則軍人が告訴するが、やむを得ない場合、親族と民衆が告訴できるとした。[63] 復員工作が完了する1958年には、妻の姦通・強姦は、当事者と直系親族・近親および民政・兵役部門に告発の権利があり、民衆も検挙できるとされている。[64]

　行方不明者などの対応については、1952年10月の司法部・最高人民法院・総政治部の聯合通報では、志願軍軍人について朝鮮戦争和平実現以前は、行方不明も含め離婚・婚約解消は不可とされており、[65] 1953年3月においても、朝鮮戦争中の捕虜や行方不明者の配偶者が他人と結婚している場合、説得して関係を離脱させ、軍人家族の待遇を回復するという方針が確認されている。[66] しかし、その後、朝鮮戦争の和平が模索されるなか、6月になって、内務部・最高人民法院・司法部・総政治部の連名で、共和国成立後、現在までの失踪者を「失踪軍人」とし、配偶者の軍人家族の待遇を維持するとともに、離婚を認める方針が発表される。[67] 7月には停戦が実現するが、これにより軍人の婚姻保障には戦時ほどの切迫性がなくなり、むしろ生存の可能性の低い行方不明者の家族の救済に政策の重点が移りつつあったと考えられる。この方針の通達から2ヵ月ほどの間に、山西省人民法院には196件の調査依頼が差し戻されたが、他の案件の処理方針について確認を求める同人民法院に対して最高人民法院は、所属部隊番号のわかる者については慎重を期すため、改めて調査を依頼してよいと回答している。[68]

　さらに1955年1月からは、婚姻法施行後2年間音信がなく、その後さらに2年間音信がない場合、県人民法院の調査で事実が確認できれば、部隊に問い合わせず離婚が可能となった。[69]

　山西省崞県では、1946年に出征して以来音信のない軍人の妻が1951年に離婚を申請した。崞県人民法院は多方面に調査を行い、『人民日報』に告知を出すなどした後、同年中に朝鮮戦争に参加していたことが判明し、現地に人

75

員を派遣して調査を行い、1949年以降音信がないことを確認し、1954年にようやく失踪軍人として離婚判決が下された。この事例では、音信不通の要件は1951年に満たしているものの、朝鮮戦争参加者であることが判明して即決できず、1953年の失踪軍人の認定措置を経てようやく離婚が認められている。

　この他、最高人民法院や司法部は、各地法院からの様々なケースの問い合わせに対して、離婚や婚約解消の可否を指示している。以下に実例も含めて確認する。

　親の取決による婚約は、当時の農村において一般的であったが、最高人民法院は軍人の利益維持のため、一般の親の取決とは区別するという判断を下している。一方、司法部は童養媳（将来嫁にするために、幼女のうちに買い取られた女性）について、虐待があれば関係を解消できるとしている。

　河南省偃師県のある女性は婚姻法施行前に親が取決めた婚約について、結婚を望まず、公安隊兵士の男性は婚約解消に同意しなかった。女性は河南省法院洛陽分院に訴えたが、退けられ、親族の党校職員から最高人民法院に問合わせたものの、現役軍人の婚約は守られるとの回答がなされた。

　軍人本人・家族から虐待を受けている場合については、軍人・家族を教育・説得して無効であれば離婚可とされた。離婚に同意しない軍人や家族側は、当然今後虐待しない旨を表明するか、虐待の事実を否定するであろうから、虐待の防止に充分な保障を与えたものとはいいにくい。ただし、誘拐・不法占有・脅迫による結婚については軍人を説得して、可能な限り自願で離婚させるとしている。軍人側の重婚についても、婚姻法の一夫一婦制の原則に基づき離婚可とされた。

　国民党軍として出征した軍人については、その後の革命軍側への参加が証明できれば離婚できないとされた（事実婚などが進行している場合は、座談会の方針による）。江西省定南県の妻は、1936年に家の取決で結婚したが、1940年に夫が汪精衛政権の兵士となり、家では虐待を受け、1950年に離婚の手続きを始め、家から出た。同年、上海の解放軍から夫の手紙が届き、離婚に不同

意であることが伝えられた。妻を家に戻すことはできたものの、これは妻の意にかなう結果ではなかった。同省贛西南分院の報告に対して、最高人民法院は「宣伝、説得の範囲である」とのみ回答しており、女性の不満に対応することはなかった。[77]

　離婚訴訟中に一方が入隊して訴訟が未決の場合や上訴中の場合は現役軍人の扱いとし、離婚判決後に上訴がなく入隊した場合は判決が確定したものとされた。華東分院は「入隊の動機は不合理な婚姻を守るためである」と最高人民法院に意見を述べているが、最高人民法院は「そのような情況は稀な現象である」と反論している。[78]婚姻法の施行後、女性が自由な婚姻を求めて行動し始めたことで、下層男性の離婚危機と婚姻難が引き起こされており、[79]離婚を避けるために入隊を選択する状況が一部に生じていた可能性も考えられる。しかし、上述のように地元に残された軍人の妻が他人に奪われるリスクは非常に高く、離婚訴訟中に入隊することは、むしろ離婚を事実上確定することになりかねない。総じて最高人民法院の反論は妥当なものといえる。

　入隊前の婚約取消については、1951年12月の最高人民法院の西北分院に対する回答では、通知により解消できるという一般の婚約解消の原則を示した上で、軍人の説得は必要としていたが、[80]翌年の座談会では男性が不同意で入隊した場合は現役軍人の扱いとすることが確認された。[81]

　離婚に軍人の同意を求める原則は、結婚詐欺まがいの行為にも適用された。湖南省医学院のある女子学生は、前後800万元余りを軍人に支払わせながら口実を設けて同居せず、卒業時に離婚を申請した。湖南省高等法院は、感情がないことを理由に離婚判決を下すことができる旨、意見を述べているが、最高人民法院は軍人の意志を尊重し、その意見を聞くように回答している。[82]

　傷痍軍人の婚姻問題については、最高人民法院と司法部は1951年4月に、傷痍軍人の配偶者の離婚の申請に対して厳格に審査し、障害が労働力に影響することで離婚を要求する者は、正当な理由と認めず、説得して無効の場合は差し戻すとの指示を発している。ただし、翌年の座談会では、性機能の喪失については離婚可とし、軍人の妻に対する虐待や妻の看護放棄があり、説

得不能な場合についても離婚を認める方針が追加された。[83]

　なお、1950年12月公布の内務部「革命残廃軍人優待撫恤暫行条例」の規定する傷痍軍人は、原則として身体障害者であり、傷の治癒後に精神障害のある者が等級最下位の三等乙級と認定された以外、戦病者と他の精神障害者は排除されていたため、婚姻の保護を受けられる者も原則として身体障害者に限られていた。[84]

　以上のように、女性側の活発な離婚請求や婚約解消の動きに対して、政権は婚姻法公布以前の妻側の新たな婚姻には事実上譲歩しながらも、慎重な調査と教育・説得を基本として、軍人の婚姻・婚約を保障する様々な措置を講じていた。黄宗智によれば、調停を基本とする中共独自の法制においては、婚姻の継続の可否における感情の問題は一貫して重視される特徴があり、[85]軍人の婚姻においてもこの問題が提示されていることが理解できる。ただし、感情の問題は、離婚の容認ばかりでなく、権力が理想とする婚姻のあり方においても提示されることとなる。

三　1953年の婚姻法貫徹運動と模範軍人家族の宣伝・教育

（一）1953年の婚姻法貫徹運動

　女性らの活発な離婚請求、婚約解消の動きに対して、党と政府は、自由恋愛を基礎とする婚姻法の精神を宣伝しつつ、新民主主義社会の愛情が創る理想的な家庭像の報道に力を入れていた。1952年の国際女性デー直前の3月6日の『人民日報』の記事は、山西省武郷県において自由結婚が普及し、夫婦が助け合って生産や仕事に励み、嫁姑の関係も良好であることを伝え、軍人の家庭については、傷痍軍人の夫婦が互いに生産と学習などに協力する様子、姑が模範軍人家族の嫁の仕事の労をねぎらい、支える様子などを報道している（RR52.3.6）。

1953年2月の政務院「関於貫徹婚姻法的指示」は、3月を婚姻法貫徹運動月間に指定したが、「大々的で大衆的な婚姻法の宣伝と検査の運動を展開して」、「数千年来の封建婚姻制度を根本的に破壊し、正確に新民主主義婚姻制度を実行する」とする一方で、運動においては、「大量の既成の家の取決、売買婚および婚姻の不自由によって生まれた家庭不和の現象に対しては、基本的には批判、教育、意識の向上、夫婦関係の改善と強化の方法を採用しなければならない」として、現状の婚姻を大きく変えることなく、教育によって夫婦・家族関係を改善していくことを基本的な方針として掲げた。その上で、「必要な場所と必要な家庭において婚姻法の執行、民主和睦、団結生産の家庭公約を設定することを推進する」として、改善された家族関係を基礎に生産を奨励することを提起した。また、運動のなかで革命軍人とその家族を愛護する教育を行い、軍人の婚姻案件については、婚姻法19条と関連の法令に基づき対応し、これに適合しない案件については説得、教育すること、一方的な女性の利益の保護を口実として軍人への配慮に悪い影響を与えてはならないことなどを指示した（RR53.2.2）。同月の中共中央「関於貫徹婚姻法運動月工作的補充指示」においては、一部の幹部の「性急な情緒」による運動方法を批判した上で、大衆に対しては宣伝に限定する方針を指示して、運動の急進化を抑制しようとした（RR53.2.19）。

　さらに同月の総政治部「関於部隊進行婚姻法宣伝的要点」もこのような方針に従い、個人の婚姻問題は戦争と国防の利益に服従しなければならないこと、今後戦争の勝利と国防の強化、特に義務兵役制と給与制の実行を経て、部隊の婚姻問題は徐々に円満に解決するのであって、現在は解決を緩める他ないと指摘した上で、革命軍人の婚姻保障に関するこれまでの原則を改めて確認している。中央貫徹婚姻法運動委員会「貫徹婚姻法宣伝提綱」も、「作戦その他特殊な環境で家庭との通信ができない状況が2年以上あったとしても、その配偶者に国家と人民の最高利益のために離婚要求を撤回するよう説得しなければならない」と改めて指摘している（RR53.2.25）。総じて、軍人に対する離婚請求も法の規定以上に教育・説得を重視する姿勢が示されている。

上述の政務院指示は、軍人家族に愛国主義教育を行い、軍人家族の前線支援、家庭の和睦、労働生産などの模範的な実績を表彰するよう求めている。これを受け、志願軍政治部秘書長李貞は、『人民日報』において、「婚姻法実践」の模範例を紹介している。山西省武郷県の夫婦は、互助組の仕事のなかで愛を育み、夫の出征後は、戦闘と生産の「革命競争」を行い、それぞれ戦闘英雄と県労働模範に選出された。河北省順義県と黒竜江省李家屯の志願軍兵士の婚約者らは、「封建的束縛」を打破し、自ら婚約者の家に出向いて家事や代耕を行い、全国的に賞賛される模範となった（RR53.3.25）。

　ここで紹介された順義県の模範高桂珍の事績については、5月の『新中国婦女』第5号に掲載された本人の全国婦女代表大会での発言「我怎様成為光栄的志願軍未婚妻」によって知ることができる。それによると、彼女は村の新民主主義青年団支部書記であり、婚約者の父は彼女の活躍をみて息子が捨てられるのを恐れ、また自身が病気になったため、息子を呼び返そうとすると、彼女は婚約者の家を訪ねて、戦争の勝利後に結婚するという自身の決意を伝え、耕作を手伝い、婚約者の父母の世話をした。高は、婚約者を支えてアメリカ帝国主義との闘いを完遂することが、自分達の生活を守ることであり、日本や国民党の迫害で命を落とした父と弟に対する復讐であると語っている。彼女の影響下、同村の烈士の母親がもう1人の息子を、5人の女性が婚約者を入隊させ、5人は自ら生産・学習の積極分子になった。

　婚約者は制度上は軍人家族ではないが、以後多くの婚約者が模範として顕彰されるようになっている。上のエピソードが伝えるように、女性の婚約者には男性との結婚を確認させ、銃後を支える自覚を促して、男性を励まし入隊させること、入隊後も精神的に支え合うことが期待されていた。軍人の婚姻を保障するという婚姻法の趣旨が、ここにおいては徴兵を推進する文脈で使用されている。模範軍人家族となった妻や婚約者らは、徴兵対象者の母親や妻を説得し、徴兵工作にも貢献することが期待されていた。

　李貞は、上述の文章で婚姻法貫徹運動を愛国主義の祖国防衛・生産運動と一致させる方法として、軍人家族の愛国の情熱と思想レベルを向上させるこ

と、生産成績を上げさせて部隊に報告すること、軍人の側は自身の進歩、成績、功績を手紙で家に通知し、互いの競争を促すこと、余った手当を家に送り生産を励ますこと、立功の報告書、栄誉の証明書などを家庭の所在地の政府に送ることを提唱している。

　4月、『東北日報』には、負傷して右足を失い、恋人も失うことを恐れる女性軍人に婚約者が手紙を送り、「ここにいる皆があなたに無限の敬意を示している。私もこのような恋人がいて光栄だ」、「今後、私はもっとあなたを愛するだろう」と告げ、結婚を果たしたというエピソードが掲載された（『東北日報』1953年4月23日）。5月には『人民日報』が、以下のようなエピソードを紹介している。雲南省会沢県出身の志願軍軍人は出征中、嫁姑の不仲を母の手紙で知って離婚を決意し、妻も離婚を請求した。県人民法院が所属部隊の政治部に状況を問い合わせたところ、夫から、私は祖国と平和のために戦い、死んではいないが、怪我をした、「もし離婚できるのであれば、意見はない。もし離婚の条件に合わなければ、妻をよく教育説得し、生産に励ませて欲しい」という内容の手紙が送られてきた。手紙を読み聞かされた妻は、離婚を望まない夫の真意を悟り、生産に励み前線を支援し、夫と共に模範になることを決意した（RR53.5.14）。

　このように、婚姻法貫徹運動を通じて、愛情に支えられ国防・生産に尽力する模範家族や婚約者像を描くことで軍人の妻や婚約者の動揺を抑え、積極的に国家に奉仕する家族を作り出そうとする宣伝が繰り返された。ここにおいては、男女・夫婦の情を利用しつつ、愛国意識と個人の愛情を一致させ、社会に浸透しようとする国家のイデオロギーを確認することができよう。

（二）模範軍人家族の奨励

　模範軍人家族の奨励については、すでに1952年秋から53年春節にかけて、内務部の指導の下、烈士家族・復員軍人の模範とともに、全国で郷県（市）級模範の選出工作が行われており、1954年秋の収穫以後にも県（市）を重点と

したこれら模範の選出が行われた。一方で、困窮する軍人の家庭には政府による経済的な支援が、労働力の不足する家庭には村落での代耕が組織され、毎年の春節などには慰問が組織された。[88]軍人の婚約者が相手方の家に居住する場合、経済的に困窮していれば、軍人家族としての優待を受けられるとされた。[89]

　一方で烈士・軍人家族を合作経済に組織する動きが加速していった。1955年6月、内務部は、合作社を通した烈士・軍人家族への実物支給などの方法により生活支援と互助合作への組織化を結合させる方法を指示した。[90]1955年7月以降、農業集団化の動きが加速すると、同年中には生活の困難な烈士・軍人家族に農具・肥料・種子・飼料・入社出資金支給が行われ、[91]復員軍人と烈士・軍人家族を合作社に組織する計画が各地で立案された。[92]さらに1956年2月には、内務部通報により代耕制度に替わって優待労働日制度が導入され、労働力の不足する烈士・軍人家族や傷痍軍人らは合作社社員による優待労働を受けることとなり、これらの人々は否応なく合作経済に吸収されていった。[93]

　1956年には、全国の省・自治区・直轄市での復員軍人と烈士・軍人家族らの積極分子大会、11月には全国レベル積極分子大会が開催され、模範を通じてこれらの人々を生産に動員し、合作経済に組織する試みが推進された。全国・各地の大会で顕彰された烈士・軍人家族の模範・積極分子は、軍人の妻や婚約者を含む女性が優位であった。1956年全国大会の烈士・軍人家族代表305人中、女性は179人（58.7％）で、その内、軍人家族女性は138人（45.2％）であった。1959年全国大会の同代表218人中では、女性は149人（68.3％）で、軍人家族女性は67人（30.7％）を占めた。年齢性別構成が明らかな5つの省・自治区・市の積極分子大会の烈士・軍人家族代表においては、軍人の妻・婚約者・未亡人とみられる10代から30代の女性が比較的多数選出されていることがわかる（表6）。

　これらの内、特に広東省と雲南省の1956年大会では、10代～30代半ばの若い女性の顕著な活躍が確認できる。広東省大会では19～36歳の女性が95人（内軍人家族77人）で、全代表の27.9％（同22.6％）を占めた。これらの女

性は、中共党員63人、青年団員21人（内13人は幹部党団員）、農業合作社正副主任31人、婦女聯合正副主任24人などとして重要な役割を担っており、そのなかでも現役軍人の妻（婚約者）が高い比率で活躍していた[94]（表7）。雲南省大会では17〜33歳の女性（34〜36歳に該当者なし）が101人（内軍人家族87人）で、全代表の39.9％（同34.4％）を占め、同じく多くが幹部として活躍しており、現役軍人の妻（婚約者）がその中心であった[95]（表8）。両省ともに20代女性が40代男性を上回る最多の階層であり、軍人の妻・婚約者・未亡人らが模範のなかで特に重視されていたことがわかる。この他、性別のみがわかる四川省の56年大会と河南省の59年大会では7割以上が女性であり、同様に若い女性が多数選出されていることを推測させる[96]。

　各地の大会で模範とされた軍人の妻や婚約者は、自身の増産ばかりでなく、舅姑の世話をしつつ、その理解を得て、合作社の運営、拡大、新技術の導入、社員の指導などに励み、貧困者救済、徴兵にも活躍するなど、その年齢、経験、教育水準からみても相当脚色されたとみられる活躍をしている[97]。1951年

表6　省代表大会参加の烈士・軍人家族の性別・年齢構成（人）

	70代〜		60代		50代		40代		30代		20代		10代		不明		計	
	女	男	女	男	女	男	女	男	女	男	女	男	女	男	女	男	女	男
雲南 (1956)	0	1	2	12	14	26	36	37	8	9	84	6	11	1	3	1	158	93
広東 (1956)	4	6	4	15	22	38	49	51	21	24	69	29	6	0	1	2	176	165
上海 (1956)	0	2	7	27	38	69	46	69	17	6	18	2	0	0	0	0	126	175
浙江 (1959)	0	2	11	22	7	6	13	2	8	2	18	0	0	0	1	0	58	34
内蒙古 (1960)	1	3		13	7	12	5	1	5	7	2	0	1	0	0	0	21	36

『雲南省烈属、軍属、革命残廃軍人、復員建設軍人社会主義建設積極分子大会会刊』（雲南省民政庁編、1956年）、『広東省烈属、軍属、革命残廃軍人、復員建設軍人社会主義建設積極分子大会特刊』（広東省民政庁編、1956年）、『浙江省烈属軍属和残廃軍人復員退伍転業軍人社会主義建設積極分子大会会刊』（浙江省烈属軍属和残廃軍人復員退伍転業軍人社会主義建設積極分子大会秘書処編、1959年）、『内蒙古自治区烈属軍属和残廃復員退伍転業軍人社会主義建設積極分子大会会刊』（内蒙古自治区烈属軍属和残廃復員退伍転業軍人社会主義建設積極分子大会秘書処印、1960年）より作成。

に夫を入隊させた四川省富順県の元童養媳の女性党員は、1954年には弟の婚約者を説得して弟を入隊させ、その影響下に全村の適格者の青年26名全員が入隊し、彼女はさらに彼らを組織して宣伝を行い、郷の徴兵工作任務を完遂したとされる(98)。政権は、社会的にも家庭内でも地位の低い下層の若い女性らに大胆に政治的地位と名誉を与え、彼女らの社会的上昇や婚家の束縛から逃れた活動という欲求にも対応していた。ただし、彼女らには、実質的な労働力や行政的指導力よりも、軍人の妻（婚約者）の権威を帯びて革命事業に献身

表7　1956年広東省大会19〜36歳の女性95人の地位（人）＊

	19〜36歳の女性	女性全体	代表全体
中共党員	63（48）	98（77）	176
青年団員	21（17）	21（17）	30
合作社正副主任（社長）	31（28）	58（48）	119
合作社委員	31（16）	47（32）	68
合作社生産正副隊長	12（11）	17（15）	32
婦聯正副主任	24（18）	47（37）	
婦聯幹部委員	10（5）	19（12）	

『広東省烈属、軍属、革命残廃軍人、復員建設軍人社会主義建設積極分子大会特刊』より作成。（　）内は軍人家族の女性数。
＊兼職者がいるため合計数は一致しない。

表8　1956年雲南省大会17〜33歳の女性77人の地位（人）＊

	17〜33歳の女性	女性全体	代表全体
党団幹部	10（10）	10（10）	19
合作社正副主任	21（16）	24（19）	35
合作社正副社長	14（13）	24（21）	43
合作社委員	11（10）	18（13）	37
合作社生産正副隊長	13（10）	27（12）	56
婦聯主任	10（10）	18（17）	
婦聯幹部委員	4（3）	10（7）	

『雲南省烈属、軍属、革命残廃軍人、復員建設軍人社会主義建設積極分子大会会刊』より作成。（　）内は軍人家族の女性数。
＊兼職者がいるため合計数は一致しない。
　その他の地位と無記載は24人。

することに価値が認められており、政権はその表象を強化することで、一般家庭に圧力をかけ、彼女らには離婚や婚約破棄などの問題を起こさず、部隊中の夫（婚約者）を精神的に支え、党や政府の政策を支持、実行する規範を植え付けようとしたものと考えられる。模範の功績は脚色であっても部隊に伝えられて夫（婚約者）を鼓舞したであろうが、模範となった女性らにはさらに自己犠牲の圧力がかけられ続けた。[99]

　軍人と家族の通信については、その後も断続的に奨励され、1953年には軍人らが春節に家族に手紙を書く際に個人的な通信に留まらず、互助合作運動参加など政府の政策に対する協力を家族に呼びかけた。[100] 1955年の山西省軍人家族・復員軍人らの大会では、家族の側から部隊の息子・夫などに手紙を書き、自身の増産計画を表明した。[101] 1956年には、軍人が家族へ手紙を送り、合作社参加を呼びかける「一封信運動」が展開された。この際に合作社参加の資金として現金を送ることも行われた。[102] 通信が婚姻保障の条件となっていることもあり、軍人らの通信への意欲は比較的高かったと考えられ、家族の情を利用して政策宣伝が行われた。

　以上のように、1953年の婚姻法貫徹運動以降、政権は国防と生産に貢献する模範軍人家族の表象を強化し、模範の顕彰を通じて女性らに軍人との婚姻・婚約を守り、国家の政策を実行する規範を植え付け、さらに彼女らを集団化に組織していった。

　階級問題、政治問題を夫婦や家族関係に持ち込む闘争の方法は、すでに三反五反運動において展開しており、泉谷によれば、このような闘争手法にならい婚姻法貫徹運動を女性解放の立場から先鋭化させる動きが1952年に見られたが、[103] 上述のように1953年の婚姻法貫徹運動は大衆運動の拡大を抑制し、既存の家庭の和睦を重視する方向に転換した。しかし、農業集団化運動から大躍進へと大衆動員が加速するなか、階級問題、政治問題は女性解放の立場を離れて、家族関係を説明する原理として引き続き使用されており、国防と生産に貢献する模範的な軍人家庭が演出される一方で、家族の不和も階級問題、政治問題として解釈される状況が確認できる。1961年、鞍山第二錬鋼

廠・耐火廠では、転業軍人の夫を罵倒し、僅かな衣食しか与えず虐待する妻らが職場の弁論会で批判されたが、彼女らは元雑貨屋経営者の娘であったり、父が対敵協力者で自身は地主の元妾であったとされ、家族の出身階級や政治態度の問題が指摘されている。[104] 搾取階級・裏切り者の家族と党に忠実な転業軍人というステレオタイプによって家族関係が説明されており、家庭生活の政治化が定着していく状況が理解できる。

　1962年6月以降、軍人の婚姻案件は、審理の質を高めるためとして、基層人民法院のみで受理することとなった。[105] 大規模な復員が1958年に終了し、婚姻案件も減少に向かっていたことがその背景にあると考えられる。ただし、これらの案件が減少に向かっていったとしても、大躍進による経済破壊のなか、働き手を失ない困窮する女性らを、特権を利用するなどして占有する幹部らの行動が継続しており、[106] 1963年上半期には全国で7,590人の「軍人婚姻破壊犯罪分子」が処罰されている。[107] 軍人の婚姻保障は、引き続き重要な課題として継続していた。

おわりに

　日中戦争から朝鮮戦争までの長期に渉る総力戦により、入隊した夫や婚約者が長期不在となるなか、一部の女性は生活の必要や将来の見通しの不透明さから、事実婚、婚外婚を選択し、1950年5月の婚姻法の施行に前後して大量の離婚訴訟が起こされた。基層幹部などに占有されたり、性被害を受ける者も多く、これらが原因となる離婚も頻発した。訴訟での不正な手段や違法な判決に対して、最高人民法院、司法部、総政治部などは、調査や手続きの厳密化を繰り返し指示し、任務遂行上やむを得ない場合の音信不通を離婚の条件から外すなど、軍人の婚姻の維持に努め、さらに婚約の保障にも努めた。ただし、事実婚などが進行する状況下、婚姻法公布の2年後には、同法公布以前の妻側の新たな婚姻について、説得を前提としながらも事実上容認する方針が採用された。志願軍軍人については和平実現まで離婚を認めない方針

であったが、停戦協定締結直前の1953年6月から「失踪軍人」という区分によって離婚を可能とした。一方で政権は、特に1953年3月の婚姻法貫徹運動以降、自由恋愛に基づき、戦場と生産現場で共に活躍する新民主主義社会の理想の夫婦・婚約者像を模範を通じて宣伝するとともに、家庭との通信の強化、軍人の妻の生活支援と教育、農業集団化への組織化と模範としての奨励などを通じて、軍人の婚姻・婚約を安定させ、集団化の推進に女性達を利用していった。

　婚姻を巡るトラブルや訴訟、それに対する権力の対応は、戦時動員を契機に社会が把握されていく状況を示しており、権力は戦争により混乱した社会と農村独自の婚姻文化に規律を与え、家族の結合のなかに近代的な恋愛観とともにナショナリズムと階級意識を浸透させようとしていた。

【注】
（1）「婦女解放視野下的軍人婚姻穏定問題 —— 以中国共産党軍人離婚法為中心的探討」（高中華・劉雪、『金陵法律評論』2013年秋季巻）。
（2）中央政法委員会「関於婚姻所規定的“革命軍人”範囲的報告」『婚姻法資料彙編』（下集）（中国政法大学民法教研室、1984年、149頁）。
（3）「中華人民共和国婚姻法」（1950年5月1日）『司法手冊』（最高人民法院華北分院編、1954年、712頁）。
（4）『自主：中国革命中的婚姻、法律与女性身分（1940～1960）』（叢小平著訳、社会科学文献出版社、2022年）、「女性解放・婚姻改革から見る中国超共産党革命 —— 東北における1950年の婚姻法の施行を中心に」（隋藝、『現代中国』第90号、2017年）、「1950年「婚姻法」の施行から見た中国社会の変容」（隋藝、『社会科学研究』第70巻1号、2022年）、Yi Sui & Chao Guo, Women as a pathway: dilemmas of the Marriage Law in Northeast China in the early 1950s, *Critical Asian Studies*, Vol.54, No.2, Routege, 2022.
（5）Neil J.Diamant, *Revolutionizing the Family Politics, Love, and Divorce in Urban and Rural China, 1949-1968*, University of California Press, 2000(2000a)、Neil J. Diamant, Re-examining the Impact of the 1950 Marriage Law: State Improvisation, Local Initiative and Rural Family Change, *The China Quarterly*, No.161, 2000(2000b)。
（6）隋藝前掲論文（2017年）、Yi Sui & Chao Guo, Ibid。

（7）隋藝前掲論文（2022年）。

（8）「離婚法実践　当代中国民事法律制度的起源、虚構和平現実」（黄宗智、『中国郷村研究』第四輯、社会科学文献出版社、2006年）。

（9）この問題に関係する復員軍人・転業軍人の婚姻問題の全面的な検討は、紙幅の関係で別稿に譲る。

（10）現役軍人の既婚者に関する統計は確認できなかったが、河南省転業建設委員会「関於復員軍人安置工作総結（1950年-1957年）」（1958年5月6日）『中国人民解放軍復員工作文件彙編』第3輯（中央転業建設委員会編、1958年（1959年の誤りと考えられる）472頁、付表「河南省復員安置工作総合統計表」（頁なし））（以下、『復員工作』3（472頁）のように略記）によれば、1950年6月～1957年10月に復員した河南省の軍人の復員前既婚者の割合は約45.8％で、山西省転業建設委員会「関於復員軍人安置工作総結（1950年-1957年）」（1958年5月5日）『復員工作』3（389頁）によれば、山西省の1950年6月～1957年10月の復員軍人については、約50％であった。

（11）山東省では、1955～58年に日中戦争および戦後国共内戦期の行方不明者28,181人を、1961～62年には朝鮮戦争の失踪軍人1,979人を、それぞれ烈士として追加認定している。『山東省志』人口志（山東省地方史志編纂委員会編、斉魯書社、1994年、62頁）。

（12）『北朝鮮現代史』（和田春樹、岩波新書、2012年、73頁）。

（13）中央転業建設委員会「関於八年来復員工作総結」（1959年7月1日）『復員工作』3（2頁）。

（14）前掲注（13）、「中華人民共和国兵役法草案的報告」（1955年7月16日）『彭徳懐軍事文選』（中央文献出版社、1988年、521頁）。

（15）国務院「関於現役革命軍人在徴収農業税時如何計算農業人口的規定」（1955年5月13日）『民政法令彙編』（以下、『民政法令』）（1954-1955）（中華人民共和国内務部辦公庁編印、1956年、86頁）。

（16）『中国人口史』第六巻（葛剣雄主編・侯楊方著、復旦大学出版社、2001年、291-292、297-298頁）、『中華人民共和国人口統計資料彙編1949-1900』（中国人国家統計局人口統計司・公安部三局編山東省編、中国財政経済出版社、1988年、2、4頁）。

（17）『山東省志』人口志（79、82頁）。

（18）侯楊方前掲著（297-298頁）。省別の復員軍人数については、『中国戦時秩序の生成　戦争と社会変容　一九三〇～五〇年代』（笹川裕史、汲古書院、2023年、344頁）を参照。

（19）「第二次世界大戦中のソ連における結婚と離婚―社会主義による自由および道徳―」（川本和子、『立教法学』第106号、2022年）。

第2章　中華人民共和国婚姻法と革命軍人の婚姻問題

(20)「華北抗日根拠地婦女運動与婚外性関係」（張志永、『抗日戦争研究』2009年第1
期）、Neil J. Diamant(2000a), Ibid。

(21)孟慶樹「関於部分婚姻案件材料的初歩研究問題」『婚姻問題参考資料彙編』第一輯
（中央人民法制委員会編、新華書店、1950年、77、80-81頁、統計表（一））。統
計の年次は最も早いもので1946年1月から、最も遅いもので1950年1月までで、
期間は2カ月から2年8カ月と不均等であるが、1都市、1県を除いて、全て49
年の統計を含む。

(22)「湖南農民運動考察報告」（1927年3月28日）『毛沢東集』（第二版）第1巻（毛
沢東文献史料研究会編、蒼蒼社、1983年、130頁）。

(23)江西省人民法院贛西南分院「執行婚姻法総結」（1951年3月）『人民数拠』法律法
規。

(24)「甘粛省臨洮県地主王育民破壊現役革命軍人婚姻」『中華人民共和国政治社会関係
資料』友聯研究所（マイクロフィルム。以下、『政治社会関係資料』）（原載『西安
群衆日報』1952年8月30日）。

(25)中南軍政委員会「関於認真処理転業建設軍人婚姻題問的指示」『中華人民共和国民
法資料彙編』第三冊（北京政法学院民法教究室編、北京出版社、1957年、253頁）、
天津市転業建設委員会「関於復員軍人安置工作総結（1950年-1957年）」（1957年
11月8日）『復員工作』3（381頁）。

(26)第四十七軍「関於志願兵復員工作総結（1950-1957）」（1957年10月15日）『復員
工作』3（283頁）。

(27)陝西省転業建設委員会「関於復員軍人安置工作総結（1950年-1957年）」（1957年
6月17日）『復員工作』3（422頁）。

(28)「江西省貫徹婚姻法第二次座談会状況報告」（1955年9月12日）『江西政報』（1955
年10月28日、21頁）。

(29)傅秋濤秘書長「1956年復員工作総合報告」（1956年12月30日）『復員工作』2
（326頁）。

(30)河南省転業建設委員会「関於復員軍人安置工作総結（1950年-1957年）」（1958年
5月6日）『復員工作』3（472頁）。

(31)内務部党組「関於厳格保護現役軍人婚姻的措施的報告」（1958年2月28日）『復
員工作』2（530-531頁）。

(32)前掲注（29）。

(33)呉台亮同志「関於制止各地傷害転業軍人与革命軍属事件的報告」『復員工作』1
（529頁）。

(34)最高人民法院「関於処理現役革命軍人婚姻問題的指示」（1951年4月21日）『八一
雑誌』第6巻（1951年6月、90頁）。

(35)最高人民法院「関於革命軍人配偶偽造証件騙請離婚及向軍委総政治部調詢革命軍

89

人下落不明行文問題的通報」（1953 年 6 月 30 日）『司法手冊』（759-760 頁）。

(36) 陝西省司法庁「関於個別法院及幹部在軍人婚姻問題上発生錯判案件及違法乱紀的
通報」（1956 年 1 月 26 日）『陝西政報』（1956 年 1 月 31 日、16-18 頁）。

(37) 崞県人民法院「民事判決書」法民字第 133 号（1954 年）。

(38) 『婚姻制度従伝統到現代的過渡』（張志永、中国社会科学出版社、2006 年、160 頁）。

(39) 1953 年から 55 年にかけての戸口登記工作のなかで、婚姻登記を通じての教育も
重視された。北京市人民政府民政局では、軍人と結婚する女性に対して、軍人愛
護と自身の光栄な地位を認識して、家事をこなし団結生産するよう教育し、軍人
には女性の政治的進歩を助けるよう指示し、双方に連絡を取り合うよう励ました。
北京市人民政府民政局「北京市宣武区是怎様進行結婚登記工作的」『内務部通訊』
1955 年第 1 期（24 頁）。

(40) 内務部党組「関於厳格保護現役軍人婚姻的措施的報告」（1958 年 2 月 28 日）『復
員工作』2（531 頁）、最高人民法院・司法部「関於法院錯誤処理革命軍人婚姻問
題的通報」（1953 年 1 月 23 日）『司法手冊』（767-769 頁）、前掲注（33）、（34）。

(41) 「処理革命軍人婚姻問題南通県人民法院有偏差」『政治社会関係資料』（原載『解放
日報』1952 年 1 月 21 日）。

(42) 最高人民法院西北分院「関於魏□与張□□婚姻一案究応如何処理的請示」（1951
年 7 月 29 日）『人民数拠』法律法規。内部文書の個人名は伏せ字とする。以下、
同様。

(43) 前掲注（31）。

(44) 泉谷陽子「人民共和国建国初期の大衆運動と主婦 —— 上海家庭婦連を中心に」『東
アジアの家族とセクシャリティ　規範と逸脱』（小浜正子・板橋暁子編、京都大学
学術出版会、2022 年、374-376 頁）。

(45) 「遼西婦女誤解婚姻法影響生産，部隊家属改嫁引起情緒波動」『内部参考』第 54 号
（1950 年、14-15 頁）。

(46) 「連城七区婦聯謝媛秀錯誤地解釈有関係革命軍人婚姻的政策問題」『政治社会関係
資料』（原載『福建日報』1953 年 3 月 28 日）。

(47) 中央人民政府政務院政治法律委員会・人民革命軍事委員会総政治部聯合通知「関
於処理現役革命軍人取消婚約的暫行規定」（1951 年 6 月 30 日）『婚姻法資料彙編』
（下集）（157-158 頁）。

(48) 最高人民法院「関於与現役革命軍人未婚妻非法結婚問題的批転覆」（1963 年 10 月
12 日）『人民数拠』法律法規。

(49) 中央人民政府人民革命軍事委員会総政治部・内務部「教育動員革命軍人与家庭互
通音訊的聯合通令」（1950 年 6 月 9 日）『政治社会関係資料』、最高人民法院「解
答法律問題十則」（1952 年 7 月 28 日）『人民数拠』法律法規、「河南省唐河県人民
法院函」（1952 年 5 月 25 日）同上。

第2章　中華人民共和国婚姻法と革命軍人の婚姻問題

(50) 河南省遂平県人民政府民政科鄭光雲「勧阻革命軍人家属遠道探親的幾点体会得」
『内務部通訊』1954年第 1 期（25頁）。

(51) 最高人民法院「関於処理現役革命軍人婚姻問題的指示」（90-91頁）。

(52) 中央人民政府最高人民法院・司法部「対於現役革命軍人与退役革命残廃軍人離婚
案件之処理辦法及開展愛国擁軍教育之指示」（1951年 4 月24日）『八一雑誌』第 6
巻（1951年、91頁）。

(53) 最高人民法院「関於革命軍人配偶偽造証件騙請離婚及向軍委総政治部調詢革命軍
人下落不明行文問題的通報」（1953年 6 月30日）『司法手冊』（760頁）。

(54) 最高人民法院・司法部「安徽省人民法院全面開展群衆性的清案辦案工作情況報告
的通報」（1952年12月 4 日）『人民数拠』法律法規。

(55)「革命軍人婚姻問題座談会紀要」（1952年 7 月28日）『司法手冊』（754-756頁）。

(56) 中央人民政府最高人民法院（函）批覆「任邱県人民法院所請示的関於転業軍人婚
姻問題，希即転告」（1953年 5 月19日）『司法工作手冊』（河北省人民法院編輯、
1953年、746-751頁）。

(57) 最高人民法院「関於康□□妨害革命軍人欒□□的婚約案件如何処理的復函」（1954
年11月11日）『人民数拠』法律法規。なお部隊の教育が指示されているのは部隊
を通じて軍人の当事者を教育するためであると考えられる。

(58) 昆明市第四区人民法院「関於史家政訴朱留英解除婚約賠償婚礼一案民事判決書」
民55丁字第16号（1955年 8 月22日）。

(59) 中南軍政委員会は、共和国成立初期の大行政区の一つである中南地区の最高政権
機関で、河南省・湖北省・湖南省・広東省・広西省を管轄する。

(60) 中南軍政委員会「関於認真処理転業建設軍人婚姻題問的指示」『中華人民共和国民
法資料彙編』第三冊（254頁）。

(61) 中央人民政府内務部「批覆」（1953年 8 月18日）、附：中南行政委員会民政局「報
告択要一件」『政策法令参考手冊』第四冊（武漢市人民法院編、1954年、485-486
頁）。

(62) 最高人民法院「関於与軍人配偶通姦的案件為什麼只対与軍人配偶通姦的一方判罪
問題的復函」（1958年 3 月21日）『婚姻法資料彙編』（下集）（181頁）。

(63) 最高人民法院中南分院対湖南省人民法院「関於現役革命軍人配偶与人通姦的告訴
問題的批覆」（1951年10月19日）『司法工作手冊』（753頁）。

(64) 前掲注（31）。

(65) 中央人民政府司法部・最高人民法院・軍委総政治部「関於処理在朝鮮戦争中被俘
或失踪之革命軍人婚姻案件的聯合通報」（1952年10月17日）『司法手冊』（745-
746頁）。

(66)「関於現役革命軍人的婚姻問題94」（中央人民政府司法部批覆雲南省人民法院）『司
法参考資料』第10輯（貴州省人民法院編印、50-51頁）。

91

(67) 中央人民政府内務部・最高人民法院・司法部・軍委総政治部「関於多年無音訊之現役革命軍人家属待遇及婚姻問題処理辦法」（1953年6月15日）『司法手冊』（741-742頁）。

(68) 最高人民法院給山西省人民法院「関於多年無音訊之現役革命軍人家属待遇及婚姻問題処理辦法的批覆」（1953年10月12日）、附「山西省人民法院原函」『政策法令参考手冊』第四冊（484-485頁）。

(69) 中華人民共和国最高人民法院・内務部・司法部・中国人民解放軍総政治部聯合通知「関於処理革命軍人両年以上与家属無通訊関係的離婚問題」（1955年1月5日）『江西政報』（1955年8月14日、13頁）。なお、同年6月には、失踪者の投降、反乱、逃亡、自殺等が明らかになった場合は、家族の優待が取消されることが通知された。中華人民共和国最高人民法院・内務部・中国人民解放軍総政治部「関於処理軍属尋找革命軍人問題的規定的聯合通知」（1955年6月25日）『江西政報』（1955年8月14日、10-11頁）。

(70) 崞県人民法院「民事判決書」（1954年）。

(71) 最高人民法院「関於処理現役革命軍人的包辦代訂婚問題的復函」（1951年12月27日）『司法手冊』（763-764頁）。

(72) 司法部「関於現役革命軍人童養媳提出解除童養関係如何処理等問題的批復」（1951年6月26日）『司法手冊』（765頁）。

(73) 最高人民法院院長辦公室「解答魏□□有関現役革命軍人婚姻問題的函」（1952年10月20日）『人民数拠』法律法規。

(74) 中南軍区政治部組織部「関於戦士家庭婚姻糾紛問題的処理意見」（1954年6月24日）（237頁）。

(75) 司法部「関於現役革命軍人重婚問題応如何処理的復函」（1952年5月22日）『司法手冊』（766頁）。

(76) 司法部「関於現役革命軍人婚姻問題的批覆」（1953年7月18日）『司法手冊』（762頁）、最高人民法院華北分院「答覆河北省人民法院請示頑偽軍人或一般群衆多年通信 訊関係其配偶提出離婚応如何処理等問題」（1953年7月18日）『司法工作手冊』（726-727頁）。

(77) 最高人民法院「江西省贛西南分院三月分専題報告的批覆」（1951年6月16日）『人民数拠』法律法規。

(78) 最高人民法院「関於離婚訴訟進行中一方参軍応如何処理等問題的意見」（1951年6月16日）『司法手冊』（771-772頁）。

(79) 隋藝前掲論文（2022年、72-74頁）。

(80) 最高人民法院「関於現役革命軍人婚約的三個問題」『中華人民共和国民法資料彙編』第三冊（243頁）。

(81) 「革命軍人婚姻問題座談会紀要」（1952年7月28日）『司法手冊』（757-758頁）。

(82) 最高人民法院「関於処理領取了結婚証而未同居的離婚案件問題的批覆」（1958 年 3 月 21 日）『人民数拠』法律法規。

(83) 最高人民法院・司法部「対於現役革命軍人与退役革命残廃軍人離婚案件之処理辦 法及開展愛国擁軍教育之指示」（1951 年 4 月 24 日）『八一雑誌』第 6 巻（1951 年、 91 頁）、「革命軍人婚姻問題座談会紀要」（1952 年 7 月 28 日）『司法手冊』（751- 752 頁）。婚姻法第 5 条第 2 項は、「生理的欠陥があり、性行為を行うことができ ない者」の結婚を禁止している。「中華人民共和国婚姻法」（1950 年 5 月 1 日）『司 法手冊』（708 頁）。

(84) 「革命残廃軍人優待撫恤暫行条例」（1950 年 12 月 11 日）『民政法令』（1949.10- 1954.9）（399 頁）。

(85) 黄宗智前掲論文（36-42 頁）。

(86) 中央人民政府政務院「関於貫徹婚姻法的指示」（1953 年 2 月 1 日）『司法手冊』 （715-722 頁）。

(87) 軍委総政治部「関於部隊進行婚姻法宣伝的要点」（1953 年 2 月×日）『八一雑誌』 第 26 期（1953 年、19-20 頁）。

(88) 「中華人民共和国成立初期の兵役・革命関係者と農業集団化運動」（丸田孝志、『史 学研究』第 315 号、2023 年、64-65、71 頁）。

(89) 「革命軍人婚姻問題座談会紀要」（1952 年 7 月 28 日）『司法手冊』（756-757 頁）。

(90) 内務部「関於有重点地発放優撫実物補助費和対烈属軍進行登記排隊工作的指 示」（1955 年 6 月 9 日）『民政法令』（1954-1955）（60-62 頁）。

(91) 謝覚哉「"発揚革命伝統，争取更大光栄"，在社会主義建設事業中作出更大的貢 献」、『内務部通訊』1956 年第 12 期（7 頁）。

(92) 『内務部通訊』1955 年第 12 期の各省の計画、経験を参照。

(93) 内務部「関於各自農村新形勢下改進優待烈属、軍属工作的通報」（1956 年 2 月 27 日）『民政法令』（1956）（55-59 頁）。

(94) 『広東省烈属、軍属、革命残廃軍人、復員建設軍人社会主義建設積極分子大会特 刊』（広東省民政庁編、1956 年（以下、『広東大会』）、164-191 頁）。

(95) 『雲南省烈属、軍属、革命残廃軍人、復員建設軍人社会主義建設積極分子大会会 刊』（雲南省民政庁編、1956 年（以下、『雲南大会』）、99-121 頁）。

(96) 『四川省烈属、軍属、革命残廃軍人、復員建設軍人社会主義建設積極分子大会彙 刊』（四川省民政庁編、1956 年（以下、『四川大会』）、118-124 頁）、『河南省烈属、 軍属和残廃、復員、退伍軍人社会主義建設積極分子大会会刊』（河南省民政庁編 印、1959 年、88-94 頁）。

(97) 『山西省烈属、軍属、残廃軍人、復員軍人社会主義建設積極分子大会文件選集』（山 西省烈属軍属革命残廃軍人復員建設軍人社会主義建設積極分子大会秘書処編印、 1956 年、62 頁）、『雲南大会』（99-121 頁）、『広東大会』（124 頁）、『四川大会』（42

-51頁)、『光栄的烈士軍人家属』(河北省民政庁編、河北人民出版社、1957年、27
-33、35-38頁)など。

(98)『四川大会』(48-49頁)。

(99) 以上の農業集団化運動と軍人家族の問題については、丸田孝志前掲論文も参照の
こと。

(100) 軍委総政治部「関於1954年春節開展擁政愛民工作的指示」(1953年12月××日)
『八一雑誌』第44巻(1953年12月、26頁)。

(101) 劉靫・韓慎「関於参加山西省烈属、軍属、革命残廃軍人、復員建設軍人和優撫工
作模範代表会議的報告」『内務部通訊』1955年第3期(14頁)。

(102)「配合和支援農業合作化運動是擁政愛民的具体行動」『八一雑誌』第94巻(1956
年1月、14頁)。

(103) 泉谷陽子前掲論文(375-376頁)。

(104) 中共鞍山市委員会「関於在職工家属中進行以粮食為中心的教育運動和安排好群衆
生活的情況報告」(1961年1月19日)『中国大躍進—大飢荒数拠庫』(第二版)(美
国哈仏大学費正清中国研究中心、2014年)。

(105) 最高人民法院「関於検査和総結軍人婚姻案件的通知」(1962年6月21日)『婚姻
法資料彙編』(下集)(184頁)。

(106) 九十三師政治部「関於軍人婚姻問題的両個材料」(1962年10月31日)『婚姻法資
料彙編』(下集)(189頁)。

(107) 最高人民法院「関於処理復員軍人婚姻案件的意見的報告」(1963年10月12日)『婚
姻法資料彙編』(下集)(197頁)。

第3章

人民公社期の農村における婚姻関係の変容

李秉奎（金牧功大訳）

はじめに

人民公社期（1958～1983年）の中国農村では、土地や家畜、大型農機具が集団の所有物とされ、農民は「各人が能力に応じて働き、労働に応じて分配する」という原則のもとで、集団労働に従事していた。農業や林業、牧畜業、漁業および他の生産活動は、国家による統一的な計画・指示に基づき行われ、農民の手中には自留地を除いて土地の所有権と経営権はなく、また私有の農耕用家畜や大型農機具も存在しなかった。農産品は「統一買付・統一販売」制度のもとに置かれ、農民は食糧や収入など家計の面において高度に集団に依存し、彼らの日常的な生活は「社隊」〔人民公社・生産大隊・生産隊組織〕によって管理されていた。農村から都市部へと移住する自由はなく、職業を選択したり、身分を変更したりすることもできなかった。

人民公社期の農村における婚姻関係の変容に関する先行研究は、「ダンベル」様の分布を呈している。「ダンベル」様とはすなわち、研究が対象とする時期の多くが婚姻法が徹底的に実施された50年代と婚姻法に変更が加えられた80年代に集中し、両時期に挟まれる60年代と70年代に関するものが少ないということである。既存の研究では、この時期、農村における婚姻の自主性が明らかに高まったと一般的に認識されている。たとえば、雷洁瓊を代表者とする研究プロジェクトは、1950年から1978年にかけての上海郊外において、「自由恋愛」を通じて結婚に至った農民が増加したことを明らかにした。都市から遠く離れ経済的に立ち遅れた河南省潢川県においてですら、当事者の意思による結婚の割合が高まっていたのである。徐安琪の研究によれ[1]

95

ば、1966年から1986年にかけての広東省と甘粛省の農村では、年長者が取り決め、当事者にしてみれば結婚前には相手もわからないといった形態の結婚が明白に減少し、その反対に「家長が決定し、本人も満足する」と「本人が決定し、父母も満足する」という婚姻が大多数を占めるようになった。[2] 四川省成都のデータや閻雲翔や叢小平の研究なども同様の見解を示している。[3]

　中国の農村における結婚の自主性に関する先行研究は、子女の婚姻関係締結の過程において、その「父母」が果たす役割について特別の注意関心を払ってきた。1950年の「中華人民共和国婚姻法」（以下、「1950年婚姻法」）の第1条は以下のように定める。「取り決め婚」と男尊女卑、そして子女の利益を軽視する封建的な結婚制度を廃止する。男女の婚姻の自由を認め、一夫一妻と男女の権利平等、そして婦女と子女の合法的な権利を保護する新民主主義的な婚姻制度を実施する、と。[4] ここでいう「子女の権利を軽視する（ことの廃止）」は、子女の結婚に介在する親子関係を改革の対象とするものであった。また、「子女の合法的な権利（の保護）」も同様に、子の婚姻にまつわる親子関係に関するものであったといえよう。このように定められた背景には、「1950年婚姻法」の公布前、父母による「取り決め婚」が中国農村に一般的に存在していたという事情がある。もちろん、父母による「取り決め婚」といえど、両親が直接、子女のためにすべての手筈を整えたわけではない。一般には、両親は仲人〔中国語：媒人〕に代理を頼み、仲人を媒介として自らの意向を伝えていた。それゆえ、「取り決め婚」と「仲人なくして結婚なし」という状況が往々にして一緒に語られていたのである。しかし、「1950年婚姻法」が公布されて以降、農村における両親による「取り決め婚」と「仲人による縁談の取り持ち」が、程度こそ異なれ、制限を受けることになった。人民公社の時期において、家庭における父母の権威はさらに弱まった。こうした中、男女双方はいかなる方法によって知り合い婚姻関係に至ったのだろうか。そして、「1950年婚姻法」と人民公社体制は、農村の通婚圏と婚姻における「紹介人」にどのような影響をもたらしたのだろうか。本研究は、親子関係、通婚圏と婚姻仲介者に焦点を絞って、これらの問題を考察する。

一　親子関係と婚姻の自主性

　家庭における親子関係と婚姻の自主性――これが本章で論じる１つ目の問題である。一般に、「取り決め結婚」[5]とは、子の婚姻に深く介入する親によって決められた婚姻をさすのに対し、「自主婚姻」（あるいは「自主結婚」）は子が自らの意思や判断に基づいて決めた婚姻をさす。「1950年婚姻法」は、それまで目上の存在（一般には両親、主に父親）の手中にあった婚姻の主導権を結婚当事者へ移行することを制度的に示すものであり、女性と子どもの合法的な権利の保護を旨とし、家庭における新しく平等な親子関係を提唱したものでもある。この新しい親子関係の提唱は、家族や父母を本位とする観念および慣習を揺さぶることになった。

　土地改革もまた農村の婚姻と家族に大きな影響を及ぼした。土地改革は老若男女を問わず農村の人々に同等の土地の権利を与えた。つまり、子と父母、男と女、こうした区別はもはや存在せず、各人が自己の名義の下に土地を得たのである。これは、それまでの家族における核心であった家長が家族の土地を所有するというあり方にピリオドを打った。

　人民公社化を進める運動が始まって以降、全国の農村では社会主義集団所有制が一般的になり、国家が「民主団結」型の新たな家族関係を提唱し、それにともなって家庭における親子関係に「平等な社員関係」という要素が加えられるようになった。特に、人民公社化運動の初期においては、家事労働の「集団化」と「社会化」は、農村家族が持つ本来的な機能を変えた。たとえば、農村の公共食堂は家庭の消費能力を低下させ、また託児所や老人ホームの建設は、家庭が持っていた育児や扶養の機能を弱めた。こうした事態に直面した農民のなかには「家族が家族でなくなってしまう」と恐れるものもあった。

　理論的見地に立てば、人民公社時期の家庭内の親子関係はすでに「平等な社員関係」に変わった。国家が青年を家族という檻から解放し、彼らの持ち

得る限りの情熱を集団生産に傾けるよう奨励したからである。当時、あらゆる物質的生産や情報資源、社会的流動の機会が、社隊などの基層組織に掌握されていた。農村の食糧供給や生活様式、社会関係は、全て「社隊」の管理のもとにあったといって差し支えない。国家による資源の独占は、党組織や行政権力、あるいは工人や青年、婦女などの各種組織・団体によって組織的に保障され、「家族が単位であり、家長が管理者である」という伝統的なモデルは試練に直面することになった。集団経済の下、子の労働所得は子のものと明確になり、かくして家長の権威は大きく揺るがされたのである。

　同じ時期、女性はどうであったのだろうか。家から外へ、そして家庭という私的な領域から村落へと、女性は家事労働のみならず、集団労働にも参加した。女性の集団労働への参加は「男は外に、女は内に」のジェンダーに基づく分業モデルを揺さぶった。また、労働によって得た収入は、父母のコントロールを部分的にではあるが弱め、女性の影響力を向上させることにつながった。女性の活動の機会、たとえば文芸公演や毛沢東思想宣伝隊などへの参加は、益々増加した。この他にも婦女連合会や「鉄の少女戦闘隊」、「女子青年突撃隊」といった組織への参加を通じて、公的活動に参加する力を獲得するようになった。こうしたことは、結婚における彼女たちの主導権の獲得を少なからず後押ししただろう。

　この時期、民兵の訓練、模範劇の鑑賞や稽古といった活動を通じて、若い男女が知り合う機会が増えた。これは若者たちが、結婚を自らの意思によって決める条件を生み出した。たとえば、1968年から1973年の間、江西省青林地区では各学校や生産隊が、自前の劇団や演出隊を擁しており「模範劇」を繰り返し上演していた。こうした活動は、参加する村の少なからぬ青年たちに互いに交流し、理解し合う機会を提供した。活動を通じて、互いに好感を抱き、結婚に至るものも確かにいたようである。黒竜江省下岬村の青年たちは、映画を観たり、バスケットボールの試合を観戦したりすることを好んだ。上映が始まると、いつも若い男女が集まってきた。しかし、「スクリーンよりもお互いに見つめ合っている時間の方が長かった」ようである。娯楽の

少ない農村では、映画の上映は正しく「お祭り」に他ならなかった。あるいは、恋人たちがデートをする絶好の機会でもあっただろう。球技大会は、映画ほどではないものの、やはり若者たちの社交場であった。この他にも、公社の社員が参加する春の種まきや夏の刈込、秋の収穫などの集団労働もまた、交流のチャンスであった。もちろん、これ以前の家族を単位とする農村の生産活動においても、こうした機会は皆無ではなく、若い男女たちが、ともに縁日に参加したり、花灯を楽しんだり、あるいは地域の演劇を鑑賞したりと、自然に知り合う機会はあった。しかし、人民公社時期に入ると、男女がともに労働に従事する機会はより多く、時間もより長くなった。これは、若者たちが恋愛し結婚するに至る上で極めて重要だっただろう。

　ここで、自由恋愛の末、結婚に至ったいくつかの例をみることにしたい。ある研究者によれば、1966年から1978年、上海近郊の男性の「取り決め結婚」率が最も低くなり、対して「恋愛結婚」率が上昇していた。上海県の農村部の青年は身近なところで配偶者を選ぶ傾向を有しており、「彼らの多くは同郷の者と労働中に恋愛関係を築き結婚に至った」のであった。

　河南省潢川県での調査によれば、1950年から1965年にかけて結婚した男性のうち「自ら知り合った」相手と結婚したものはたった7.2％であり、1966年から1978年に至っても僅か8.5％にとどまった。農村においては、青年の労働収入の大部分は、依然として家族に支配されており、しかも、子どもの結婚の段取りは当然親の責任であるという伝統的な習慣が色濃く残っていたのである。こうした農村においては、若者の交際圏は比較的狭く、「自ら知り合った」人と結婚する可能性は低かった。

　徐安琪の研究によれば、広東と甘粛の農村において「婚姻自主権」は、3つのタイプ――①「家長が決定し、本人も納得する」、②「本人が決定し、家長も納得する」、そして③「本人が決定するが、両親は干渉しない。あるいはすでに亡くなっている」、に分類される。もっとも、これらの各タイプが「父母の取り決め」と「自らの意思」による結婚のどちらであるかを明確に判断することは難しいことに注意しなければならない。なぜならば、①の「家長

が決定し、本人も納得する」タイプは、確かに「取り決め」ではあるものの、この「取り決め」は子の同意に基づくものであるからである。であるならば、忽ち「自らの意思」によるものとの区別が困難となる。②と③に関しては、「自律的な結婚」といって差し支えなかろう。1966年から1976年、そして1977年から1986年、広東と甘粛の農村においては、自主的な性格を帯びた結婚の比率が高かった。そして、「本人が決めるが、父母は納得しない。あるいは反対する」というケースは、1966年から1976年にかけてわずか1.0％に過ぎず、1977年から1986年においては1.4％に過ぎなかった。このカテゴリーは、「自分で結婚相手を決めるが、親が反対している」タイプといえる。この場合、親子間の軋轢を生みやすく、将来の家族トラブルの火種となりやすい。「目上の者が決め、結婚前には相手も知らない」状態や「目上の者が決め、本人は納得していない」ケースは、どちらも親の取り決めによる結婚といえるが、上記のケースよりも更に対立を生みやすい。[15]

　60年代後期、親が子に何かを強制することはほぼ不可能であった。一方、経済面や生活の都合上、若者は家族に頼らざるを得なかった。それゆえ、彼ら彼女らが本来享受すべきであった「自主」と「自由」は、制限を受けざるを得なかったのである。同時に「父母の命令と仲人の取り持ち」という習慣は、遍く農村部に残っていた。こうした事情こそが、農村部の若者が配偶者を決めるにあたって「自ら相手を選ぶ」割合が少なく、親と子、双方の同意に基づくタイプの婚姻が多かった理由である。実際、下岬村の青年たちは自らの結婚を、完全な「自由意志」に基づいたものではなく仲人によって紹介された上で年長者からの反対を受けなかったものだと認識していた。[16]

二　通婚圏の変遷

　ウィリアム・スキナー（G. William Skinner）によれば、農民の通婚圏は農村の市場圏と密接に関係している。[17]集市〔定期市〕の存在意義は、農産品の交

易にとどまらず、社会的な交流や婚姻という紐帯を築くことにもあった。集市の多くは、交通の便の良い城鎮、あるいは県委や公社の所在地にあった。城鎮には郵便局や電報局、書店、供銷社、国営食堂、写真館などがあり、農民が商品を手に入れたり、情報を交換したり、あるいは自らをアピールする場所であった。そして、結婚に関する情報を交換する重要な場所でもあったのである。

　とある知識青年は、陝西省北部の農民が集市に赴いた時のことをつぶさに記録していた。

　　毎月5日と10日、県や新市河といった場所に集まった……若い女性たちはおしゃれ着をまとい、布靴を履いていた[18]。素材こそ土布であったものの身体にフィットした仕立てで、陝北女性の淑やかさ、そして美しい顔立ちと相まって、そのすらりとした姿が際立っていた。道を行き、揺れるその姿は、恰も清らかな涼風が吹いたかのようであり、目を奪われた。男性たちは、新しい黒い上着を羽織り、頭には白羊肚手巾を巻いていた[19]。彼らの首にぶら下げられた普段使いではない新しい旱煙鍋子[20]、そして陽光を反射しきらきらと光る銅製の吸い込み口が更に目を引いた[21]。

　農民が集市に集う理由はもっぱら生活必需品を手に入れたり、農副産物や商品を交換したりすることであった。食塩やマッチ、石鹸、その他の生活用品、農機具はいずれも供銷社や集市で購入する必要があった。しかし、それ以外の社会的な意義も多分にあった。スキナーは、その著書のなかで社交圏の影響の下、農民は往々にして市場圏のなかで嫁入りの話をし、仲人と結婚適齢期の子を持つ母親たちは互いに知り合いであったため、比較的安心できる状態にあったのだ、と論じている[22]。上述した知識青年が観察した陝北の女性は、集市に行く際、「おしゃれ着をまとい、布靴を履き」、男性も新しい洋服を着て、頭に手ぬぐいを巻き「普段使いではない新しい旱煙鍋子」をぶら下げていた。こうした行為は、当然、商品の交換を意図したものではない。

101

むしろ、異性の目を惹き、それと同時に異性や同性のファッションを観察するためである。衣服とアクセサリーは、単に防寒や身体の保護のみならず、「装飾」と「誘惑」という機能を帯びていたのである。未婚者にとって外見や服装は、容易に異性の関心を引くことのできる方法であった。いうまでもなく「恋愛結婚」や「本人が決定する」形の結婚の大前提は、双方が知り合い、関係を育むことである。集市に赴くことは、男女が知り合う重要な機会であったのである。

　しかし、1966年から1978年の間、集市を制限する政策が取られた。多くの地方において自留地や家庭内副業、農村から都市へ商売に出ることが「資本主義のしっぽ」として切り落とされてしまったのである。それゆえ、多くの集市は強制的に閉鎖された。村を跨いだ農民の交流が大幅に減少した結果、若い男女が「知り合う」機会が制限されるようになった。ただ、生産隊の集団労働は男女交際の機会を提供し、村内婚を可能ならしめていた。張思等は、1965年時点の冀東候家営村の男性の通婚圏を5つに分類した。すなわち、①村内、②村外社内、③社外県内、④県外省内、⑤不明である。この5分類のうち、この村で最も多かったのは③社外県内であった。王躍生は、集団経済時期の冀南における82地点での調査に基づき、平均的な通婚距離は4.22kmであり、村内婚が明らかに増加していたことを指摘している。土地改革以降、西大荘村では1968年に最初の村内結婚が記録された。1971年から1980年までをみれば、その平均通婚距離は3.14kmに短縮された。1972年、双寺公社に登録された222組の夫婦のうち、村内婚は39組で17.6％を占めた。1981年以降、換言すれば生産責任制が導入されて以降、通婚距離はより短くなり、村内婚が更に増加した。

　広東省の陳村では、他地域での事例同様、村内婚が増加した。なぜならば、結婚適齢期の子をもつ親が「愛郷主義」を謳ったからである。「愛郷主義」とはすなわち、若い娘は村出身の男に嫁ぐべきであり、これが「陳村に対する愛」の表れであるということである。村民らは婦女連合会の幹部を説得し、幹部たちに村の至るところで全ての母親に対して「陳村を建設する責任から

逃れてはならない」と娘に話すよういって回らせた。また村内婚は、将来の義理の両親にとってみれば老後の安心につながり、また結納金も少なく済むため、嫁ぎ先からも人気であった。こうした事情が重なり、村内婚の成婚率は70％から80％に至ったとのことである。⁽²⁵⁾

　江蘇省の江村についての研究によれば、当該地域では村内婚が理想とされていた。「良い男と良い女は村を出ない」という言い回しは、こうした考えを示している。ある研究者によれば、当該地域における村内婚増加の原因は以下のとおりである。第1に、お互いに旧知の仲であり、今を知っているのみならず、過去も知っているため安心できる。第2に、助け合うことができるため都合が良い。義理の両親が同じ生産隊にいることは、たとえば、労働点数の計算について話し合う時、互いに助け合うことができ好都合なのである。第三に、義理の両親が老いて体を壊したとき、出身村に嫁いだ娘に面倒をみてもらうことができ勝手が良い。第四に、若い男女の接触は、往々にして同一の生産隊内に限られていたため。通常の活動では、村の範囲を越えることはほとんどなかった。青年幹部を除いて、他の村の若者との付き合いは、皆無といってよかった。⁽²⁶⁾

　村内婚と恋愛結婚は、ある意味において重複関係にある。「1950年婚姻法」は、恋愛の自由と自主婚姻を推奨した。だが、農村の青年の日常生活の範疇は、自身の村に限られており、この意味において所謂「恋愛の自由」が生産隊の範囲を跨ぐことは難しかった。広東省白秀村のある農民は、生産隊の時代を「毎日3交代制で、朝8時に農作業に行き、夕方6時に仕事を終える。ほぼ毎晩、生産隊が会議を開くので、他の村の女の子と知り合う時間も機会もなかった」と回顧している。⁽²⁷⁾こうした事情は、当然、村内婚の追い風となった。

　村内婚に対する父母の態度は、結婚相手の状況によって異なっていた。たとえば、冀南では相手の家族の人数が多いかどうか、勢力が大きいかどうかが重視された。同じ村に居住する家族間で婚姻関係を結ぶことは、すなわち家族間の「同盟関係」の強化につながる。家族や親戚の人数は、村における

影響力に直結すると考えられていた。江蘇省の江村では、子女の結婚によって生じた姻戚関係は、生産隊において援助を得る、あるいは名声を築くものであり、また結婚相手は「呼べばすぐに来る」便利な存在であると認識されていた。

　注目に値するのは、人民公社の時期、通婚圏に関して、以下の２つの特異な状況が生じたことである。第１に、一部の高齢男性が配偶者をみつけることができず「遠娶」（遠方から妻を娶ること）をせざるを得なくなったこと。この「遠娶」をするもののほとんどは、生活に困窮していたり、病を患っていたり、障がいを持っていたりした人であった。彼らは「関係」、すなわちコネをつかって経済状況がさらに悪い地域から妻を娶ったのである。

　第２に、一部の地域で「交換結婚」〔中国語：換親〕や「回付結婚」〔中国語：転親〕という現象が生じたこと。「交換結婚」とは、２つの家が、娘を交換し息子の妻とすることを、そして「回付結婚」とは、複数の家が娘を交換し合い息子の妻とすることをさす。これらはいうまでもなく子女の自由意志を無視し、あるいは抑圧するものであった。

　王躍生の研究によれば、冀南の農村において、裕福な家庭の多くは、息子の結婚問題を解決すべく「交換結婚」の手段を使わなければならなかった。「交換結婚」は、「仲人」を生業にするものか、あるいは極めて親しい親戚や友人が取り持つことが常であった。こうした形態の結婚は失敗する可能性が高く、また結婚後もトラブルが生じやすかった。「交換結婚」や「回付結婚」は、仲人の仲立ちと斡旋を必要としていたことから、明らかに「取り決め結婚」の性質を帯びていたといいうる。ある資料は「ある公社では、娘を嫁に出し、代わりに息子の妻を娶ったケースが20ほどあるが、その内、10組が年齢の差や性格の不一致を理由に離婚を申し出た。交換結婚が増加し、より多くの夫婦喧嘩が起こるようになった」と記録している。

三 「仲介人」の変化

　結婚相手の紹介には、第三者による紹介や家族による紹介、仲人による紹介など、様々な形態が存在する。雷洁琼は第三者や家族の紹介による結婚を「仲介結婚」と呼び、これを伝統的婚姻から近代的婚姻への過渡期に存在する中間形態と論じ、「取り決め結婚」と「恋愛結婚」の中間に位置するものと定義した。本章では、「仲介人」(go-between) という言葉を使用して、上述した様々な形態の婚姻関係の紹介者をさすことにする。「仲介人」はgo-betweenという字面の通り、男女の間を行き来する。行き来によって「仲介人」は、一方では「縁談を取り持つ」という伝統的な仲人の役割を果たしつつも、他方では「紹介人」的性格も併せ持つようになる。仲人の役割を果たす場合には、紹介の対象は必ずしも自身がよく知っている人に限らないが、「紹介人」として活動する場合には、紹介した者の多くは自身がよく知っているか、あるいは間接的にでも知っている人である。

　伝統的な婚姻関係は、家族間の「同盟関係」の形成を促すことがあるため、仲人は往々にして結婚相手の情報を求め、結婚相手を比較し、両者の橋渡しをする役割を担うことになる。それゆえ、仲人を生業とするものは、婚約「候補者」の経済状況や家族構成、容姿、性格や言葉遣い、嗜好について、より多くの情報を持ち、より深く理解している。こうしたことは成婚率を高めるだけでなく、後に紛争が起きたときの調停をも容易にするだろう。香港の新界に位置するある客家の村での調査によれば、村でもっとも活発な仲人の女性は、頻繁に鎮に行き集市に参加していた。この女性は、結婚適齢期に差し掛かった娘の名前を書き留めるべく集市に出向いていたのである。河北省の良郷県呉店村や欒城県寺北柴亦においては、花嫁の出身村落はほぼ全て市場の５km圏内に位置していた。新郎と新婦が共に同一の集市の範囲内で生活していたことを考えると、もしかすると集市で偶然知り合っていたかもしれない。こうしたことを踏まえるに、通婚圏は集市の影響が及ぶ範囲、すなわち

「市場圏」と重なっていたといいうる。しかし、通婚圏には通婚圏の中心点があるが、これは必ずしも集市と重なっていたわけではなかった。

　プラセンジット・ドゥアラ（Prasenjit Duara）によれば、婚姻の成否の鍵を握るのは、お互いの村にいる親戚や友人であった。事実、村人たちによれば、仲人が「義理の親」と同じ村に住んでいることが多かったのである。また、「仲人」が十分に活動できない地域もあった。[34]黄宗智によれば、華北平原の村々は「閉鎖的」であり、人々はもっぱら「村の範囲に規定された社交圏」のなかで暮らしていた。こうした村々の既婚女性は、たいてい村の外からやってきた女性であったが、実家や出身村とのつながりを保っていた。[35]彼女たちは未婚女性よりも多くの移動の自由を享受し「実家の村」や近隣の村を訪れることができるため、結婚を希望する女性をよく知っていた。彼女たちにとって、「実家の村」出身の女性が自分の村に嫁げば、それは今いる村に自分の仲間が、そしてわかり合える相手が増えることを意味していた。そのため、彼女たちは「パートタイム仲人」としての役割を自ら進んで果たしたのである。

　自らが擁する結婚に関する情報を分析・比較し、両家のつり合いが取れているかを判断し、それと同時に男女双方の個人的な条件のすり合わせを行い、仲を取り持ち、双方に情報を伝える——伝統的な「仲人業」の役割を列挙すれば、このようになるだろう。[36]1949年以降、こうした「仲人業」は、「取り決め結婚」の象徴とみなされ、少なからぬ地域において禁止された。しかし、そもそも「デート文化」を有しない中国の農村において、「仲人」無くして結婚相手をみつけることは困難を極めた。「1950年婚姻法」が公布されて以降、とある四川の農民は「農村には交流の機会がなく、自力で自由に相手をみつけろといわれても、とても難しい」と述べている。また、別の村の村長は「仲人が廃止されたら、うちの村の娘は誰も村外に嫁げなくなってしまうよ。なぜなら、誰一人として村の外に夫を探しにゆく勇気を持ち合わせていないからさ。何年か後には、村人全員が親戚になっちまうよ」と心配していた。[37]人民公社体制が成立して以降、農村青年の社交圏は生産隊の範囲に限られた。

生産大隊以外では、村を越えた交流の機会が少なかったため、村内結婚が増加し、通婚圏が縮まった。結婚の当事者とその家族にとってみれば、自ら知り合いとなった以上、「仲人業」の深い関与は無用の長物であったのである。

　伝統的な「仲人」と異なり、「紹介人」が結婚相手を紹介するのは、頼まれた場合のみ、あるいは気が向いた時に限られていた。こうした「紹介人」は、大抵以下のような条件を備えていた。第1に、男女双方と良好な関係を持ち、両家と円滑なコミュニケーションを取れること。第2に、良識があり、影響力をもち、信用できる年配者または末端レベルで働く幹部であること。男女双方の家族から信頼を得られること。第3に、場所によっては、自身が既婚で離婚しておらず、夫婦関係が健全であること。そして、出産経験があり、子どもも健康であること。その上、コミュニケーション能力に長け、相手の立場に立って物事を考えられる人物であること。[38] ただ、こうした条件は伝統の影響を強く受けるため、地域によって大きな差があることを付言しておく。

　徐安琪の研究によれば、調査対象者が配偶者を選ぶ際の社会関係は以下のように分類できる。①「親戚関係」、②「地縁関係」、③「ご縁」である。この内、①「親戚関係」は、婚姻当事者双方が親族関係にあったもの、あるいは親からの縁談や紹介によるもの、年上の親戚や兄弟姉妹からの紹介によるものをさす。②「地縁関係」とは、もっぱら当事者双方が隣人であったもの、あるいは近所のおばあさんからの紹介によるものをさす。③「ご縁」、「業縁」（学校や職場で結ばれたご縁）とは、主に同級生や教員と学生の関係、あるいは同僚や仲間、友人、偶々知り合った人など、何らかのご縁を有している相手との結婚をさす。これには同級生や同僚、友人の紹介によるものも含まれる。文革以前から1996年にかけての期間を対象とした結婚調査によれば、主たる結婚相手との社会関係が、親族や隣人の紹介から同級生や同僚、友人からの紹介へとシフトしていった。この研究は、都市部と農村部、沿海地域と内陸部、経済的・文化的水準の異なる地域を対象に遍く行われたものであり、それゆえ上述の調査結果の一般性を指摘できるものである。[39] また、興味深いことに1966年から1976年にかけて、「親戚関係」に基づく結婚相手探しの割合

が、他の社会関係と比べて低下していった。これは、文革の10年間において、親や家族と密接な関係を持つ「仲介人」の数が大幅に減少したことを示唆する。一方で、「業縁」の多くは、本人の進学や入隊、あるいは労働への参加などを通じて構築された社会関係による。すなわち、血縁や親戚関係に基づかない「仲介人」が役割を果たし、男女の自主的な結婚が増加したのである。

　第二節で述べた広東省の陳村における村内婚の増加をもう一度検討してみよう。自ら選んだ相手と結婚の契りを結ばんとする若者たちの前には、3つの関門が立ちふさがっていた。第一関門は、親との相談・説得。第二関門は、誰かに頼んで女性とのデートの約束を取り付けること。最後の関門は、女性が応じるか否かである。女性が正式に誘いを受け入れた場合、二言があってはならないことになる。こうした関門を通過することによって、男性はやっと女性の家に出入りすることができるように、そして女性の側も男性の家を訪れることができるようになるのである。この場合、両親による「取り決め結婚」であっても、必ずしも子の婚姻の自由意思を「剥奪」したことにはならない。直接求婚する気恥ずかしさと緊張から逃れるために、親経由で婚約を進めてもらおうとするロマンティックではない青年もいたからである。[40] 換言すれば、自分で結婚相手をみつけた若い男女が「父母の命令と仲人の取り持ち」の形を取ることによって、慣習上の「合法化」を実現するとともに、正式に結婚する前であっても公然と親密な行動をとる一種の「免罪符」を得ることができたのである。親の「取り決め」を援用した「自由恋愛」といえるだろう。こうした状況においては「取り決め結婚」と「恋愛結婚」を区別することは、もはや困難である。

　婚姻における「仲介人」の変化を示す1つの事例として、広東省の白秀村で発生した志超という若い男と陳秀珍という若い女の話がある。志超と秀珍は自由恋愛の関係にあった。志超の両親が、息子が恋に落ちたことを知ったとき、最初にとった行動は相手がどのような女性か調べるよう親戚や友人に頼むことであった。その結果、女性が「小柄で身体が弱い」ことが明らかになった。このことを知った両親は、息子に直接、秀珍を諦めるよう繰り返し

説得した。しかし、こうした両親の反対が顧みられることはなかった。志超は両親の同意なしに秀珍と交際し、両親の反対を押し切って恋人と結婚した。このストーリーからは、農村の若者が「恋愛」に基づいて結婚しようとした際、親や親戚、友人らの「介入」から完全に自由であったわけではないことが垣間見える。往々にして、人生経験を積んだ大人のアドバイスは、より「合理的」であるといえるだろう。若者は、恋愛感情に突き動かされ、子孫繁栄や子育て、生活上の問題をほとんど考えないという点において、しばしば「衝動的」といえる。ただ、志超と秀珍のケースは、比較的珍しい事例であったといえよう。

　社会学者のグード（William J. Goode）は、若者の結婚相手選びに対する親や親戚、友人の介入を「愛情の社会統制」と呼ぶ。彼によれば、恋愛がまだ制度化されていない社会では、人々は恋愛を結婚の基礎とはみなさない。そのような社会では、年長者が、配偶者選びに積極的に関与し、かつ子どもの結婚や縁談のための支出を握っている。こうした中でも、若者は常に意中の人と結婚したいと願う。だが、あいにく経済的な発言権はなく、うまく行かないことが多々ある。もちろん、親や親戚が子どもの要求を一律に否定したわけではないが、産業革命以前のヨーロッパの農村では、これは極めて一般的だったのである。

　志超が秀珍との結婚にこだわったのは、2人の愛に突き動かされたからであろう。それに対して、両親が主に心配していたのは、息子の結婚後の生活である。集団経済体制下の農村では、一般に家庭の収入水準は低く、いかに「生き延びるか」という問題を考えなければならなかった。親戚や友人に相手の女性について尋ねたのは、子に対する「愛情の社会統制」に他ならなかった。妨害計画は失敗こそしたが、それは当時の状況からみれば、必要なことであったといえるかもしれない。

　以上の事例から、華南地域の農村における仲人の影響力が明らかに低下していたことがわかるだろう。次に、目線を北に移すことにしよう。華北では、どうであっただろうか。北京郊外と河南省潢川県における調査によれば、確

かに1960年から1965年の期間と比べると若干の低下がみられたものの、1966年から1978年の期間、「仲人」による結婚の比率は依然として高かった――北京郊外では32.8％、潢川では48.9％であった。楊善華によれば、農村の生活や生産方式のもとでは若者たちが配偶者を自己の意思に基づいて決定できる可能性は低く、婚約には必ず誰かを介さねばならないという規範が、各地において結婚に至る一連のしきたりの重要な一部を占めていた。このことは、1966年から1978年の期間に至っても「仲人」の取り持ちによる結婚が減少しなかった主要な理由といえよう。[43]そして、ここでいう「仲人」には隣人や親戚、友人などの「紹介人」は含まれないことに留意しておきたい。この意味における「仲人」に紹介された結婚とそれ以外の「紹介人」による結婚を合わせれば、北京郊外と潢川の比率はほぼ変わらず、それぞれ81.6％と81.9％であった。[44]無論、こうした調査を裏付けるデータが不足していることは述べておかねばなるまい。しかし、データの不足のみを以て「仲人」の重要性を否定することができないこともまた事実である。北京の郊外と一口にいっても北京市からの距離は一律ではなく、また集団経済体制において、北京近郊の農村部での結婚は限られた資源を社会的なネットワークを利用して獲得することに直結しているため、その意味においても極めて重要であったのである。羅梅君によれば、結婚は双方の家庭の利益と個人の感情に必然的な矛盾を生む。曰く、「愛情と感情、そして物質的利益は決して別個のものではなく、直接に反目することはあまりない。むしろ相互に、ある意味において関係しているのである」。[45]

　東北と華南は、中国の南北両端に位置する。だが、両地域にある農村での結婚には、類似する現象がみられる。ある研究者が黒竜江省の依蘭農場第2隊と佳木斯の佳南農場第2隊、第4隊を調査したところ、仲人による結婚が6.6％、家族による紹介が2.8％。対して、第三者による紹介が70.4％、自ら知り合った相手が20.2％であった。後者が圧倒的に主流であったのである。[46]上述の3つの地区は、いずれも解放軍の農場であった。こうした特殊性が配偶者探しに影響を与えた可能性は否定できない。

しかし、黒竜江省の下岬村においても同様の現象がみられた。60年代後半、若者たちはかなりの程度、自主的に配偶者を選んでいた。子の同意なくして、親は簡単に結婚を迫ることができなかった。この地域では２種類の「紹介型結婚」があった。第１に、「仲人」が登場する以前から、結婚の当事者たちはすでに知り合っており、「仲人」は単に両家間で条件を決める役割を果たすに過ぎなかったパターン。これは、村内婚の大部分を占めた。いくつかの事例においては、男女がすでに結婚の契りを交わしていたのみならず、両家間で結納についても決着がついていたことすらあった。第２に、新郎新婦ともに「仲人」が現れる前に面識はなかったものの、婚約後に「恋に落ちた」というケース。こうした「先に婚約し、後から恋に落ちる」形式は、往々にして村外の人（特に遠隔地からきた人）との婚約にみられた。⁽⁴⁷⁾上述の２種類の「紹介型結婚」は「取り決め結婚」と「恋愛結婚」の境界を曖昧にする存在といえよう。特に上述のような「先に婚約し、後から恋に落ちる」タイプの結婚は新しい形態で、取り決められた結婚だからといって、必ずしも悪いものではないことを意味している。改革開放後、この「紹介型結婚」は黒竜江省において主流となった。調査対象となった既婚者の80％以上が「本人が決定し、両親の同意を得る」形式、あるいは「子の同意の下、親が決定する」形式であった。対して、完全に「両親が決定する」や「子だけで決定する」形式の割合は高くなかった。⁽⁴⁸⁾これら二つの婚姻形態において、伝統的な「仲人」の機能は次第に薄れ、「取り決め結婚」はもはや本来意味での「取り決め結婚」ではなくなったのである。

おわりに

人民公社時期の農村における婚姻関係の変容について簡単に述べるならば、以下のようになるだろう。「1950年婚姻法」の影響を受け、特に「男女の婚姻の自由」と「子女の合法的な権利（の保護）」といった条項が部分的にではあるが実現された。そして、農村の家庭における父母の地位が弱体化し、青

年子女たちは益々独立志向となった。こうした変化は、間違いなく農村の青年たちの婚姻の自主性向上の追い風となっただろう。

　人民公社の時期、農村において通婚圏が縮小し、また村内婚が増加した。青年たちにとって生産大隊（あるいは村落）を越えた交際の機会はなく、農村の婚姻「自主性」が部分的に高まったという事情は、伝統的な「仲人業」を完全に無用の長物とはしなかったものの、やはり、その役割と必要性の低下を招いたのであった。

　しかし、農村の青年たちが享受した婚姻の「自主性」を過大評価してはならない。なぜならば、農村の青年たちにとって経済的に自立することは、決して容易ではなかったからである。たとえば、結婚をするとなれば結納金や嫁入り道具、結婚式、そして住居の建設など、出費がかさむ。やはり両親に頼らずして結婚を実現することは極めて困難であった。このほかにも一般に、農村には「デート」文化が存在しない。その代わりにあるものといえば「父母の命令と仲人の取り持ち」の習慣であった。こうした事実を踏まえ歴史をみるに、人民公社時代の農村における婚姻の「自主性」に対する安直な否定、あるいは過大評価のいずれも正鵠を射ているとはいえないのである。

【注】
（1）『改革以来中国農村婚姻家庭的新変化：転型期中国農村婚姻家庭的変遷』（雷洁琼編、北京大学出版社、1994年）。
（2）『世紀之交中国人的愛情和婚姻』（徐安琪編、中国社会科学出版社、1997年、44頁）。
（3）Xu Xiaohe, Martin King Whyte,"Love Matches and Arranged Marriages: A Chinese Replication",*Journal of Marriage and Family*, Vol.52, No.3, 1990.『私人生活的変革　一個中国村荘里的愛情、家庭与親密関係』（閻雲翔、上海人民出版社、2017年）。『自主：中国革命中的婚姻、法律与女性身份』（叢小平、社会文献出版社、2022年）。
（4）「中華人民共和国婚姻法」（『人民日報』1950年4月16日第一版）。
（5）原文は「包辦婚姻」である。「お見合い結婚」とも訳せるが、本章では、親の命令や仲人の取り持ちに服従する結婚というニュアンスを強調すべく「取り決め結婚」という語を使うこととした。なお、訳語の選定には下記のウェブページを参照し

112

た —— 訳者。『人民中国』ウェブページ、http://www.peoplechina.com.cn/zhuan-ti/2007-12/12/content_90232_2.htm、2023年11月10日最終アクセス。

（6）「改革以来中国社会結構的変遷」（孫立平・王漢生・王思斌・林彬・楊善華、『中国社会科学』第二期、1994年、47-62頁）。

（7）「心霊的集団化：陝北驥村農業合作化的女性記憶」（郭于華・孟憲範他編『中国社会科学文叢・社会学巻』中国政法大学出版社、2003年、2116-2117頁）。

（8）Mobo C. F. Gao, *Gao Village: Rural Life in Modern China,* University of Hawai'i Press, 1999, pp.163-166.

（9）前掲『私人生活的変革　一個中国村荘里的愛情、家庭与親密関係』（61-62頁）。

（10）同上。

（11）前掲『改革以来中国農村婚姻家庭的新変化：転型期中国農村婚姻家庭的変遷』（175頁）。

（12）『上海県志』（上海県県志編纂委員会、上海人民出版社、1993年、1080頁）。

（13）前掲『改革以来中国農村婚姻家庭的新変化：転型期中国農村婚姻家庭的変遷』（175頁）。

（14）『中国社会発展報告』（陸学芸・李培林編、遼寧人民出版社、1991年、307頁）。

（15）前掲『世紀之交中国人的愛情和婚姻』（44頁）。

（16）前掲『私人生活的変革　一個中国農荘里的愛情、家庭与親密関係』（63頁）。下岬村は、ハルビンから50kmほど離れた、1930年代になってやっと行政村となった地域である。当地の風俗習慣が、村の「移民」的性質と関係しているかどうか更なる検討が必要であることを、ここに明記しておく。

（17）『中国農村的市場和社会結構』（施堅雅〔スキナー〕、史建雲・徐秀麗訳、中国社会科学出版社、1998年、45-46頁）。

（18）主に手作業で作られた丈夫な布の意味だが、機械によって生産された外国製の綿製品と区別される場合が多い —— 訳者。

（19）特に陝西省北部の男性が頭に巻く白い手ぬぐい状の布をさす —— 訳者。

（20）細長い筒状のパイプをさす —— 訳者。

（21）『陝西知青記実録』下（渭水編、太白文芸出版社、2017年、474頁）。

（22）前掲『中国農村的市場和社会結構』（44-45頁）。

（23）『候家営：一個華北村荘的現代歴程』（張思等、天津古籍出版社、2010年、209-212頁）。

（24）『社会変革与婚姻家庭変動：20世紀30-90年代的冀南農村』（王躍生、生活・読書・新知三聯書店、2019年、109-112頁）。

（25）『当代中国農村歴滄桑：毛鄧体制下的陳村』（陳佩華（Anita Chan）・趙文詞（Richard Madsen）・安戈（Jonathan Unger）著、孫万国・楊敏如・韓建中訳、牛津大学出版社、1966年、176頁）。

(26)『一場静悄悄的革命』(沈関宝、上海大学出版社、2007年、177頁)。

(27)『婚姻、性別与性:一個当代中国農村的考察』(阮新邦・羅沛霖・賀玉英、八方文化企業公司、1998年、67頁)。

(28)前掲『社会変革与婚姻家庭変動:20世紀30-90年代的冀南農村』(131頁)。

(29)「中国農村嫁娶的区位学研究」(王処輝・中国婚姻家庭研究会、『当代中国婚姻家庭』、140-141頁)。本研究は天津市静海県呂官屯村の「遠娶」を対象とするものであるが、「遠娶」はこの地域に限ったものではない。

(30)「華北農村婚姻範囲変動分析(1930-1990)── 立足于冀南農村的考察」(王躍生・劉東主編、『中国学術』第21輯、商務印書館、2005年、122頁)。

(31)『婚姻案例分析』(王貞韶・呉慧、山西人民出版社、1983年、49頁)。

(32)前掲『改革以来中国農村婚姻家庭的新変化:転型期中国農村婚姻家庭的変遷』(174頁)。

(33)前掲『中国農村的市場和社会結構』(45-46頁)。

(34)『文化、権力和国家』(杜贊奇(Prasenjit Duara)著、孫玉沢訳、江蘇人民出版社、1996年、18-19頁)。

(35)『華北的小農経済与社会変遷』(黄宗智、中華書局、1985年、230-232頁)。

(36)Gail Hershatter, "Making a Friend: Changing Patterns of Courtship in Urban China", *Pacific Affairs*, Vol. 57, No. 2, 1984, p.238.

(37)「川南部分地区執行婚姻法中存在的問題」(『内部参考』1952年12月31日)。

(38)『貴州省清水江流域部分地区苗族的婚姻 ── 貴州、湖南少数民族社会歴史調査組調査資料之三』(全国人民代表大会民族委員会弁公室編、1958年、40頁)。『高立士学術文選』(高立士、雲南人民出版社、2016年、164頁)。『威信文史資料選輯』第12輯(威信県政協文史弁公室、1992年、152頁)。

(39)前掲『世紀之交中国人的愛情和婚姻』(43頁)。

(40)前掲『当代中国農村歴滄桑:毛鄧体制下的陳村』(177-178頁)。

(41)前掲『婚姻、性別与性:一個当代中国農村的考察』(70-72頁)。

(42)『家庭』(威廉・J・古徳(William J. Goode)、75-80頁)。

(43)『経済体制改革和中国農村的家庭与婚姻』(楊善華、北京大学出版社、1955年、121-122頁)。

(44)前掲『改革以来中国農村婚姻家庭的新変化:転型期中国農村婚姻家庭的変遷』(174頁)。

(45)「19世紀末以及今日中国郷村的婚姻与家庭経済」(『家庭史研究的新視野』、羅梅君・張国剛編、生活・読書・新知三聯書店、2004年、359-330頁)。

(46)前掲『改革以来中国農村婚姻家庭的新変化:転型期中国農村婚姻家庭的変遷』(330頁)。

(47)閻雲翔は以下のように補足している。東北地方の農村では、婚約から結婚式まで

の間は特別な期間であった。その期間中、婚約者たちは県城やハルビンに出向いて、婚礼用品を購入したり、結婚写真を撮ったりする。彼らは生産大隊から証明書をもらい下岬村の夫婦であることを証明することで、県城のホテルで同じ部屋に泊まることができた。前掲『私人生活的変革 一個中国村荘里的愛情、家庭与親密関係』、67-68頁。Yunxiang Yan, "Courtship, Love and Premarital Sex in a North China Village", *The China Journal,* No. 48, 2002, pp. 45-46.

(48) 前掲『改革以来中国農村婚姻家庭的新変化：転型期中国農村婚姻家庭的変遷』（330-331頁）。

第4章

人民公社期の村落における両性関係
——浙江省海寧市聯民村を事例として

張楽天（手代木さづき訳）

はじめに

　1950年代後期から中国農村で建設された人民公社は、農業経営の方法だけでなく、農民生活にも大きな変容をもたらした。人民公社の誕生によって、国家イデオロギーは新思想や新文化として強力に村落に浸透し、農民の行動や心性に影響を及ぼした。他方で、人民公社の基本単位だった生産隊が、その範囲において自然村落とほぼ重なっていたことも事実だった。農民は生産隊のなかで生活しながら、まるで村落で暮らしているようだった。そこでは、誰もが互いをよく知っていて、誰もが如何なる状況でも、どのように人に接し物事に対応するべきかをわかっていて、また誰もが村落の風俗や習慣に縛られていた。[1]

　両性関係も同様だった。人民公社期における農民の両性行為〔両性関係にまつわる行為〕は、彼らの生活する経験世界〔個人がその感覚器官を通じて認知、経験できる範囲〕のなかで発生した。彼らの経験世界は、一方では階級身分の区別と人民公社体制下の集団経営の影響を受けたが、他方では農民の「生き方」すなわち生活様式に根本的な変化がない限り、「生き方」としての伝統的観念が根底から変わることはなかった。伝統は依然として、生産隊の農民たちの日常生活の基調をなしていたのである。

　両性関係は、人民公社期における国家と郷村社会との関係を検討する上で重要な側面だが、これまでの研究ではほとんど検討されてこなかった。本章では、浙江省海寧市塩官鎮聯民村を事例に、人民公社期の村落における両性

117

関係の実態を考察する。海寧市は長江デルタの杭嘉湖平原の南端に位置し、浙江省嘉興市に属する。海寧市の総面積は681.5㎢で、そのうち平原が87.1％、山地・丘陵が1.4％、河川・湖沼等が11.5％を占める。[2]聯民村は海寧市塩官鎮の最東部に位置し、1982年時点で計389世帯、1,621人（農業人口1,576人、非農業人口45人）が暮らし、9つの村民小組〔村落内部に設けられた組織、生産隊から改組されたもの〕があった。[3]中国の他地域の農村と同様、聯民村は1958年10月に人民公社を設立し、1962年より1982年末に至るまで、「三級所有、隊為基礎」〔人民公社、生産大隊、生産隊の三級で所有し、生産隊を基礎とする〕制度を実施した。本研究で用いる実地調査資料は、主にこの時期に集中している。

　本章の内容は、筆者自身の生活経験と見聞に基づく。聯民村は筆者の故郷である。筆者は聯民村陳家場自然村に生まれ、[4]1969年から1978年まで、回郷知識青年として陳家場で10年ほど農業に従事したのち、1978年に塩官鎮で大学入試を受け、復旦大学哲学系に進学した。1988年春、筆者は故郷陳家場に戻って実地調査を行い、その後も頻繁に「帰郷」して、聯民村および周辺地区の一次文献資料を大量に収集すると共に、大規模な聞き取り調査を行った。[5]それに基づいて作成したのが、2015年11月に中国社会科学文献出版社から発表したデータベース『張楽天聯民村数拠庫』である。本研究で用いる基礎資料は、このデータベースに拠る。また本研究の具体的な必要性から、筆者は2023年2月15日、聯民村陳家場の陳YHという老人に聞き取り調査を行い、重要な口述資料を得た。このほか、本研究は『海寧市志』『塩官鎮志』およびその他の関係資料も参照している。なお本章で取り上げる事例の一部は、筆者自身の経験に拠っているため、それらについて叙述する際には出典は示さない。

　上記のような資料に基づき、本章では人民公社期の村落における両性関係について総合的に把握し、国家イデオロギーと村落の伝統との衝突と摩擦の下で両性関係が呈した多様性と複雑さについて考察する。両性関係にまつわる規範と禁忌は日常生活のいたるところにあったが、人々の性愛に対する生

118

理的、心理的欲求は、そうした禁忌と規範を常に突き破ろうとしていた。以下、本章ではまず、汚名化と純潔化、そして階級意識の3つの方面から人民公社村落社会における性愛に関する禁忌と規範について検討する。その上で、一般の農民が日常生活のなかでこうした規範をどのように実践し、またそれをどのように突破しようとしたのかについて考察する。

一 汚名化と純潔化

経験世界は両性関係に正誤、善悪の境界を引き、そのような境界は性禁忌の観念とそれに対する態度を表すと同時に、性禁忌の制度と秩序をも表した。まず前者について考察しよう。

性に関する村落の伝統のなかで、最も注意を引いたのは女性の汚名化だった。[6] 聯民村一帯では、女性の下半身に関連するあらゆるものが「不潔」、ひいては「危険」だとされた。たとえば、女性が足やズボンを洗うたらいは「不浄」〔中国語原文：「不上香」、線香を上げることができないの意〕で、女性のズボンはきれいに洗ってもなお「不浄」だった。[7] ロープや竹竿に女物のズボンが干してあると、人々は神霊への冒瀆を恐れてその下を通らなかった。さらに極端な場合には、聯民村賈家場のある高齢女性のように、自分が座るとその腰掛けが汚れると思っていた。そのため彼女は、他人の家を訪ねるときにはいつも1枚の布切れを持って行き、それで自分の座った腰掛けを拭いた。

特定の女性に対する汚名化もあった。浙江省北部の他の農村と同様に、聯民村一帯の農民は仏教を信仰していた。人民公社期、国家は「四旧」破壊運動を推し進め、1960年代初めを除いて、僧侶や道士はみな生産隊に戻って集団労働に従事し、「施焔口」〔死後3日目の夜に、僧侶や道士が終夜読経供養すること〕や「拝懺」〔僧侶が信徒に代わって仏に懺悔し、無病息災を祈ること〕等の儒道仏合一の儀式は全て禁じられた。しかし、中高年女性による念仏はひそかに継続されていた。[8] 念仏は神聖な儀式で、「汚れた」女性は参加できなかった。

では、どのような女性が「汚れている」とされたのか。聯民村一帯の女性たちの間では、再婚した女性はみな「汚れて」おり、彼女らが触ったものは全て、祖先も菩薩も神仙も嫌うとされていた。それゆえ聯民村では、「仏頭」[9]が女性たちを念仏に召集する際も、再婚女性の参加を認めなかった。

　念仏の場面のみならず、再婚女性の汚名化は、人々の日常的な態度と行動にも影響を与えた。再婚女性は自身の再婚経験について語ることを極力避け、周囲の人々も彼女らを話題にするときには、対立を避けるために話し方に気を付けた。再婚女性の連れ子も「拖油瓶」という蔑称で呼ばれ、差別された。

　再婚以外の女性の汚名化には、「克夫」〔女性の容貌と命数が夫に悪影響を与えること〕があった。若い男女が結婚したのち、夫が早逝した場合、特に事故死した場合に、村人たちは妻を災いの種とし、「克夫」の妖婦だと罵った。以下の事例は、買家場で起こった出来事である。

　1975年9月23日、買家場自然村の買GXが井戸掘り中に感電死した。ある者が買GXは妻の陳LYに呪い殺されたのだといい、さらには陳LYの容姿、特にその顔立ちに「克夫」の相があるという者まで現れた。当時、陳LYは買GXの第二子を妊娠していた。舅姑は陳LYを慮り、買GXの弟と再婚するのはどうかと8ヵ月後に彼女に尋ね、その同意を得た。しかし、「双搶」[10]の真っ只中だった再婚翌年の7月末、あろうことか彼女の2人目の夫（買GXの弟）も稲刈り中に感電死し[11]、陳LYのお腹にはまたもや子どもが残された。これにより流れた噂は想像を絶するものだった。陳LYの舅姑も今回は耐えられず、彼女に冷たくなっていった。彼女は病床に伏し、5ヵ月間寝込んだ。生まれた子が乳離れしたのち、彼女はある仕立屋の男性と貴州へと去った。彼らは結婚の登記こそしなかったが、夫婦のように暮らしたという[12]。

　人民公社期における性に関するもう1つのイデオロギーが、女性の純潔化だった。純潔化とは「神聖な」「非凡な」という標識を付けることをさし、汚名化と表裏一体の関係にあって、また同時に「禁じられた」「危険な」ものであることも意味した。ここでは以下3つの事例を挙げたい。

第4章　人民公社期の村落における両性関係

事例1：「死んでしまいたい」

　1968年8月初旬のある炎天下の午後、まさに「双搶」の農繁期に、陳家場の農民たちはみな水田で農作業に励んでいた。岸捻河南岸の晩稲田で、農民たちが冗談を飛ばし合いながら特製鉄鍬で田をならしていると、中年農民陳QFと陳JFという若い娘が言い争いを始めた。陳QFは陳家場でもよく知られた熟練農民で、一方の陳JFは高校卒業後に帰郷してからようやく1年過ぎたぐらいだった。陳QFは、作業がなっていないと陳JFを叱りつけ、しっかり働かないのなら畦道に引きずり上げるぞと脅した。負けずに「やれるものならやってみな」と応じた陳JFに対し、陳QFは本当に手を出した。突然、陳JFが胸を抱えて「もう死にたい！」と叫び、岸捻河に身を投げた。陳QFが彼女の胸を触ったというのである。泳げる女性が何人か川に下りて陳JFを助け、家に帰らせた。生産隊長は、農作業に戻るよう、慌ててみなを急かした。

　当時、中国は文化大革命の最中だった。聯民村の造反派は、陳QFの行為を「流氓犯罪」〔猥褻罪、流氓は無頼漢、ならず者の意〕とみなし、その日の夜に陳QFの家に押しかけ、有無を言わせず大隊に拘束した。翌日午前、陳家場公舎の用地に舞台が建てられ、その前には「大流氓陳QF批判大会」という横断幕が掲げられた。午後1時になると、陳家場公舎の用地、公舎周辺の小道、そして前方の桑畑は四聯地区の農民たちで埋め尽くされた。四聯造反派の頭が大会開始を宣言したのち、「打倒大流氓陳QF」のスローガンが叫ばれるなか、陳QFは数人の造反派に押されて舞台に上げられた。批判大会の間は殴打の音と悲鳴がひっきりなしに聞こえ、何をいっているのかわからなかったが、ただ「流氓」の2文字だけは繰り返し聞こえた。⁽¹⁴⁾

事例2：「別々に寝ましょう！」

　1959年の秋、聯民村張開泰自然村（東方紅生産隊）の張HJ（女）と馮SK（男）は結婚を控えていた。彼らの両親は2人のために、結婚式前日に杭州への「旅行結婚」を手配した。張HJと馮SKは幼馴染で、仲人を通じて婚約し

たが、2人だけで旅行に行くのはこのときが初めてだった。張HJは、その夜「どのように寝たか」について、今でもはっきりと覚えている。

　　旅行結婚で杭州に行った。私たちは西湖のほとりに着いて「湖濱旅館」をみつけ、結婚するのだからいい部屋に泊まろうと思い、その旅館に泊まることにした。旅館の主人は張Kといい、とても良い人だった。上階に空室があるといわれ、みに行ってみると、その部屋は大きいベッドが1つしかなかった。私はすぐにきっぱりといった。「ベッドが1つの部屋なら結構です。私たちの結婚式は旧暦6日で、今日はまだ5日。私たちはまだ正式には結婚していないんです」。私は絶対にベッドが2つある部屋が良かった。旅館の主人は私が譲らないのをみて、ベッドが2つある部屋に換えてくれた。[(15)]

　馮SKは下中農、張HJは貧農の出身で、2人とも聯民大隊の青年積極分子だった。しかし、積極分子かどうかにかかわらず、当時の常識では結婚後の性関係が一般的で、大多数の人々がこれに従っていた。ただ、事例3のような例外もあった。

事例3：「自己批判」

　1974年12月（旧暦11月）、生産隊の人に紹介され、儲潭人民公社東坑大隊公木坑生産隊の青年農民呉CGは、同じ生産隊の「女性社員」曽CYと交際を始めた。2人は幼馴染で相思相愛だったうえ、曽CYの両親も呉CGを気に入っていた。2人はすぐに熱愛の仲となり、「男女の関係」になった。「晩婚晩産」が提唱されていた当時、地方政府は結婚年齢を男性23歳、女性21歳と規定していた。呉CGと曽CYはこの結婚年齢に達していなかったため、先に婚約式を行い、年齢に達してから結婚の登記をするしかなかった。

　生産隊は、呉CGと曽CYの話で持ち切りだった。さらに厄介なことに、曽CYがまもなく妊娠した。1975年5月中旬、曽CYのお腹が次第に大きくな

り、2人のことが大隊の目に留まった。大隊革命委員会の責任者は、呉CG
を厳しく批判し、自己批判書を書くよう命じた。以下は、呉CGが1975年5
月25日に記した自己批判書である。

　　私は、確固とした思想を持たなかったために、74年旧暦11月に本隊女
　性社員の曽CYと男女の関係になりました……。私の当時の資産階級思
　想は厳罰に値するもので、道徳的にも腐敗し、彼女が当時結婚年齢に達
　していなかったにもかかわらず、無政府主義的な行為に出てしまいまし
　た。私のこのような行為は、党の婚姻政策への重大な違反でした……、
　劉少奇、鄧小平〔文化大革命中、「走資派」（資本主義への道を歩む修正主義者）
　として批判され、失脚した〕の毒に当たり、資産階級思想の代理人に加担
　してしまったのです。私は、毛主席の無産階級革命路線に完全に違反し
　てしまったことを深刻に受け止め、党と毛主席に対して、そして全人民
　公社の大勢の革命幹部と群衆に対して申し訳なく思っています。……私
　の行為は、上級指導者と党の政策に逆らうものでした。私は今後、断固
　として党と毛主席の革命路線を実行することを誓います。そして、この
　自己批判書が全人民公社の各生産隊に送られ、全人民公社の大勢の革命
　幹部と群衆に対して自己批判をし、全人民公社の大勢の革命青年が如何
　に党の婚姻政策を実行すべきかを学ぶために供されることを求めます。⁽¹⁶⁾

　大隊幹部は呉CGの自己批判書を読み、反省が十分でないと判断した。大
隊に迫られ、呉CGは1975年6月3日、18日、24日にさらに3通の自己批
判書を書いた。彼は最後の自己批判書のなかで、思想の根源を内省し、次の
ように記した。「生産大隊の粘り強い教育を受け入れず、自身の無政府主義に
よって上級指導者の奥深い教育を拒絶しました」「資産階級的な思想と行動に
より、恋人と男女の関係に陥りました」。

　われわれは上記3つの事例から、性禁忌が如何に純潔化を通じて農民たち

の両性関係を規定したのか、そしてそのような性禁忌の下でどのような両性行為がみられたのかを知ることができる。

二　階級意識下の「門当戸対」

　浙江省の農村では伝統的に、結婚の前提として、両家の客観的条件が釣り合っていること、いわゆる「門当戸対」が重視された。伝統村落における「門当戸対」は家庭の経済的条件を中心とし、家族構成や家族（とりわけ青年）の健康状態、労働力などを含んでいたが、人民公社期になると家庭の政治的、社会的地位を表す階級身分をも含むようになった。階級身分は「門当戸対」において極めて重要な位置を占め、人民公社期において、青年男女の自由な交際を大きく阻害する性禁忌となった。

　「門当戸対」にまつわる性禁忌は、主に2つの方向で現れた。1つは、この原則の下で青年男女が結婚し、それを通して禁忌が強化されるという方向、もう1つは、青年男女が互いに好意を抱きながらも、この原則により結婚を妨げられるという方向だった。前節で取り上げた陳LYの事例は、第一の方向で現れた性禁忌だった。夫を感電死で亡くした陳LYが「克夫」の汚名を負うことになったのは、彼女の「門当戸対」の結婚と関係していた。陳LYは1947年10月、上海の労働者だった両親の元に上海で生まれた。両親は1950年代半ばに陳LYら3人の子どもを浙江省海寧市陳家場の実家にやり、祖母に子どもたちの世話を託した。1964年、陳LYは海寧第三中学校を卒業し、陳家場に戻って農業に従事した。

　1970年の初め、陳LYは人の紹介で賈家場自然村の賈GXと知り合った。賈GXは貧農出身で、その父は土地改革のころの老幹部であり、彼自身も生産隊団支部書記、大隊民兵中隊副中隊長、そして大隊造反派の責任者だった。また彼は5人兄弟で、まさに「五子登科、人丁興旺」〔5人の息子がみな科挙に合格し、子孫が繁栄する。結婚祝福の決まり文句〕だった。陳LYの父は紹介を受

けると即座に、まさにこのような人物に娘を嫁がせたいといった。しかし、陳LYは賈GXと交流したのち、彼に対して好感を持てなくなってしまった。彼女は賈GXと関係を断つことを望み、何度も父に手紙を書いたが、父はそのたびに反対した。陳LYは仕方なく、意志を曲げて父に従った。彼女の結婚は、「門当戸対」の下の「譲歩」だった。人民公社期において、階級区分の下の性禁忌にはさらに多くの事例があり、このような性禁忌は多くの「四類分子」家庭の青年男女を両性関係の「門外」へと追いやった。

　聯民村から袁花塘河を隔てた北側の聯民村には、沈CGという中年農民が住んでいた。彼は解放初期に長安鎮酒醤業公安主任、長安鎮総工会副会長、長安鎮労資協調委員会主任等を務め、のちに汚職等の罪で労働改造〔懲役〕3年あまりの判決を受けた。その後、1962年に反革命分子の帽子を被らされて帰郷し、農場に従事した。彼には2人の息子と1人の娘がおり、娘の沈HYはすらりとした美人だった。1973年春、生産隊のある青年が沈HYに好意を打ちあけた。沈HYは初め、出身家庭を理由に拒絶したが、青年は諦めなかった。3ヵ月あまりのち、沈HYはついに彼を受け入れた。ほどなくして、青年の両親が沈CGの家に押しかけ、「お前は自分が反革命分子になっただけでは足りず、他人をも害したいのか」と彼を責め立てた。青年の実家は貧農家庭で、3人の息子はみな農民だったが、両親はずっと彼らを軍隊に入れたいと考えていたという。しかし、もし息子の1人が反革命分子の娘と結婚すれば、家庭に政治的汚点が付き、他の2人が軍隊に志願する際に政治審査を通らない恐れがあった。他の2人の息子の将来のために、両親は息子と反革命分子の娘との結婚を認めるわけにはいかなかったのだ。青年の両親の話がこの点に及ぶと、沈HYと青年は関係を断つしかなかった。沈HYは意気消沈し、半年あまりの間、心を乱した。5年後、彼女は「結婚相手のみつからない青年」と結婚した。

　沈HYが直面した性禁忌は家庭の圧力によるものといえる。当時の多くの「四類分子」の息子たちもまた、社会から距離を置くことを余儀なくされ、敢えて両性関係の「門」に進もうとしなかった。彼らは健全な身体を持ち、他

のあらゆる青年と同様に青春と激情のうねりのなかにありながらも、自然と
湧き起こるあらゆる感情と欲望を無理やり抑え込むしかなかったのである。

三　性幻想とその表出

　自然と湧き起こる性欲は抵抗不可能なもので、異性に対する衝動は常に上
述のような障壁を突き破って、村落の日常生活のなかにあふれていた。「刀を
抜いて流れを断つと、水はかえってさらに流れる」〔李白「宣州謝朓楼餞別校書
叔雲」〕というように、性の秘匿はかえって人々の好奇心を刺激し、性生活を
抑止しようとする文化的障壁は、いっそう若者の性に対する幻想を誘った。
いわゆる性幻想とは、異性に対する執着をさし、そこにはぼんやりとした想
像、無邪気な好奇心、そして苦痛をともなう欲望と衝動とが含まれる。「無性
化」の時代において、性幻想はさらに、性的な想像を惹起し得る符号に対す
る執着としても現れた。さらにいえば、如何なる思考、想像、衝動も何らか
の方法で身体に影響を及ぼし、ひいては異常で屈折した両性関係を醸成した
のだった。
　「四清」運動〔1962年から1966年にかけて展開された社会主義教育運動。政治、経
済、組織、思想を清めることを目指した〕と文化大革命の時期、陳家場の農家に
あった「猥褻本」の類は全て焼かれ、残された1冊の医学書が青年たちの人
気を呼ぶこととなった。それは紫色の布表紙の中国医学の本で、人体解剖図
や人体穴位図〔鍼灸のつぼの位置を描いた図〕に加え、梅毒治療の写真が載って
いた。青年たちはこっそりとその本を回覧し、自室に隠れてページを繰った。
何度読んでも医学知識が頭に入らない者でも、ただそうした図や写真だけは
脳裏に焼き付けた。1976年に至るまで村内の若者たちに繰り返し読まれたた
め、その本の表紙は破れ、綴じ糸も切れてしまった。
　本やカレンダーのイラスト、さらには壁のあちこちに貼られた宣伝ポスタ
ーに至るまで、人民公社期の人物画において、女性の身体はみな衣服にすっ

ぽりと覆われ、女性的特徴は完全に抹消されていた。1972年秋、塩官地区で映画『列寧在十月』〔邦題『十月のレーニン』〕が上映されたとき、そのなかのバレエ『白鳥の湖』のシーンが若者たちの強い関心を呼んだ。彼らは、ただ劇中の女優のバレエをみるためだけに、様々な上映地点にその映画をみに行った。バレエの場面が映し出されると、多く観客がバレリーナの太ももに釘付けになった。陳家場の農民たちはその日の午後、上塘河の南岸でサツマイモを掘っているときに、夜に海寧第三中学校の運動場で『十月のレーニン』が上映されると聞いて大喜びだった。彼らは仕事を終えたのち、急いで帰宅して夕食をかき込むと、すぐに出かけた。彼らは、10里〔5km〕近い道のりを一時も休まずに塩官鎮まで走り、上映が始まったちょうどそのときに海寧第三中学校の運動場にたどり着いた。

　村落生活において、性幻想は想像や何らかの符号に対する執着に留まることなく、青少年の間ではさらに屈折した様相で現れた。以下のある村民の回想は、性幻想の矛盾した現れ方をわれわれに教えてくれる。

　　9歳になったばかりのころに、「豚殺し」ゲームに参加したのをよく覚えている。その日の午後、私たち5、6人の同年代の少年は、顧JKの家に行って「豚殺し」ゲームをした。東向きの平屋建て2部屋の家に「屠殺台」を置き、2人が屠殺者の役、3人が殺される豚の役になった。豚役の子どもは屠殺台の上に押さえつけられ、上着だけでなくズボンも脱がされた。その後、屠殺者が手を刀に見立て、「本物と同じように」「豚」を解体し、手や脚、そして「あそこ」も切断した。解体されるとき、「豚」はしきりに鳴いた。私は3匹目の「豚」だった。1匹目の「豚」が「殺され」ていたとき、私は無意識のうちにズボンの紐に1つ1つ結び目を作っていた。2匹目の「豚」が「殺され」ていたとき、南の門から音がした。「誰？　いま『豚殺し』ゲームをやっているんだ」。顧JKが尋ねると、答えたのは彼の姉LXで、「豚殺し」ゲームをみたいといってきた。JKは「だめだよ、これは男子の遊びなんだから」といったが、そこは

LXの家でもあった。彼女は、もう1人の少女を連れてそっと入ってき
た。このとき、私はちょうどズボンを脱がされるところだった。私は必
死にあがいたが、手足はすでに縛り上げられ、されるがままになるしか
なかった。[18]

　このような子どもの遊びは、村落生活のなかで性幻想が現れ得る様式、す
なわち適度な露出と窃視とを示している。性禁忌と性の排斥で満ちていた人
民公社において、そして性が「不潔」なものとされた時代において、適度な
性露出と性窃視は、或いは潜在的な性的美感の倒錯した表出だったのかもし
れない。
　村落生活において、性露出には性差があった。青年たちは全裸になること
があり、なかには性露出を好む者すらいた。ただ、性露出にはその「適切さ」
についての共通認識があったため、男性の性露出も常に矛盾のなかで展開し
ていた。たとえば、猛暑の「双搶」の時期、青年たちは川で水浴びをすると
きに、水中で半ズボンを脱ぎ、洗ってからまた履いた。このとき一部の青年
は、そこに洗い物をする娘、あわよくばきれいな娘がいることを期待したが、
娘の目の前で服を脱ぐことはできなかった。うまく機会を作って、まるで気
づかぬうちに娘に体をみられるようにするのが一番良かった。一度このよう
な状況になれば、その瞬間は青年にとって、生涯忘れられないものとなった。
彼はその情景を繰り返し思い出し、娘の反応を想像し、自身の感覚を観察し、
さらには別の可能性に思いを馳せたことだろう。
　対照的に、娘たちの身体は衣服に覆われた秘密だった。しかし結婚を境に、
その状況は一転した。女性たちは公衆の面前でボタンを外し、きれいな両胸
を露わにして赤ん坊に授乳した。浙江省北部の一部の地域では、女性は結婚
後、夏に「肚兜」〔胸と腹を覆う菱形の下着〕だけで農作業に出ることを許され
た。筆者のある男性の友人によると、村の娘たちは、内心では自身の美しい
体をみせたがっていたという。彼は、自身の経験について次のように語った。

あの日の夕方、僕は隣家にものを借りに行った。西向きの部屋の戸が閉まっていなかったので、押してみると、19歳の娘李Lが入浴しているところだった。彼女は僕をみても全く驚かず、ただ僕に笑いかけた。僕も笑いを返し、戸を閉めた。僕は彼女の微笑みを忘れられないし、彼女のきれいな体はなおさら忘れられない。[19]

身体の露出と対応関係にあったのが、性窃視だった。農作業中の青年たちの下品な会話を聞けば、彼らが性窃視に対して特別な関心を持っていたことがわかる。夏に集団で農作業をしているとき、もしダクロン〔中国で1970年代半ばより流行した極薄のポリエステル繊維〕の白い半そでブラウスを着た娘が折よく通り過ぎたら、青年たちはきっと農作業を放り出して、彼女が道の果てにみえなくなるまで、瞬きもせずにその姿を追ったことだろう。

性的な露出と窃視、そして女性器の「不浄」さは、一部の放埒な女性の身体において極端な形で交錯し、男性を攻撃する「切り札」となった。このような女性が農作業中に男性と口論になり、喧嘩が最高潮に達すると、彼女たちはズボンを脱いで男性を威嚇することもあった。「あんたたち男は女をみるのが好きなんだろ？　ズボンを脱いでいまみせてやるよ。不吉の気をあんたにうつして呪ってやる。道端でこけて死ぬように、川で溺れ死ぬように、雷に打たれて死ぬように、食べ物がのどに詰まって死ぬようにね」[20]というのである。甚だしい場合にはズボンを脱ぐだけでは収まらず、男性に向かって突進し、自身の陰部を触った手でビンタを食らわせた。このビンタを食らった男性は、一生涯不運に見舞われるとされた。陳家場では、ある女性が口論になった男性に対してこの「切り札」を使おうとしたところ、相手の男性は彼女がズボンの紐を解かないうちに逃げてしまった。賈家場では、男性のほうが一枚上手だった。女性がズボンを脱いで向かってくると、男性は素早くそのズボンを奪って飛ぶように走っていき、川に投げ捨ててしまった。彼女は振り返って、数十人の男女の前で下半身を晒していることに気づき、喧嘩も忘れて家に逃げ帰った。それをみた彼女の姑は、裸の女性が敷居をまたぐの

を許さず、ズボンを投げて彼女に履かせた。⁽²¹⁾

　未婚の男女の接触が禁忌とされた当時において、異性との接触は、意図的かそうでないかにかかわらず、深く人々の印象に残るものだった。以下は、2人の村人の1970年代の思い出である。

　当時、僕には恋人がいたが、同じ鎮のある娘のことがとても好きになった。雨で農作業が休みになると、僕は彼女に会いに行った。僕たちはとても話が合った。あるとき、彼女が病気で入院していると誰かから聞いた。僕はすぐに作業を放り出して、鎮衛生院へと走った。彼女はベッドに横たわり、静かに眠っていた。それはとても暑い日で、彼女の体には小さなタオルが掛けてあるだけだった。僕はベッドの横に座り、彼女の端正な顔立ち、白い上着の下の胸元の起伏、青い半ズボンから出た美しい太ももをみているうちに、それが俗世に下りた仙女の姿であり、菩薩が賜った聖霊であるかのように思えてきた。僕は彼女の手に触れたが、それ以上は触らなかった。ベッドの横に座って、その仙女のような娘をみつめながら、僕は俗世を超越した神聖さを体験したのだった。⁽²²⁾

　生産隊で働いていたころは、いつも娘たちから一定の距離を保っていた。生産隊の「泰山」という奴は、男女が少しでも近づくのをみると、「男女授受するに親らせず」〔『孟子』離婁上。男女はものを直接やり取りしてはならないの意〕と大声で叫んだ。のち、聯民大隊毛沢東思想宣伝隊に参加すると、稽古や公演の際に異性と接触することが多くなった。宣伝隊が塩官公社に出演したとき、人数が多く、自転車が足りなかったため、1台の自転車に1人2人を乗せて行った。僕は喜んで2人の娘を乗せた。1人は後ろの荷台に座り、もう1人はフレームの上に座って僕の両腕の間に収まった。塩官公社に向かって袁花塘河沿いを走っていたとき、僕はふと、前の娘とぴたりとくっついていることに気がつき、娘の髪から香って来る甘い女性の匂いを初めて嗅いだ。こののち、あの甘い匂いが

僕の心のなかの永遠の美となった。[23]

　性幻想とその表出の深刻な挫折は、精神病を誘発することがあり、聯民大隊一帯の農民たちは、それを「花毒」と呼んだ。豊士鎮北部のある女性は、1970年に結婚後、夫と姑から虐待を受け続け、1975年に「花毒」を発症した。彼女は毎日朝早く、着古して汚れた服で豊士鎮の橋へと向かい、美しいが憔悴した顔で、すれ違う男たちをぼんやりと眺め、げらげらと笑った。陳家場の祝XHという青年（1955年10月1日生）は、1972年にどういったわけか「花毒」を発症し、その後何年もの間、少なくとも1日に3回は会竜橋に行くようになった。彼はしばしば、出くわした女性をぼんやりとした目で追った。幸い祝XHは「文毒」〔精神病のうち暴力性を帯びないもの〕であり、攻撃的な行動に及ぶことはなかった。[25]

四　身体の政治化

　身体の政治化は、主に2つの方向で現れた。1つは、身体を資本とし、その活動を通して政治的利益を獲得するというものであり、もう1つは、身体そのものの政治化を通して身体的な目標を達成するというものだった。両者は明確には区別できないこともあった。

　以下は、1966年秋に起こった事例である。公社建築隊〔人民公社の建築担当部門〕のある女性保管員〔倉庫管理人〕は、支部書記と曖昧な関係にあり、万事にわたって書記に便宜を図ってもらっていた。あるとき、書記が保管員を連れて上海に出張した際に、建築隊の誰かが2人の関係について書記の妻に伝えた。妻は人々を引き連れ、斜橋駅で夫と保管員の到着を待ち構えた。2人が汽車を降りるとすぐに、妻とその親戚たちは保管員を捕らえ、派出所に突き出した。のち、保管員は「家庭破壊罪」で起訴され、禁固9ヵ月の判決を受けた。その判決に不服だった保管員の夫が裁判所に書記を告訴した結果、

書記は党から除名されたうえ、1年3ヵ月の実刑判決を受けた。[26]

　次の事例は、身体の政治化のもう1つの方向を示すもので、その結末はさらに悲惨なものだった。倪WZ（1945年生）は、1歳になったばかりのころ、小児麻痺により下半身不随となった。豊士鎮の通りで商売をしていた彼の両親は、半身不随の息子が将来生計を立てていけるよう、中学卒業後に彼を靴職人に弟子入りさせた。こうして1962年、豊士鎮の通りに若い靴職人が生まれ、農民たちは彼を阿忠と呼んだ。豊士鎮の人々は、彼の両親は正しかったといった。なぜなら、倪WZが靴の修理を始めてやっと1月が経ったころに、父親が病死したからである。もし靴の修理ができなければ、倪WZは食べていけなかっただろう。

　倪WZは人を手なずけるのが上手く、靴修理の仕事は途絶えることがなかった。頭が良く、不思議な物語を語り切れないほど知っていて、加えて義侠心もある彼の店には、午後になるといつも若者たちが集まってきた。しかし下半身不随のため、外出時には誰かの押す荷車につかまって歩く必要があり、長い間恋人ができなかった。革命の到来は、彼に得難い機会を与えた。彼は機をみてごく早い時期に造反し、豊士鎮に紅衛兵革命造反総司令部が成立したときには総司令を務め、豊士鎮革命委員会が組織された際には、革命造反派の代表となって革命委員会副主任を務めた。これで個人的な問題は解決できるはずだ、と彼は考えた。彼は、張XYという娘を気に入っていた。張XYの両親はおとなしい田舎者で、昔黄湾あたりから家族で引っ越してきて、豊士鎮から1里〔500m〕あまり離れた紅友大隊に住んでいた。倪WZは自身の計画を仲間たちに伝え、すぐにみなで策を練った。こうして、倪WZの婿入りの幕が開いた。当時、豊士鎮造反派に所属していたある女性がそのときの様子を語ってくれた。

　　倪WZの婿入りは、それは威勢の良いもので、造反派の有力者が7、8人、彼を取り巻いて張XYの家に向かった。張XYの両親は、家から100mあまり手前から迎えに来ていた。黄湾から引っ越してきた張家は

豊士鎮では立場が弱かったため、倪WZに応じないわけにはいかず、応じるなら早くする必要があった。当時張XYは婚約しており、婚約者も同じ大隊にいたが、彼は倪WZが婿入りしたことを聞いても、怖くて何もいえなかった。倪WZは結婚後も靴の修理を続け、彼を知る者は店の前を通ると、うなずくか、親指を立てて「幸せ者だね」といった。[27]

　半身不随の青年が政治的「大物」となり、それによって妻を得たのである。しかし、若くて美しい娘の方はどうなったのだろう。彼らは子どもに恵まれず、のちに養子を取った。20年後、倪WZは世を去り、養子も海寧に働きに出て、張XYが1人で通り沿いのぼろ家に住み続けた。通りは毎朝往来が絶えなかったが、そのぼろ家に目を止める者は誰もいなかった。

五　禁忌を超えて——様々な「特殊」事例

　1958年以降、国家は農村人口の都市流入を厳禁とし、大量の人口が狭い村落空間に押し留められた。1970年代になると、聯民村では他の農村地区と同様に、集住する若年人口が史上最多となった。

　このような生存環境のなかで、村落の伝統とイデオロギーが相互に浸透し、絡まり合って、それまでよりもさらに厳格に両性関係を束縛するようになった。しかし、如何なる束縛も両性関係を統一的な規範の枠組みに納めきれないように、人民公社の両性関係に対する束縛も性的な欲望と衝動を消し去ることはできず、「規範化」された両性関係のあり方を提示することもできなかった。以下では4つの事例を挙げたい。

事例1：舅と嫁の「家庭」

　1958年に人民公社が成立したころ、聯民大隊のある特殊な「家庭」が人々の注意を引いた。元聯民大隊会計の胡SXは、この家庭を以下のように紹介

した。

　楊LWは、日中戦争以前から九里橋で塩の運搬、販売を業とし、塩籠を２つ天秤棒で担ぎ、九里橋から諸橋へと売りに行っていた。彼は早くに妻を亡くしたのちも再婚せず、長く独り身だった。息子が２人いたが、上海で商売をしていた長男は、結婚後数十年間、家に帰らなかった。彼は、父と嫁が懇ろなのを知っていたようだ。その後、嫁はやむなく再婚したが、そのとき楊LWの孫はすでに20歳を過ぎていた。息子が帰ってきていないのに、どうして孫が生まれたのか。人々はみな、楊LWが祖父であり父親でもあることを公然の事実のように認識していた。それももっともだ、息子が留守なのに、孫が生まれるわけはないのだから……70年代初め、楊LWの孫は丁橋に婿入りし、残された孤独な老人の元には、元嫁が世話をしに来てくれるだけだった。彼はそのまま1984年に病死した。[28]

事例２：抑えきれぬ衝動

　村落の両性関係にまつわる特殊事例のなかで、さらに多かったのは婚外関係だった。婚外関係への反応は、村落によって異なっていた。ある村落では婚外関係は比較的オープンに展開され、周囲は大して驚くことも気にすることもなく、批判することもあまりなかった。他方で、ある村落ではあらゆる婚外関係が隠蔽され、村人は陰でこそこそと噂したが、人前ではまるで何事もなかったかのように黙っていた。聯民村の張家木橋自然村（当時の聯民大隊勝利生産隊）は前者に当たり、村外の農民たちから「桃花村」〔不正常な男女関係がはびこった村の意。中国語で「桃色」は男女の情事を暗示する〕と呼ばれた。聯民村陳家場は後者に当たった。

　陳家場の老人陳YHは、当時の勝利生産隊での婚外関係について、２つの出来事を今でもよく覚えている。2023年２月15日、筆者は専らこの話題について陳YHにインタビューをしたが、そのうちの１つはまさに驚くべきも

のだった。

　1969年の「双槍」直前のころ、勝利生産隊では、全農民で桑畑の除草と施肥を行い、「双槍」の農繁期までに桑畑の農作業を終わらせようとした。このかけ声ばかりの大労働に駆り出された生産隊の若者たちは、ぺちゃくちゃと雑談をしながら、刮子〔三角鍬やねじり鎌に似た農具〕を持って除草に励んだ。そのなかで、20歳になったばかりの青年がある18歳の娘に近づき、2人はチガヤの硬い根を取り除きながら、愛の言葉をささやき合った。2人はもともと互いを慕っており、午後2時すぎの30度を超える暑さがさらに2人の欲望を焚きつけた。2人はこっそりとその場を離れると、100mあまり離れた草むらで、抑えきれずに行為に及んだ。予想外だったのは、まさにこのとき、ある目ざとい青年が2人の姿をかすかにみてしまったことである。なんてことだ！　彼は農作業中の仲間たちにそのことを伝え、みな気まずくなってその場を離れた。悪い考えを起こした者は、戯れの真っ最中の男女に近づいて泥をかけた。[29]

事例3：「桃花村」の物語

　勝利生産隊で起きたもう1つの出来事は、姚LX（1940年生）という女性にまつわるものだった。[30]彼女は紅江人民公社中心大隊の人で、中学校を出ていた。1958年春、姚LXに縁談があった。相手は馮YX（1935年生）という、非常に貧しい家庭の青年だった。馮YXは1953年、国家の呼びかけに応じて軍隊に志願していた。当時、軍人は「金の看板」とされ、姚LXは迷うことなくこの縁談に応じた。1959年初め、18歳になったばかりの彼女は、聯民村に嫁いだ。[31]

　こうしてやって来た姚LXは、人々の注意を引いた。彼女は若く、活発で、他の娘たちよりも教養があった。彼女はまもなく生産隊の会計を担当するようになり、銭塘江農業大学の積極分子となり、宣伝隊のメンバーとして海寧の各人民公社で文芸公演を行ったこともあった。しかし彼女の夫は軍人で、

年中家を留守にしており、帰省休暇も少なかった。彼女が嫁いで来たとき、家には舅の馮SR（1908年生）とその弟馮ST（1918年生）という2人の「老人」がいた。姚LXは彼らと生活を共にしたが、どちらも気に入らず、家庭内で満足できないのならばと、外で相手を探そうとした。若い娘は魅力的だった。しかし、当時「軍婚破壊」は大罪で、処罰の対象となったため、村の男たちは誰も彼女に手を出そうとしなかった。

　1963年、姚LXの夫は退役して海寧に戻り、海寧長安食品公司の社長となった。彼は多忙で、またもや家を留守にすることが多くなった。数年後、姚LXは再び動き始めた。1971年ごろ、彼女は勝利生産隊の馮SKとくっついた。馮SKは1946年生まれで姚LXより年下だったが、2人は急接近した。このとき、馮SKはすでに結婚しており、豊士人民公社の農民だった妻の虞MXは男児を出産したばかりだった。1974年、虞MXは離婚して豊士人民公社に帰った。

　姚LXのことが夫の耳に入ったとき、彼はどう反応したのか。元聯民大隊会計の胡SXは、以下のように語った。

　　　　夫が家を留守にしている間、姚LXは常軌を逸した行動に出て、長期に渡って悪影響が出ていた。しかし夫は〔姚LXを〕疑わず、〔婚外関係を〕認めず、そのようなことはなかったといったので、ことは表沙汰にならず、揉めることもなかった。姚LXは夫をうまくあしらったのだ。

　陳家場の婚外関係について語ったとき、陳YHは「陳家場では、みな何もいわなかった」といった。もちろん、「何もいわなかった」というのは、何も知らなかったという意味ではない。実際には、人々はしばしば、ひそかに情報を伝え合っていた。

　生産隊という生存空間においては、権力も男女交際における「特権」となり得た。1970年代の陳家場では、前後2人の男性生産隊長の婚外関係の噂が広まった。1人目の生産隊長は1941年生まれで、彼の「親家母」〔不倫相手〕

は陳家場の1951年生まれの女性だった。2人目の生産隊長は1948年生まれで、その「親家母」も陳家場の女性だった。彼女は1954年生まれで、18歳で豊士鎮から嫁ぎ、理髪店を営んでいた。実は、彼女たちの夫も生産隊内におり、彼らは非常にまじめで、馬鹿正直なほどだった。みな毎日のように顔を合わせているのに、まるで何事もないかのようにふるまっていた。2人の生産隊長の妻たちも陳家場におり、夫の行為を容認しているようだった。婚外関係にはさらに多くの複雑な状況があったが、まとめていえば、経済、身体、言説などにおける優勢が、いずれも「性における優勢」に転化する可能性を孕んでいた。

事例4：義母強姦事件

　1966年秋、陳家場で起きた強姦事件は、四聯地区に衝撃を与えた。2023年2月15日、陳YHはこの事件について以下のように語った。

　　　その日の午後、私は数人の仲間たちと浜角落で農作業をしたのち、休憩時間に陳WYの家でお茶を飲んでいた。軒下に座っていたところ、引き裂かれた女物の下着が竹竿に干してあるのを誰かがみつけた。みなは好奇心から、何があったのかと陳WYに尋ねた。彼によると、前の晩に彼の兄陳WLが義母の「香姆媽」に手を出そうとして拒まれ、下着が引き裂かれることになったのだという。[35]

　陳WL（1936年生）は、村民陳XK（1899年生）の養子である。1940年代初め、陳XKは上海で2人目の妻龔AXを娶り、2人の男児が生まれた。龔AXと2人の子どもたちは上海に住んでいたが、1950年代半ばに陳家場にやって来た。龔AXは陳家場で「香姆媽」〔姆媽はおばさんの意〕と呼ばれた。

　陳WLも成人後、長く上海に住んでいた。帰郷するときには、名家の若旦那のようにスーツを着こなし、ガールフレンドを連れて来たこともあった。彼は上海で強姦の罪により労働改造の判決を受けたのち、1960年代初めに陳

家場に戻った。農作業の経験が全くなかった彼は、帰郷後も旧習を改めず、1965年には陳家場の18歳未満の娘と関係を持った。しかし、彼がまさか義母に手を出そうとは、誰も思わなかった。

陳家場の人々は陳WL事件について、誰ひとり通報しなかった。事件の噂が広まって初めて、龔AXは当時の聯民大隊党支部書記顧CXに陳WLに強姦されたことを訴えた。顧CXは元々某工場の幹部で、1962年に嘉興から帰郷した人物だった。彼は「四清」運動に積極的に参加し、運動後半期に聯民大隊党支部書記に推薦された。彼は訴えを受けるとすぐに通報し、陳WLは逮捕された。

事件後、龔AXはすぐには告発せず、隣家に走って涙ながらに訴えることもなかった。陳WLが義母の「香姆媽」を強姦したという情報が広まったのちでさえ、陳家場一帯では誰ひとり通報しなかったのである。村人たちは、野蛮で不道徳な行為に対して、なぜこれほどまでに無関心だったのだろうか。

陳WL事件はやや極端な例だが、聯民村一帯の農民たちは、両性関係に対して冷ややかで、事件を言いふらしたり人を中傷したりすることはなく、ましてや告発したり通報したりすることはなおさらなかった。本章第一節で紹介した陳家場の陳QF事件も、実際に陳QFを縛り上げ、批判闘争を展開したのはみな聯民村の村民ではなく、ほかの行政村（聯新村、当時は聯新大隊）から来た者たちだった。というのも聯新村の一部の村人は、大躍進の時期に、民兵中隊副中隊長として呉興鉄鉱を主管した陳QFに怒鳴りつけられたことを恨んでいたからだった。陳家場の人々は、聯民大隊大隊長だった陳PTが任期中に女性と関係を持ったことについても知っていたが、「四清」運動および文化大革命の時期にそれが告発されることはなかったうえ、彼の自己批判書にもこのことは書かれなかった。陳家場の人々は、他人の男女関係についてただ陰で噂するだけで、当事者を傷つけることはなかったし、その家庭を損なうこともなかった。

このような状況について、筆者は「熟人社会〔顔見知り社会〕における人情の負の効果」という概念を提起したい。「負の効果」というのは、清らかな道

138

徳や村落文化、そしてより人間らしい社会秩序を建設するという視点に立った見方であるが、農民たちからみれば、騒ぎ立てず、通報しないことこそ、村落生活の既存の秩序を維持する最善の選択だった。言い換えれば、農民の両性関係に対する態度と村落秩序は、互いに関連していたのである。

おわりに

　人民公社期において、村落の伝統と国家イデオロギーは相互に浸透し合い、自然と湧き起こる性欲を抑圧し、禁欲主義的な雰囲気を醸成した。村落では確かに多くの人々が伝統的道徳、或いはイデオロギーの「法」を遵守し、「性」は汚名化、純潔化という二重の排斥を受けた。国家イデオロギーはさらに、「無性化」を道徳の高尚さの重要な表象として顕彰し、「純潔化」を操作して日常生活の「性」にまつわる一切の符号を「革命の名の下に」消し去った。革命の字典に、「性」の字は１つもなかった。革命の時代に、性を語れば人々は顔色を変えた。革命の文化において、性は罪であり、汚れであり、そして反動だった。さらに甚だしいことに、男女の愛情を細やかに描いた本は全て、資産階級の毒草、封建主義の残滓として、かんかんと燃え盛る無産階級革命の炎のなかで燃やし尽くされなければならなかった。

　しかし、ホルモンは男女の体内で強く作用し、異性に対する渇望は自然なもので、そのうえ人類が命をつないでいくための希望の光でもある。イデオロギーの言葉は、強力なもののように聞こえたとしても、本章で取り上げた汚名化、純潔化のように、青年農民に対する束縛は限定的なものだった。自覚的にこのような言説を内面化することで自身のメンツを立て、名誉とした少数の人々だけが、性禁忌の文化を忠実に遵守した。

　村落の農民が婚外関係に寛容だったことは、婚外関係の氾濫を招かなかったのだろうか。答えは否である。建国以前には、伝統的な性禁忌や門当戸対などの村落文化が常に様々な方式で農民の観念と行動に影響を与えていたため、婚外関係が氾濫することはなかった。国家イデオロギーが両性関係を束

縛した人民公社期においては、なおさらだった。

　まとめてみると、人民公社期の両性関係からみる村落伝統とイデオロギーとの関係は、次のように低、中、高の3つの段階に分けられる。

　村落の伝統的な性禁忌は、正式な懲罰の仕組みを持たなかったので、低段階の制約に当たる。建国以前、宗族勢力が非常に強力なごく少数の村落には、不適切な男女関係に対する懲罰があった。建国後、宗族は人民群衆を縛る「4本の綱」[37]の1つとして攻撃された。人民公社期の聯民村では、村内の男女関係に対する宗族の影響は極めて小さく、元来存在したかもしれない懲罰機能もなくなってしまった。そのため、村落の伝統は村内の両性関係に対して強い拘束力を持たず、高段階の制約はなかった。国家は許さなかったけれども、村内の男女はこっそりと通じ合い、誰も騒ぎ立てず、告発もせず、処罰もされないなかで、懲罰制度も形骸化していったのである。

　中段階の制約とは、制度的な規範をさす。それを守らなければ、結婚後の日常生活に悪影響が出る可能性があり、人民公社期には、そのような規範が若者たちの恋愛と結婚に比較的大きく作用した。たとえば、伝統的村落の「門当戸対」に国家イデオロギーが重ねられたのち、若者たちが恋人を探すときには、家庭の階級身分や海外との関係に注意しなければならなくなった。

　国家の懲罰制度は、全て高段階の制約に当たる。婦女強姦や軍婚破壊などは、明確な懲罰制度を備えた国家イデオロギーの性禁忌に属し、上述の2段階の制約と比べ、両性行為を抑制するのに有効だった。

　聯民村の婚外関係は、村民の階級身分や職務によって不均衡な状態にあった。女性と会い、婚外関係をもつ男性は概ね2種類に分かれた。第一は大隊や生産隊の幹部で、彼らはその権力を背景に、思うがままに振舞うことができた。第二は経済条件が比較的良いのに加え、労働力が強い、聡明である、学歴があるなど、何らかの特長がある男性だった。個人的な資源や能力などは、両性関係の実践に影響を及ぼし、それによって革命イデオロギーと村落の伝統との関係は、より複雑さや偶然性に満ちたものとなった。

【注】

（1）『告別理想 —— 人民公社制度研究』（張楽天、上海人民出版社、2005年、6-8、195頁）。

（2）『海寧市志』（『海寧市志』編纂委員会、漢語大詞典出版社、1995年、1頁）。

（3）1982年において、聯民村の集団経営の労働日1日の収入は1人当たり1.46元、平均年収は314元、年平均配給食糧は1人当たり737斤〔約369kg〕だった。また農業人口1人当たりの集団耕地面積はわずか0.77畝〔約513㎡〕だった。「会計資料（1982年度）」（『張楽天聯民村数拠庫』張楽天、社会科学文献出版社、2015年）を参照。

（4）陳家場は、行政村である聯民村の管轄下にある自然村落であり、人民公社期には紅旗生産隊（現紅旗村民小組）に属した。

（5）『当代浙北郷村的社会文化変遷』（曹錦清・張楽天・陳中亜、上海遠東出版社、2001年、13-16頁）。

（6）汚名化という概念は、1956年にアメリカの社会学者ゴフマンが『日常生活中的自我呈現』（戈夫曼著、黄愛華・馮鋼訳、浙江人民出版社、1989年）〔Erving Goffman, *The Presentation of Self in Everyday Life*, Edinburgh, University of Edinburgh, Social Sciences Research Centre, 1956.〕のなかで提起した。のち、ゴフマンはさらに専著『汚名 —— 受損身份管理札記』（戈夫曼著、宋立宏訳、商務印書館、2009 年）〔Erving Goffman, *Stigma: Notes on the Management of Spoiled Identity*, Englewood Cliffs, N.J., Prentice-Hall, 1963.〕を発表した。

（7）祖先や神霊に線香を上げる場所は清潔でなければならなかったため、聯民大隊一帯の方言で「不上香」は不浄であることを意味した。

（8）念仏には、1人で唱えるもの、8人で唱える八仏、そして12人で唱える生肖仏の3つの形式があった。八仏ではまず、8人で八仙卓〔8人掛けの正方形の大型テーブル〕を囲み、その中央に蠟燭を1本灯し、線香を何本か焚いた。次に、長さ15㎝ほどの麦わら1束を八仙卓に置き、それを1本ずつ手渡しながら全員で「南無阿弥陀仏」を唱え、丸1日唱えたのち、麦わらを布で包み、その上に「八仏一堂」と書いて儀式を終えた。生肖仏は、干支の異なる12人の女性たちが共に唱えるもので、条件を揃えるのが難しいため、それだけ御利益も大きいとされた。

（9）聯民村一帯では、念仏の呼びかけ人を「仏頭」と呼んだ。

（10）当時聯民村一帯は二期作制で、7月下旬から8月上旬の「双搶」の時期に、大急ぎで早稲を収穫し、晩稲を植えた。晩稲は立秋前の8月上旬に植えなければならず、「双搶」期の農作業は非常に忙しかった。

（11）当時は小型モーター搭載の脱穀機を使い始めたばかりで、モーターの電気ケーブルを遠くから引いてこなければならなかった。賈GXの弟の感電死は、このケーブルの漏電が原因だった。

(12) 1990年代後半に、陳LYは1人で聯民村賈家場に帰ってきた。その後、彼女は賈家場のある独身の老人と「老いらくの恋」をし、共に暮らしたが、このときも正式に結婚することはなかった。

(13) 人民公社期、紅江人民公社は城北、楼王廟、四聯（祝会）の3つの片区に分けられ、そのうち四聯片区は聯民、聯新、聯農、聯豊の4大隊（のちの4村）からなっていた。

(14) 筆者は陳QFの批判大会の現場におり、その全過程を目撃した。

(15) 『張楽天聯民村数拠庫』張HJへの聞き取り（ZHJ-20090405-张HJ）を参照。

(16) この資料は、復旦大学社会生活資料センターに収蔵されている。整理番号なし。

(17) 「四類分子」とは、地主、富農、反革命分子、悪質分子をさし、彼らはみな階級敵で、プロレタリア独裁の対象とされた。

(18) 陳HHへの聞き取り、聯民村、2009年1月2日。

(19) 董WYへの聞き取り、聯民村、2006年12月4日。

(20) 1973年の「双搶」期間に実際にこのような事態が発生し、筆者もその現場に居合わせた。女性の言葉は筆者の記憶に拠る。もちろん、ズボンを脱いで男性を威嚇するのは、ごく一部の中年女性だけだった。

(21) これは賈家場自然村での出来事だったが、筆者を含め、陳家場自然村の多くの人がこのことを知っていた。

(22) 陳XYへの聞き取り、聯民村、2009年1月6日。

(23) 陳HHへの聞き取り、聯民村、2009年1月2日。

(24) 筆者の妻は、当時豊士大橋の北側に住んでおり、この「花毒」の女性をしばしばみかけたという。

(25) 祝XHは会竜橋へ行くのに、必ず筆者の家の前を通って行った。筆者は、陳家場で農業に従事していた1970年代、祝XHが何かぶつぶつといいながら、ふらふらと歩いていくのをしばしばみかけた。

(26) 沈CGへの聞き取り、聯民村、2009年12月11日。『張楽天聯民村数拠庫』口述歴史（SCG-20091211-沈CG）を参照。

(27) 沈JPへの聞き取り、上海、2009年1月10日。

(28) 『張楽天聯民村数拠庫』胡SX「聯民村家庭紹介」を参照。楊LWは1902年生まれ、元嫁は1925年生まれとされている。

(29) 陳YHへの聞き取り、聯民村、2023年2月15日。

(30) 勝利生産隊が当時「桃花村」と呼ばれたのは、主に姚LXに原因があり、勝利生産隊の女性たちがみなふしだらだったというわけではない。

(31) 『張楽天聯民村数拠庫』姚LXへの聞き取り（YLX-20090114-姚LX01）を参照。

(32) この2人は壮年に当たる年齢だったが、若い娘の目には老人にみえた。姚LXが彼らを老人とみなしたのは、2人とも健康状態が優れず、労働力が弱く、また酒

ばかり飲んでいたからかもしれない。

（33）『張楽天聯民村数拠庫』胡SX「聯民村家庭紹介」を参照。

（34）陳YHへの聞き取り、聯民村、2023年2月15日。

（35）陳YHへの聞き取り、聯民村、2023年2月15日。

（36）一部の地域では、婚外関係を公に語っても村落秩序への影響は比較的小さく、農民たちは「何もいわない」のとは異なる行動をとる可能性もあった。

（37）「4本の綱」は毛沢東が提起したもので、政権、族権、神権、夫権をさす。

第二部
革命の論理と家族の絆

第5章

夫婦の感情と結婚生活
——家族間の手紙に基づく分析[1]

魏瀾（御器谷裕樹訳）

はじめに

　20世紀に入ってからというもの、社会科学においては「感情」に対する関心が高まっている。まずは19世紀末から20世紀前半にかけて、感情を中心に据えた史籍が次々と出版され、次第に「感情」が歴史を動かす役割に多くの関心が寄せられるようになった。そして20世紀後半になると、「感情」をキーワードにした研究が数多く発表された。

　中国人の「感情」について、これまでの研究には文化に焦点を当てた研究が比較的多い。そうした研究は文学作品（哲学の古典を含む）に題材を求め、学際的なアプローチを組み合わせて行われている。たとえば、李海燕は、異なる時代の文学作品を主な研究対象とし、感情の系譜学（genealogy of sentiment）という手法を用いた分析を行っている。具体的には「感情」という要素がいかにして登場し、流用され、解釈されるようになったか、という多様な変化を識別することによって、概念の変遷をたどろうとしている[2]。パオロ・サンタンジェロ（Paolo Santangelo）も同様に、明清時代の文学作品を分析し、学際的な理論と研究手法を組み合わせて中国史における感情の文化を紐解いている[3]。また、サンタンジェロは、百年近くに渡って発表された文学作品を介して、「中国人の愛情」に関して詳述している[4]。これらの研究は、いずれもフィクション作品や哲学の古典に基づいており、「感情」に焦点を当てた実証研究ではない。その一因は、この種の研究の難易度が相対的に高く、人の感情世界に立ち入ることが非常に困難であることに由来すると考えられる。

147

毛沢東時代に生きた民衆の心理状態と生活の実態を研究する上で、「感情」が優れた視点となることに疑いの余地はない。しかし、「感情」という角度から毛沢東時代における大衆や社会の変遷を研究する取り組みは、緒に就いたばかりである。そこで本章は、ある夫婦（陸慶生と江真媛）とその家族が1961年から1986年までの間に交わした679通の私信を「フィールドワーク」することで、「感情」という視点から毛沢東時代における民衆の感情と結婚生活の実態を考察する。[5]

　本章で主に使用した手紙は陸慶生と江真媛という夫婦間の26年間にわたるやり取りの記録である。この夫婦の手紙はすでに出版されており、[6]これを考察した論文は数篇発表されている。李甜・閻雲翔（Tian Li and Yunxiang Yan 2019）は、陸慶生、江真媛、その家族の間で交わされた手紙を通じて、集団化が進んだ時代における社会主義改造運動中の人々の実際の生活状況や、「新人改造」などの政治的言説が家庭内の争いに及ぼした影響について考察している。[7]銭毓芳・董穎穎は、コーパス分析を用いることで、仕事に関する言説の観点から同夫婦の手紙を分析している。[8]これらの研究とは異なり、本章は感情の視点に立って同夫婦の私的な手紙を分析する。

　陸慶生と江真媛の手紙の価値は、夫婦間の素直な感情のやり取りや結婚の実態を見て取れるだけではない。その期間の長さから、価値観や個人の心理状態の長期的な変化を理解する上で示唆に富んでいるのである。真媛と慶生の結婚生活は、ある意味では悲劇であった。一般的な家庭では、日常的な争いやすれ違いは日常茶飯事であるが、真媛と慶生の手紙は、その多くを「暴力的」と表現しうるほどの喧嘩やネガティブな感情が占めている。疑い、侮辱、憤りといった感情が、彼らのやり取りのなかで非常に重要な部分を占めているのである。しかし、夫婦関係がかくも険悪であっても、その関係性は数十年間も続いた。1986年（当時彼らは50歳前後だった）に交わされた最後の手紙をみると、それでも彼らは寄り添っていたということだろう。

　もし、これらの手紙の分析をフィールドワークとみなせば、「なぜ真媛と慶生は絶えず信頼し愛し合う良好な関係を形成することができず、結婚生活は

苦痛に満ちていたのか？」という疑問が生まれる。なぜ真媛は慶生に対して
かくも不満を抱き、そうでありながら彼らの関係は如何にして維持されてい
たのだろうか。高度に政治化された毛沢東時代において、性別や経験の異な
る主体はどのように愛情を表現し、愛情と婚姻生活をめぐっていかなる葛藤
を抱えていたのだろうか。そしてその葛藤は、異なる主体の「政治化」の度
合いとどのように呼応していたのだろうか。本章はこれらの問題を検討し、
次のことを指摘したい。すなわち、毛沢東時代における夫婦間の感情は、階
級闘争などの政治的言説はもちろんのこと、個人の「政治化」の度合いにも
大きく影響を受けていた。その一方で、五四運動以降の「純粋な恋愛ロマン」
や婚姻家庭に対する伝統的な考え方は消滅しておらず、夫婦間の結婚生活に
影響を与える重要な要素であった。

　本章は以下の３節から成る。まず私人同士の手紙を研究する意義を検討し、
研究事例の概説を行う。次に夫婦の間に表れた恋愛観念上の差異と軋轢を検
討する。その上で毛時代における夫婦の結婚生活の実態を解明し、感情とい
う研究視角からその結婚生活を分析する。ここで説明を加える必要があるこ
とは、本章が用いる「感情」という用語についてである。英語では、文脈に
よってemotionともaffectともfeelingとも表現されるが、[9]本章は心理学の意
味における「感情」が内包する概念を区別せず、単に認知過程に関連する一
種の直観・感受とみなす。[10]感情は身体とその環境（自然、社会、政治、文化環境
などを含む）との相互作用によって生じるため、本章はこの夫婦間の感情表現
だけでなく、感情が生まれるコンテクストや、感情が家族関係に及ぼす影響
をも分析の対象とする。

一　個人間の手紙と感情研究

　まず、個人の手紙を研究することが感情研究と歴史研究において持つ価値
について議論する。個人の手紙を研究した代表的な人物であるリズ・スタン

レー（Liz Stanley）は、手紙には以下3つの特徴があると概括する。第一に、手紙は対話であり、書き手と読み手の間の反復的な交流に基づいて発展する相互性という特質を持つ。第二に、手紙は立体的であり、視点が固定されておらず、その構造や内容は特定の受け手や時間によって異なる意味を持つ。第三に、手紙は即時的であるため、研究者の関心に左右されない独自の前提や規範を持つ。これら3つの特徴は、手紙が毛時代の一般民衆の思考や感情を研究する上で重要な価値を有することを意味している。

　手紙の持つ「対話性」という特徴に関して、手紙は情報の交換を媒介すると同時に、人間関係の実践でもあるといえる。デイヴィッド・バートン（David Barton）とナイジェル・ホール（Nigel Hall）が強調したように、手紙を研究する際の最も啓発的な方法は、それを社会実践として考えることである。つまり、手紙のテクストや手紙のなかの登場人物、描かれた動作や物事の社会的文脈を検討することで、「手紙を書く」という行為が社会においてどのような役割を果たしていたかをより深く理解することができるのである。これを裏付けるように、特定の時代においては、社会関係の維持の多くは手紙のやり取りに依存していた。

　手紙の持つ「立体性」という特徴は、手紙の内容の雑多さや情報量の多さとして理解することができる。つまり生活自体が雑多で無秩序であることが手紙にも表れているのである。たとえば、同じ手紙であっても、感情表現から物品の送付まで、そして仕事内容の共有から道徳・倫理的反省に至るまで、内容は如何様にもなりうる。また、夫婦間のやり取りを例にとると、恋愛初期から熟年期まで、関係は明らかに変化し、書かれる内容もまた同様である。

　手紙の持つ「即時性」という特徴については、手紙にはその時々でしか生まれえない即興的な感情や思考の発露が多く存在すると理解できる。手紙に出てくるこれらの情報は、しばしば独自の前提や文脈を持ち、書き手同士が互いに理解できるものである。しかし、第三者の読者としては、両者の間の「暗黙の了解」を完全には理解しきれないため、前後の手紙と関連づけて推測し、感情や考え方が表現される「情景」を推し量る必要がある。

以上の３つの特徴はすべて、手紙が一次資料としての学術的な研究価値を有することを意味している。特に政治的な階級闘争が強調される時代においては、公の舞台に表れない非公式の情報が手紙のなかに多く垣間見え、書き手の詳細な心理状態、豊かな感情、微妙な感情の起伏をうかがい知ることができる。

　閻雲翔、李甜、黄彦杰（Yanjie Huang）は、手紙は国家が保存した正式な文書資料を補足する存在であると考える。また、手紙は社会実践の詳細や日常生活・社会生活そのものを含んでおり、個人的な経験、道徳的苦悩、心理状態、葛藤などの発露であると指摘している。⁽¹⁴⁾

　特筆すべきは、手紙が「感情」を研究する上で重要な価値を持つことである。手紙はノンフィクション的な感情の表象であり、相手と目的を明確に持つ書き物であり、情報交換を主旨としている。まず「感情」という意味において、手紙は一種の「感情表現」である。⁽¹⁵⁾宛先が親密な関係である場合――たとえば配偶者や親族など――、手紙は無意識的に感情表現を多く含み、それ自体が社会的なやりとりである。そして手紙は新たな感情を生み出し、人と人との関係を取り持っている。⁽¹⁶⁾また、手紙は「主観的実在」（subjective reality）の社会的構築を理解する上で特別な意味を持っている。すなわち、手紙は「自己」に関する書き物であるが、この「自己」は社会や歴史に由来している。したがって、ウルリヒ・フレバート（Ulrich Frevert）が指摘したように、感情は「自己」の意識的または無意識的な特質として、主観的な社会構築を理解するために重要な存在である。⁽¹⁷⁾

　歴史学者にとって、日記、手紙、自伝、回想録などの一人称で叙述される資料は「自己」の社会的構築に特別な意味を持っている。そのため、これらの資料を解釈する過程において、歴史学者は感情に注目して考察する。歴史学者が用いる歴史資料に描かれた感情は、客観的な現実を示す証左となる可能性は低いものの、資料の書き手にとっての「主観的事実」を明らかにする⁽¹⁸⁾上で助けとなるのである。サンタンジェロもまた、感情や心境を研究する方法は他の歴史研究とは異なると考えている。具体的にいえば、それは深層的

で、ある程度は無意識の領域を探るものであり、集合的な無意識の心理は、最も明白でありふれた範疇や定義のなかにさえも隠されているのである。したがって、感情や心境を研究する方法は、いわゆる精神構造を再現しようとするものであり、ある文化の領域内に存在するすべての心理的要素を俯瞰しようとする試みである。これら心理的要素は集合的な関係のなかに存在しており、同時に他の要素に対して潜在的に影響を与えている。[19] この意味において、私的な手紙は「感情」という私的領域を理解する上で貴重な手がかりとなる。

二　情熱的な愛情表現

　この手紙の主人公である陸慶生と江真媛はともに1936年生まれである。慶生は湖北省武漢市の労働者の家庭に生まれ、真媛は湖南省長沙市出身である。およそ1957年から1961年まで北京で大学に通い、この間両者は同級生であった。大学時代の専攻はおそらく工学であり、1961年夏に卒業した後、北京でそのまま就職した。慶生は「選鉱」〔鉱石から必要な成分を抽出すること〕を仕事とし、真媛は鉱物研究の職に就いた。2人はおよそ1961年夏に交際を始め、1962年9月に結婚し、1962年11月に第一子を授かった。慶生は一般的な労働者の家庭に生まれ、母親は童養媳〔幼いうちに将来の結婚相手が決められ、その家庭が育て、成人後に息子と婚姻させる制度のもと養子となった女児をさす〕であった。慶生の出身階級は良好であったといえるが、慶生の両親の具体的な仕事に関する情報は手紙に登場していない。一方で真媛の父親は早くから貸金業を営み利息を得ていたため、搾取階級の家庭であるとされた。この身分は真媛やその兄弟姉妹たちにも様々な面で負の影響を与えた。

　真媛の姉である真聡は1965年に慶生へ宛てた手紙のなかで、実家の家庭事情を詳しく紹介している。この手紙によると、真媛の祖父は仕立屋を営んでおり、祖母は「女工」〔工場労働者〕をしていた。10人の子どものうち4人が

152

亡くなり、残った6人のうち、1人だけが小さな土地を貸していたが、他は
すべて「中農」であった。真媛の父親は12歳で自宅を離れて職人の見習いと
なり、30歳にして自分より12歳年下の真媛の母親（10歳からすでに父家族の童
養媳）と結婚した。父親は30歳から屋台で商売をし、野菜を育てて街で売っ
ていた。1945年に借金をして土地を少し買ったが、土地を買うために真総の
教育費まで節約していた。真聡はその理由について手紙で次のように語って
いる。「父は先祖代々土地を持たず苦労してきたといっていて、死んだら埋葬
する場所もないため、何としてでも土地を買おうと努力した」というもので
あった。[20]

　出身階級からすれば、慶生は絶対的に優位な立場にあった。しかし、彼ら
の実際の家庭生活において、慶生がそのような優位性を持っていることを読
み取ることはできない。この点については後述する。同級生であった5年の
間、慶生と真媛はありふれた友人であった。慶生はそれ以前に別の女性とつ
きあっていたが、彼女の出身階級は悪かった。彼女は政治的にも進歩的では
なかったが、「道徳的責任」を考慮した慶生は心のなかでは別れを決めていた
ものの、彼女と連絡を取り続けていた。慶生自身の言葉によれば、彼は1959
年にはすでにこの女性から心が離れ始め、1960年3月には真媛に対して恋心
を抱くようになった。そして卒業間際の1961年6月ごろになって、慶生と真
媛は交際を始めたのであった。

　慶生にとって、「政治的な志向の一致」は伴侶を選ぶ際の重要な条件であっ
た。交際期間中の真媛の手紙は失われており、1964年以降の手紙しか残って
いない。そしてこの時期には、彼らの間に多くの問題が生じていた。間接的
な表現から推測するほかないものの、真媛は夫婦間の誠実で率直な関係をよ
り重んじており、彼女が慶生に対して最も多く非難したのは彼の「偽善」や
「不誠実」な姿勢であった。

　慶生と真媛の2人は1961年に卒業すると、ともに北京に残り、技術関連の
仕事と鉱業の研究に従事した。そして2人は卒業からおよそ1年後にあたる
1962年9月に結婚した。結婚当初、家庭と仕事は順調で、生活は裕福とまで

はいえないものの、当時としては少なくとも恵まれた水準にあったといえる。彼らがこれほど多くの手紙を残している理由は、2人が仕事の都合で北京を離れて全国各地で働くことが多かったことにある。短ければ数週間、長ければ数年にわたって、彼らは「遠距離」状態で結婚生活を営んでいた。たとえば、慶生は1963年から1964年のほとんどの期間、広西省や貴州省などで働いており、真媛も1964年から1966年にかけて多くの時間を西北地区で過ごしていた。1969年には慶生が雲南省で、真媛も江西省などに滞在し別々の時間を過ごしていた。真媛と慶生は自由恋愛の末に結婚したが、慶生自身は、同級生として5年間深く理解しあい価値観が一致したことが結婚の理由だと語っている。

　愛しの真媛へ
　僕たち2人で撮った写真をみるとき、僕の胸はこれ以上ない温かさで満たされる。愛の幸せと歓びに酔いしれているんだ！　もちろん、もっと大切なのは、君が信頼と勇気に満ちた微笑みを絶やさないことだよ。君の愛が僕を染め上げ、励まし、支えとなるんだ！　僕は君に夢中だよ！⁽²¹⁾

　僕が君を愛する理由は単純明快さ。僕たちは5年間、時間をともにしたね。僕たちが理解し、信頼しあうことができたのは、この時間のおかげだと思う。僕たちは党を信じ、党のために働きたいと思っている。ここ数年で僕たちはとても大きく進歩したけれど、これは党の教育の成果だね。これからも党の教育のもとでもっと進歩したいと思っているし、この気持ちは僕たちを支えているね。君にも欠点はあるし、僕もそうだけど、だからこそ僕たちは手を取り合って、共に進歩する必要があるんだ。⁽²²⁾

　彼らの手紙は当初ロマンティックな愛情表現に満ち溢れており、その愛情は丁玲が論じたような楽観主義に溢れており、革命的な超自我体験でもあった。しかし、それと同時に丁玲が指摘するような個人主義的な葛藤もみられ

た。この「葛藤」は後に結婚に危機が生じた際にますます顕著になったが、当初は以下のように非常に楽観的でポジティブな様相を呈していた。

僕を信じてくれ。僕は感情が衰えた「恋愛至上主義者」ではない。（中略）「愛は幸せな生活の大きな花束にある1輪の青い小さな花にすぎない」。愛は美しいけれど、人生の豊かな生活の一面にすぎないんだよ。[23]

慶生の愛情表現は、明らかに個人主義的でロマン主義的な愛情と革命的なヒロイズムを一体化したものであり、バーロウ・タニ（Barlow Tani）の言葉を借りれば、[24]「革命プラス恋愛」といったところである。しかし、このロマン主義的な特徴が現れる革命的な熱は、結婚後わずか2年の間に落ち着き、1986年——つまり私たちが収集できた最後の手紙のころ——まで、彼らの愛がさらに深まった様子はみられなかった。

前述したように、真媛の手紙は交際期間中のものが完全に欠落しているため、間接的に推測するほかにない。1963年2月、姉である真聡が真媛へ返信した手紙において、真媛は慶生を「真心がこもっておらず、愛情に対して不真面目で浮ついている」と責め、また、「私は彼の妻であり、彼が少しでも不誠実や不義理であるようなら許さない」[25]と怒りをあらわにしたようである。真媛が1963年6月に姉へ送った手紙では、次のように述べている。

悲しいのは慶生が私に関心がなくて、心が通じ合っていないこと。慶生と私は悩みを打ち明けることもないし、まともに取り合うこともほとんどない。私はいつも気持ちを分かち合ったり、相談したりすることを求めているのに。慶生の性格に問題があるのかわからないけれど、私が苦しんでいても気にも留めないの。（中略）慶生は私のことをかまってくれないの。慶生は私を親戚や友人や同志のようには扱ってくれない。[26]

三　結婚後のすれちがい

　1962年11月、慶生と真媛には第一子となる沁芳（文化大革命期間には国紅と
改名）が生まれた。生後、慶生の母親が北京に来て真媛と子どもの世話をす
ることになった。しかし、この期間に日常生活のなかで多くのトラブルが発
生した。たとえば、慶生の母親は男子禁制だといって慶生におむつを洗わせ
ず、真媛に洗わせたため、真媛は義母が封建的な迷信に囚われていると感じ
ることがあった。このような日常的なトラブルのなかで、慶生は高等教育を
受けた「社会主義新人」であるにもかかわらず、母親の意見に対して非常に
従順であった。慶生は姑と嫁の間をとりもつ際に、基本的に夫婦の関係性よ
りも「孝道」〔つまり親〕を優先させた。また、慶生は真媛が姑に示す態度に
ついても強い不満を抱いていた。慶生は、両親に対するたゆまぬ深い「愛情」
を胸にひめていた。慶生は両親にとても苦労をかけたと感じていたため、常
に親に恩返しをする気持ちがあったのである。慶生の両親に対する心情は、
慶生が真聡に送った手紙からうかがえる。この手紙は真媛が出張で武漢市を
通りがかった際に慶生が義姉である真聡に対して送ったもので、真媛を両親
に会わせるように頼み込んでいる。「僕の両親は苦労の連続で老い先短い。あ
と何年生きられるだろうか？[27]」と。

　真媛が慶生の妹へ送った手紙によると、夫婦仲に亀裂が入ったきっかけは
大まかには以下のようなものだった。慶生の母が産後1ヵ月の真媛に料理を
させたが、これが真媛の機嫌を損ねた。料理ができると、慶生は真媛に対し
て母に食事を勧めるようにいったが、真媛は首を縦に振らなかった。それに
怒った慶生は真媛に向かって手を上げたのである。これについて真媛は「生
まれてから想像もしえなかった、晴天の霹靂だった[28]」と語っている。

　　私が子どもを産んで、お義母さんが来てから、あなたは一体何を考えて
　　いるの？　なぜ私にあんなことをしたの？　帰ってきてからも私を相手

第5章　夫婦の感情と結婚生活

にしないし、家事や家の問題について話しあうようなことは5分もない。あなたとお義母さんは土曜日に外で夜更けまで話して、話しあってただけというけれど、よっぽど仲が良いのね。私はちっとも理解できない。私はあなたにもっと優しくしてほしいと毎日泣いて頼むのに、なぜあなたは平然としているの？　なぜ私に手を上げたの？⁽²⁹⁾

　真媛は自身がつらい思いをしただけでなく、自分が最も弱っていて助けが必要なときに慶生が真心を込めて接しなかったことにも気持ちが冷めていた。このような叱責はこの一連の手紙のなかで幾度となく繰り返され、慶生もそのたびに謝罪や説明を加えたが、真媛は何年も許さなかった。真媛が強調したように、慶生に対する批判は「政治ばかりにかまけてないで、たまには自分の足元を見つめ直してよ」という内容であった。真媛は慶生が内面的に非常に自分勝手であり、個人を超えた奉仕や犠牲を口にしながらも、一番身近にいる妻でさえも大切にできていないと感じていた。産後という人生で最も弱い時期にあって慶生が取った態度は、真媛の期待を完全に裏切るものであった。それゆえに、真媛の意識の深層に抑圧されていた悩みや不満——たとえば慶生への不信感や疑念、より理想的な愛の追求など——は、この家庭内暴力が引き金となって爆発したのである。

　真媛は慶生の過去の「感情」自体に対しても疑念を抱いている。過去の交際相手との関係や、孔という名字の同級生との関係などにも疑いの眼差しを向けており、慶生は軽薄で無責任だと思っていた。さらに重要なことに、真媛は慶生が心の奥底では特に彼女を尊重しておらず、真媛をまるで服のように扱っていると感じていたということである。慶生が真媛に話す口調にも、常に高圧的な態度が垣間見える。たとえば、慶生は真媛を政治的に進歩させるために「教育」したり、「教育不可能」だと批判したりしていた⁽³⁰⁾。このような「態度」は一方では真媛の出自が悪い（父親は富農で「定息」を受け取っていた）ことに由来するものであり、他方では男性優位の思想が表れていた可能性がある。しかし慶生は自分が真媛に向かって手を上げたことについて次の

157

ように語っている。

　一番重要なのは、僕が心から反省し、自分の思考を根本から理解することだ。君も僕がそれを理解できるように助けてくれている。僕自身が何をその先に掘り下げたかというと、資産階級的な思想と態度だ。母が来た後、君は夜中に僕の枕元でお金を要求したり、シャワーを浴びたりして、とてもわがままだと思った。さらに重要なのは、君が母の前で僕の「威厳」と「面子」を傷つけたことだ（中略）僕は自分が屁理屈をこねていることはわかっている！　僕になんの権利があって暴力を振るうことができようか？　旧社会のような家父長的な意識や粗暴な考え方があったんだ[31]。

　手紙の最後に、慶生は次のように付け加えている。「僕がここで苦しんでいることを他人にいわないでくれ。今後に響くし、無理解な人は弱音を吐いているというだろう」と。手紙の内容からもわかるように、慶生は外部からの評価を強く意識しており、自身の言動を常に「政治的に正しい」立場に置くようにしていた。
　ある意味においては、慶生のこの過激な行為は一般の人に理解され、許されるものであるといえるかもしれない。たとえば、真媛の姉である真聡は1963年に出した手紙のなかで真媛に対して次のように諭している。「慶生の家族のことをいえば、それはただ旧社会が残した固定概念が悪さをしているだけ。慶生もそれをすぐに変えたり改造したりすることはできないのに、なぜあなたはいつも彼を責めるの？」[32]と。しかし真媛は理解を拒絶し、妥協することはなく、慶生がその「旧意識」[33]を持つことをよしとしなかった。彼女が求めていたのは、妻という個人として「愛され」、伴侶の価値観の中心に位置づけられることであった。
　五四運動以降、啓蒙主義の影響を受けて、ロマンティックな愛から生まれる結婚が新たな風潮となった。とりわけ1950年の婚姻法公布以降、多くの女

性は婚姻の自由に関する意識を徐々に持つようになった。男女間の愛情は民主・平等・自由の手段として、儒教的な礼教に対抗する力となった。そしてロマンティックな愛情と孝順との間に生まれた競争関係は、李海燕の言葉を借りれば、「主体性と社会性の新たな規範を実践する重要な戦場」となった。[34]しかし慶生と真媛のような知識分子集団にあってさえ、1960年代に至っても個人主義に基づくロマンティックな愛情観と家族主義に基づく儒教的な愛情観は非常に高い緊張関係にあった。

四　真心からの愛か偽りの愛か

　真媛は自分の本心に従って生き、結婚生活のなかで「真心からの愛」を得ることを心から願っていた。このような「真実性」の追求は、おそらく彼女が置かれた時代の文学や映画などの文芸作品に影響を受けていたのであろう。真媛はよく1人で映画をみたり、シェイクスピアの戯曲を読んだりもした。1964年5月1日の手紙では、真媛は慶生に次のように語りかけている。

　　慶生よ！　愛しい人よ！　今夜は映画を見終わったところで、ふとペンを取って思いの丈を綴ろうと思ったの。書き始めてみたらまた長々と書き連ねてしまったわ。私は自分がなかなか頑固だと感じてきたわ。特に長沙から帰ってきてからは、自分で心のしこりをほぐさないといけないと決心したの。私は思うままに生きる必要があると思っているわ。そうでないと納得できないの。私はなぜ普通の人が送る普通の生活を送れないのかしら？[35]

「真心からの愛」へのある種の執着から出発して、真媛は期待するほどの「誠心誠意」の愛を慶生が持たず、慶生は「偽り」のある不誠実な人間だとさえ思っていた。真媛は手紙のなかで「慶生は奴隷のように私に仕えてくれるけ

れど（私に対して）真心がこもっていない」と語っていたようである。1966年[36]
2月23日の手紙では慶生が手紙で真媛へ愛を表したことに対し、真媛は次の
ように末尾に注釈を付けて返送した。

「あなたはどうしてこうも嘘八百なの？ 何日も手紙がないから死んだのか
と思ったわ！ かまってよ！ 愛してよ！ あなたの本心が見え透いている
わよ。美辞麗句を並べても、おならみたいに嫌われるだけよ」と。[37]

慶生は手紙のなかで何度も「反省」を示したが、その効果は芳しくなかっ
た。1965年5月30日に慶生は手紙のなかで次のように反省した。

　　僕は粗暴で、どう君に接すればいいのか見当もつかないし、頭の片隅に
　ある家父長制を拭うことができていない。僕の罪は、嫉妬も疑念もなく
　君を愛し、そして君にも同じでいてほしいと求めていることだ。君に恋
　をしたその日から僕の思いは変わらない。僕たちが政治的に袂を分かた
　ない限り、僕は君と死ぬまでずっと一緒にいたい（中略）僕はこれまで
　も、そしてこれからも逃げも隠れもしない。愛情においては卑劣な者だ
　けが自分を偽る。これからは自分の罪と向きあって、誤りを正すつもり
　だよ。僕はそれを態度で証明するつもりだよ。君がどんな態度を取ろう
　とも。[38]

しかし真媛はこうした「反省」に不信感を募らせ、慶生への疑いは晴れる
ことはなかった。

　　私はあなたのことを見失ってしまったわ。前はまだしも、今はね、あな
　たがどんな人なのか、あなたの思想活動が何なのかも私にはわからない
　の。あなたは心の奥底に隠しごとをしている（中略）だから私はあなた
　が気に入らないの。こんな日々に私もとても苦しんでいるわ、あなたは
　それをわかっているの？[39]

第5章　夫婦の感情と結婚生活

　真媛が慶生に対して疑いや不満を抱いたのは、性格が偏執的で疑り深く、完璧主義だからかもしれない。真媛の姉が慶生に宛てた手紙では次のように語っている。「真媛は可愛がられて、気まぐれでわがままだったわ。家族や近所の人たちは真媛が世間知らずで無邪気だって。真媛は運が良く、本当に幸せな人生を送っている。でも本人はそんなこと認めないの。勉強するときも苦労したし、解放後に集団活動をやっても叱られたといっていたわ。でも私と比べれば、真媛は十分幸運だったわよ。私は、真媛が叱られたよりもずっとたくさん殴られたもの」と。真媛は家族のなかで勉強もでき、美人であるうえ、姉が世話してくれる娘として、蝶よ花よと育てられたと考えられる。そのため、性格的にも「真面目すぎる」可能性がある。姉の真聡は何度も妹に対して心を広く持つように諭している。たとえば、1964年5月12日に送った手紙では、真聡は妹である真媛の恨みがましく疑り深い性格を次のように残念がっている。「そうはいってもあなたは家庭生活が上手くいく条件が揃っているのだから。（中略）真媛、あなたは心に余裕を持って。問題をみるときも全体をみるべき。一点ばかりに固執してはだめ！⁽⁴¹⁾」と。

　その一方で、真媛が家族と交わした手紙からみると、彼女はデリケートで疑り深い反面、非常に素直で誠実であることもわかる。実際に家族は皆彼女が「毒舌だが根は優しい⁽⁴²⁾」と感じている。この「誠実」な性格は、彼女が伴侶に対しても高い「誠実」性を求めていることにつながっている。真媛は慶生に対して、嘘偽りのない、絶対的な誠意と誠実さを求めている。つまり彼らの関係のなかで、真媛はいわゆる「真心」をただひたすらに求めていたのである。

　　皆、自分の本当の考えを腹を割って話すべきだと思うわ。口では美辞麗句を並べていて、自分が何をしたか他人にはわからないと思っているのよ。これまでの行いについて振り返って真摯に自問自答すべきだわ。⁽⁴³⁾

　しかし、慶生の感情を「欺瞞と無情」と断定したならば、慶生は明らかに

161

冤罪だと感じたであろう。慶生が根強く持っている「旧思想」——忠君・家父長制・孝行第一——や、置かれた時代ならではの革命的な愛情は、確かに外在的な道徳規範とみなすことができるかもしれない。しかし、多くの手紙で示されているように、慶生が真媛に対して愛情を抱いていることも否定はできない。

　　君からの手紙を受け取ってから、何度も読み返したけれど、いつも胸が苦しくて涙が溢れ出る。真夜中にひどい悪夢にうなされて泣きながら目覚めることがよくあるんだ。一緒に寝ている仲間たちが何度も心配して、夢のなかで何をいっていたのか聞かれる。僕は今この瞬間も、つらくて涙を流しているんだ！　僕はいつも嘘をついて「戦争の夢をみた」とか「誰かに追いかけられる夢をみた」とかいっている。僕は人前では涙をみせたくないけれど、仲間たちが心配してくれるたびに、胸が張り裂けそうだ。⁽⁴⁴⁾

　このように身体に表れる苦しみは、慶生が深い悩みを抱えていたことを示している。実際のところ慶生なりの「誠実」な感情もまた挫折を味わっていたのである。非常に残念なことに、真媛は彼を「偽り」を抱えた人間だと思っている。ここでいうところの「偽り」とは、嘘偽りのない誠実さがないという意味であり、道徳的な意味合いを帯びている。そしてこの道徳的な偽りは、一種の認知的不協和であったろう。なぜなら個人は内的な整合性を求める動機を持っており、信念と行動が一致しないときには葛藤が生じるからである。本来、個人は行動や信念を変えることでこの不協和状態を減らしたり解消したりしようとする。⁽⁴⁵⁾しかし慶生はいわゆる「認知的不協和」を経験しているようにはみえない。彼は自身の誠実さに一片の疑いも抱かないのである。

　真媛が期待する真心からの愛とは、自分の本心と完全に一致する絶対的な存在である。しかし革命が愛情よりも優先される時代において、真媛は自分

162

第5章　夫婦の感情と結婚生活

自身のこの追求に対しても「恥ずかしい」と感じていた。なぜならそれは狭隘な「エゴ」の具現化だからである。

　　私は考えを改めたいと願っていても、早く職場に行って皆と一緒にいたいと思っているわ。これまでの経験からいって、そうすれば私はあの苦しみ、俗っぽさ、弱さの記憶とおさらばできるから。私は大バカ者。私はあなたのことがもともと理解できなかったけれど、すっかり見失ってしまったわ。そして一片の愛情もないのに、なぜこんな風に生きていかなくちゃいけないのか、悩み苦しんでいるの。私は正直者だから、あなたのように御託を並べることはできないの。自分の気持ちに蓋をすることは耐えられないの。⁽⁴⁶⁾

　真媛は自分の感情を「苦しみ、俗っぽさ、弱さ」と考えている。そして「皆と一緒に」働くことで、あるいは「革命という事業」に従事することで、自分の小さな家庭生活を相対化しようとしている。しかし、この努力は実を結ぶことはなく、却って真媛を自己否定のジレンマに陥れている。すなわち、真媛は「エゴ」を超えた「真理」を成就させることもできず、また「エゴ」の世界のなかでさえも承認や満足を得ることができないのである。黄道炫は中国共産党の整風運動における心理史を分析し、反省や自己批判の過程にあって、圧力に自信を失い、自分の存在意義を否定し、思想的な試練を受け、自ら命を絶つ者さえもいたと指摘している。⁽⁴⁷⁾ 1人の人間が長い間自己否定のなかにおかれ、自身の境遇に対して強烈な不満を抱きつつもそれを解消できなかった状態を踏まえると、真媛が抑うつ状態に陥る正当な理由があったと考えることができよう。彼女は自分自身が「真っ当な状態で日々を過ごす」という執念に囚われていた。このような自己否定と克己への渇望がせめぎあう葛藤は、この時期の知識分子に普遍的にみられた特徴であった。特筆すべきは、1950年代後半から1970年代までの思想改造運動においては、批判や自己批判が青年（特に知識分子）の日常的な仕事や生活のなかで重要な活動と

163

して位置付けられていたことである。したがって当時は「エゴ」を克服しなければ「真理」を追究することができないという論理のほか、「個人主義から抜け出して真に集団主義に加わることができない」といった反省や批判が重要だとされていた。賀桂梅が指摘するように、五四運動における個人主義的な言説と左派の集団主義的な言説の対立は、20世紀の知識人が革命へと向かう際に原罪的な自己改造のモチーフを形成する基底を成していたのである。[48]

五　愛情、義理、それとも政治的なしがらみか？

　1967年から1977年までに慶生が送った手紙は非常に少なく、収集できたのは合計29通のみであった。そのほとんどは非常に短く、基本的には旅程や生活用品の入り用などについての話だけで、仕事に関する内容はほとんどみられない。したがって、慶生が文化大革命期間中に具体的に何をしていたかは実際のところ藪のなかであり、前後の断片的な情報から推測することしかできない。以下では1977年以降の手紙を中心にみてみよう。

　1977年に文化大革命が終わった後、慶生は停職処分と調査を受け、北京郊外の農場に送られて「改造」された。1977年4月23日に万人大会が行われ、慶生の所属する職場は慶生に対して上記を宣告した。そのなかでは慶生は文化大革命中に「打砸搶」〔破壊行為〕や「革命指導幹部への攻撃という重大な政治的誤り」を犯したと指摘された。具体的には、「批林批孔」に参加した1974年に「四人組」を真似て「党内に資本主義階級が存在する」と言い放ったとされる。そしてこの調査の結果、党内外すべての職務を解任され、党籍を剝奪された。[49]　しかし慶生はこの判決を受け入れず、控訴と審理が5年から6年にもわたるという困難な道を歩んだ。慶生は自身がただ政治的態度を誤っただけであり、政治的野心もなく、過ちは故意によるものではないと考えていた。このような考えは、慶生が記した手紙に表れている。「これまでの10年、20年の活動が引き起こした歴史的状況は、これが毛主席の真意ではな

かったと僕は深く信じている。僕たち自身の過ちは僕たち自身の意志による
ものだといえるだろうか？」⁽⁵⁰⁾

　以上のような慶生の境遇について、真媛はどのように受け止めていたのだ
ろうか。1979年の手紙のなかで、真媛は文化大革命期間中に慶生が行ったこ
とを国家がどう評価しようとも、自身は慶生に対する見方を変えないといっ
ている。

　　これまで私たちは腹を割って話しあうことが少なかったけれど、私はあ
　　なたのことを少しは理解しているわ。あなたは私を自分の服のように扱
　　って、必要な時に着て、新しいものがあれば取り替えて、私を伴侶とし
　　てみてくれなかった。これが私たち夫婦の悲劇なの。でも私はあなたの
　　境遇にとても同情しているの。私はあなたの考えにこころから同意して
　　いるわけではないけれど。客観的で社会的な要因からあなたは過ちを犯
　　し、「四人組」があなたの党や毛沢東主席への感情を利用したという。で
　　も必ずしもそうではないかもしれない（中略）たとえそうであっても、間
　　違いを犯した人々に対して冶金部が執った政策は毛沢東主席の意向に反
　　したもので、度を越えていたと私は考えているの。私の考えはそれ以上
　　でも以下でもないの。人の過ちを許すべきだし、人が過ちを正すことも
　　また許すべきだと私は思う。夫婦としては相手が過ちを犯したからとい
　　ってどうこうすべきではない（中略）でもそれ以外にも、あなたもわか
　　るでしょう。夫婦として腹を割って気持ちを通わせることがなくて、互
　　いに気遣って手を取り合わず、ただ服のように扱われる（中略）これは
　　過ちを犯すよりもずっとひどいことだわ。⁽⁵¹⁾

　以上のような手紙の内容から、真媛は慶生に対して大きな失望を抱いてい
ることがわかる。しかしこの失望は、もともと慶生個人に対する不満から生
じたものであり、政治的な面が念頭に置かれたものではない。
　ところが、真媛が慶生に対してかくも強い不満を抱いていても、彼らの婚

姻状態は維持されていた。真媛は慶生のもとを去って離婚することもなく、多くの争いが手紙を埋め尽くしていたとしても、最後には必要な日用品を尋ね、食べ物、衣服、本などを送っている。そして慶生が文化大革命後に大きな政治的挫折を経験し、夫の浮気を知った際にも、彼女は激怒したものの、添い遂げたのであった。この「添い遂げた」ことがどれだけ「そうせざるをえなかった」ものであるかは、もちろん議論の余地がある。2人の子どもの母として、真媛はもはや慶生を単なる伴侶としてみることはできなかっただろう。慶生は子どもの父親であり、そして家族でもある。そのため彼女は「夫婦としては相手が過ちを犯したからといってどうこうすべきではない」と記したのである（「どうこうすべきではない」という言葉は、文脈から判断して、離婚したり見捨てたりするという意味であろう）。これは真媛がこのような選択に至った理由の1つである。

　もう1つの理由は、文化大革命期間中、離婚はしばしば資本主義の腐敗した思想に基づく行為として非難されたからであろう。ある地域の統計によれば、文化大革命後期における民事訴訟の80％が婚姻訴訟であり、そのうちの80％が離婚訴訟だったが、実際に離婚に至ったのはそのなかの3％にすぎない。[52]金大陸の研究によれば、文化大革命の10年間で、上海市においては6,489組の夫婦しか離婚しなかったが、破綻した婚姻関係は散見された。[53]当時の社会全体が道徳的に「非政治的」な離婚理由が公になった場合は、すぐに「資本主義的な堕落した思想」というレッテルを貼られ、子どもの将来にさえ悪影響が生じた。[54]

　いずれにしても、真媛から慶生への手紙は少ない（あるいは失われている可能性がある）ながら、彼女の存在は慶生にとって最大の励みであった。

　　あの10年間は、一寸先は闇という時代だった。いま、つまずいた僕が自力で這い上がれるとすれば、その勇気の大部分は君の寛容さのおかげだよ。君に報いたい一心と、子どもたちの未来への責任感が支えとなってる（中略）こんなこと僕はこれまで考えもしなかった。これは一種の「愚

忠」な無私なんだ。今はそれが僕にとって必要な禊だと思う。必要だけど難しい、矛盾しているけれど、僕はそのためだったら死んでも悔やんだりしない。僕はすっかり落ちぶれてしまった。昔はがむしゃらに生きていたけれど、今はその罰として孤独を味わっている。でも、僕はこれを僕自身の運命とは考えていない。これはこの時代の産物なんだ。[55]

慶生の1977年以降の手紙や行動からみて、彼の行いが「偽善」ではなく「愚忠」によるものである可能性が高いとみなすべき手紙の記述がある。

党や国家の現在と未来への信念、君への責任を果たす思い、子どもたちへの思いに僕が駆られていなかったとしたら、事ここに至っては、1人の人間として僕は死んでも構わないよ！　僕は政治的な過ちを犯したが、それは時代の過ちだ！　君が5年もの間僕に寛容さを以て接してくれたことに感謝している。君の寛容さは僕がもらった唯一の支えだった。過去を振り返らずに、ただ5年間君に迷惑をかけ続けたことだけでも、僕は償っても償いきれない！　本当に申し訳ない。[56]

1983年初めに慶生の事件は判決が確定した。慶生自身は判決に不満を持ち、冤罪だと感じていたものの、厳罰に処されることはなかった。所属組織（1956年に設立された国家冶金工業部だと推測される）が出した結論は「重大な誤りを犯した」というもので、元々「重大な政治的誤りを犯した」とされていた表現の「政治的」という文言が削られることとなった。慶生はこの問題が尾を引かないよう判決を受け入れ、判決が確定した。[57]

慶生と真媛の最初の10年余りの結婚生活において、関係性は非常に険悪であった。特に真媛は、手紙の内容からしてしばしば感情的になっていた。しかし、家族として、経済的な必要性であろうと情であろうと、彼らは互いに支え合い、依存していた。彼らが最後に綴った2通の手紙は1986年6月に書かれたものである。当時慶生は湖南で働いており、夏休みが近づいていた時

期であった。手紙によれば、一家は湖南で楽しい夏休みを過ごす計画を立てていたようである。彼らはすでに知命〔50歳〕に達しており、ともに老いるまで時間をともにしたのである。

翟学偉は東洋・西洋における結婚に関する理念的な分類を提唱し、西洋人の結婚を「愛情結婚」（または加法結婚）、中国人の結婚を「ご縁結婚」（または減法結婚）とした。前者は個人の内在的体験を含んでおり、情熱や冒険心、愛欲によって突き動かされるため、熱烈さ、親密さ、感情の起伏を生み出す。対して後者は情熱を必要とせず、親密さを余計なものとみなす。生活の安寧の追求が結婚を生み出すため、一時的なすれ違いは些細なことである。何よりも安定した生活を送ることが最大の幸せであり、「一生の平穏」を志向するのである。真媛と慶生の結婚生活は情熱に欠けていたということもでき、政治的圧力や夫婦間の経済的な協力関係が求められたためにこの結婚が非常に強靭なものになったと考えることもできるかもしれない。しかし、真媛は「政治的理由」を以て離婚を申し出ることも可能であったにもかかわらず、文化大革命後においても彼らの関係は続き、愛情も垣間見ることができた。したがって、親密な感情への追求が非常に困難な壁となりながらも、結婚に終止符を打つほどの実質的な行動には至らなかったといえよう。つまり、真媛は慶生への「不誠実」、「不義」、「心理的な偽善」に不満を抱きつつ、同時に様々な桎梏に囚われていたのである。真媛は当初から激しい対立にあった悲劇的な結婚から抜け出すことができず、内的な矛盾を抱えた感情が長く心の奥底に根を下ろし、強い抑うつ状態に苛まれていたと理解できよう。

おわりに

李海燕によれば、社会主義下の感情に関する叙述は、感情の集団化を確認することにその本質がある。感情の集団化により、愛情はすべての特殊化または個性化された価値次元を剥奪され、新しく普遍的な範疇である「階級」へと従属するようになった。社会主義下で、ある主体が別の主体を愛する理

第5章　夫婦の感情と結婚生活

由は、相手の持つ階級属性であり、もはや愛情は個性ある個人や個別の心理
に帰属するものではない。真媛と慶生の事例では、愛をはぐくみ始めた当初、
彼らは互いの階級と革命的な意味における正しさについて認識していたもの
の、結婚生活においては、階級と革命的な属性の重要性は両者で異なってい
た。

　慶生にとって、イデオロギーと階級の問題は前の恋人と別れた原因であり、
真媛への愛情もイデオロギーの一致を原則としている。例として慶生は真媛
に対して、「君に恋をしたその日から僕の思いは変わらない。僕たちが政治的
に袂を分かたない限り、僕は君と死ぬまでずっと一緒にいたい」と述べてい
る。このように、慶生の認識において「政治的な同志」であることが夫婦関
係の最も重要な基底をなしていたものの、「革命が愛情に優先する」という
「理性的認識」は彼らの実質的な関係に影響を与えてはいなかった。実際のと
ころ後に慶生が「政治的」に否定されたとしても、真媛は彼に見切りをつけ
ることはなかったのである。この「革命が愛情に優先する」というモデルは
真媛の結婚に関する価値観と矛盾せず、「社会主義的感情の論理」が初期にお
いては一定の力を持っていたとしても、その持続期間は非常に短いものであ
った。

　真媛にとって階級や革命的属性等の影響は微々たるものであった。彼女の
愛情や結婚生活に大きな影響を与えたのは、慶生に対する「誠実さ」への疑
義である。ここでの「誠実さ」とは、「公に表明する感情と実際の感情との一
致」をさす。チャールズ・テイラーは「誠実」（sincerity）と「ほんもの」（au-
thenticity）を区別し、それらを「ほんもの」らしさ（authenticity）が発展する
2つの段階として位置づけている。そしてテイラーは「ほんもの」を現代の
自己実現を支える高い道徳力とみなしている。個人主義を前提とする現代社
会において、個人のアイデンティティ意識は、所与の外在的な秩序から解放
され、明確な主体性と内向性を示すようになる。そのような意識は本質的な
理想として表現され、自我は自己完結的なものとなる。

　しかし、「ほんもの」は「自己完結」したものではなく、特定の歴史文化的

169

文脈における位置づけがあり、また本体論的な意味をも帯びる。真媛が追求したのは、真に「ほんもの」である愛情であり、この「ほんもの」の愛情は自分自身に対する誠実さを前提とする。しかし慶生にとって、それは、他人に示す態度であり、内心の有り様は問題ではなかった。そしてこの「外面的態度」は、自身の真の感情や思考に忠実であることを必要とせず、具体的な状況に応じた倫理的態度の表明を要請するだけであった。したがって「ほんもの」は彼の「内発的な求め」によって成立していたわけではないのである。換言すれば、慶生は依然として伝統的な価値体系から「脱埋め込み」を果たすことができず、明確な自己意識を持つ「個人」として成立していないとみなすことさえできるのである。彼の思考が未だ現代的な意味における「個人」として確立していないため、彼は政治的には「愚忠」であり、生活においては「愚孝」であった。そのために、慶生は文革期間中に過ちを犯し、「伝統的」な規範から離れた新しい家庭を無下にしたのである。

　最後の論点として、李と閻の研究も指摘したように、慶生と真媛が家庭内の争いにおいて戦略的に異なる政治的言説をそれぞれ選択し、自己弁護を行ったことにも留意すべきであろう。争いにおいて慶生は「階級言説」を選択し、真媛は「男女平等言説」を選択した。真媛は集団時代における新世代の女性として、「男女平等」意識と自己本位という意識を持っており、この「自己本位」は親密でロマンティックな愛情の追求として昇華している。ギデンズ（Giddens）は、「女性がロマンティックな愛情観を発展させることは、自身の自律性を剝奪しうる現実へのアンチテーゼであり、女性の力を表している[65]」と指摘している。この意味において、真媛の訴える「ほんもの」の愛情も感情における現代性の発露であったといえるだろう。

【注】
（1）本章が分析した手紙は、すべて復旦大学社会生活資料センターが所蔵する貴重な
　　　歴史資料である。プライバシー保護の観点から、書き手が手紙のなかで触れた組
　　　織や名前などの情報は匿名化した。
（2）『心霊革命：現代中国愛情的譜系』（李海燕著、修佳明訳、北京大学出版社、2018

第5章　夫婦の感情と結婚生活

年、8頁）。

（3）『中国歴史中的情感文化：対明清文献的跨学科文本研究』（史華羅著、林舒俐・謝琰・孟琢訳、商務印書館、2009年）。英語文献の情報は以下の通りである。Paolo Santangelo, *Sentimental Education in Chinese History: an Interdisciplinary Textual Research on Ming and Qing Sources*, Leiden: Brill, 2003.

（4）『中国之愛情：対中華帝国数百年来文学作品中愛情問題的研究（*L'amore in Cina. Attraverso alcune opere letterarie negli ultimi secoli dell'Impero*）』（Paolo Santangelo 著、王軍・王蘇娜訳、中国社会科学出版社、2012年）。

（5）手紙の分析については、学術界において国際的に明確な規範は定められていない。現代に近い書簡ほど倫理的な問題が生じる可能性が高まると考えられる。Annuk, Eve, Letters as a New Approach to History: A Case Study of an Estonian Poet Ilmi Kolla (1933–1954). *Nordic Journal of Women's Studies*, 15(1), 2007, pp.6-20.

（6）Letian Zhang, and Yunxiang Yan, *Personal letters between Lu Qingsheng and Jiang Zhenyuan 1961-1986*, Leiden: Brill, 2018.

（7）Tian Li, and Yunxiang Yan, Self-cultivation of the socialist mew person in maoist China: evidence from a family's private letters, 1961-1986, *The China Journal*, 82(1), 2019, pp.88-110.

（8）「私人書信中的工作話語研究 ―― 以一組20世紀50-80年代家書為例」（銭毓芳・董穎穎、社会専題会議報告、2021年）。

（9）Gorton, Kristyn, Theorizing emotion and affect: feminist engagements, *Feminist Theory* 8(3), 2007, pp.333-348.; Massumi Brian, *Parables for the Virtual: Movement, Affect, Sensation*, Durham, NC: Duke University Press, 2002.; Ngai, Sianne, *gly feelings*. Cambridge, MA and London: Harvard University Press, 2005.; Yang Jie, The politics of affect and emotion: imagination, potentiality and anticipation in East Asia, *The Political Economy of Affect and Emotion in East Asia*. 2014, pp.3-28.

（10）ウィリアム・レディによれば、「感情は我々の生活態度に最も関連し、最も直接的で、最も自明のものである」。『情感研究指南：情感史的框架』（威廉・雷迪著、周娜訳、華東師範大学出版社、2020年、3頁）。

（11）Lis Stanley, The epistolarium: On theorizing letters and correspondences, *Auto/biography*, 12(3), 2004, pp.202-203.

（12）たとえば、多くの「集団」時代の手紙には、物資の交換に関する記述が頻繁にみられる。

（13）David Barton, and Nigel Hall, *Letter writing as a social practice*, John Benjamins Publishing, 2000, pp.1-269.

（14）Yunxiang Yan, Tian Li, and Yanjie Huang, Grassroots archive collection at

171

CDRCSL, *Qualitative Inquiry*, 27, 2021, pp.1-7.

(15) ウィリアム・レディによれば、「感情表現」は記述的な言説の外観、関係を築く意志、自己探求と自己変化の効果という3つの特徴を持っている。前掲『情感研究指南：情感史的框架』（146頁）。

(16) Rosenwein, Barbara, Problems and Methods in the History of Emotions, *Passions in context*, 1 (1), 2010, pp.1-32, p.20.

(17) 『書写情感的歴史』（烏爾特・弗雷弗特、『世界歴史』第1期、2016年、18頁）。

(18) 前掲『中国之愛情：対中華帝国数百年来文学作品中愛情問題的研究』（16頁）。

(19) Massumi Brian, *Parables for the Virtual: Movement, Affect, Sensation*, Durham, NC: Duke University Press, 2002, pp.37-38.

(20) 真聡が慶生へ宛てた手紙、1965年12月29日。

(21) 慶生が真媛へ宛てた手紙、1961年12月5日。

(22) 慶生が真媛へ宛てた手紙、1961年6月27-28日。

(23) 慶生が真媛へ宛てた手紙、1961年6月27-28日。

(24) Barlow Tani, Zhishifenzi [Chinese intellectuals] and power, *Dialectical anthropology*, 16, 1991, pp.209-32.

(25) 真聡が真媛へ宛てた手紙、1963年2月15日。

(26) 真媛が真聡へ宛てた手紙、1963年6月。

(27) 慶生が真聡へ宛てた手紙、1964年4月15日。

(28) 真媛が慶生の妹へ宛てた手紙、1967年（日付不明）。

(29) 真媛が慶生へ宛てた手紙、1964年7月4日。

(30) 真媛が慶生へ宛てた手紙、1964年4月29日。

(31) 慶生が真媛へ宛てた手紙、1964年5月6-7日。

(32) 真聡が真媛へ宛てた手紙、1963年7月19日。

(33) このいわゆる「旧意識」は、儒教文化の価値意識に近いものとして理解できる。儒教の感情体系において、夫婦の愛は親族における垂直的な従属関係であるため、夫婦間の愛情の公然とした表現は厳しく禁止されている。

(34) 前掲『心霊革命：現代中国愛情的譜系』（27頁）。

(35) 真媛が慶生へ宛てた手紙、1964年5月1日。

(36) 真聡が真媛へ宛てた手紙、1964年4月15日。

(37) 真媛が慶生へ宛てた手紙、1966年2月23日、注釈部分。注釈は真媛が自分用に書き加えた可能性がある。

(38) 慶生が真媛へ宛てた手紙、1965年5月30日。

(39) 真媛が慶生へ宛てた手紙、1966年5月29日。

(40) 真聡が慶生へ宛てた手紙、1965年12月9日。

(41) 真聡が真媛へ宛てた手紙、1964年5月29日。

（42）慶生が真媛へ宛てた手紙、1965年2月5日。真聡が真媛へ宛てた手紙、1980年1月13日。

（43）慶生が真媛へ宛てた手紙、1966年7月22日、真媛による注釈追加済み。注釈は真媛が手元で自分用に書いたものであろう。

（44）慶生が真媛へ宛てた手紙、1965年3月5日午後5時30分。

（45）Festinger, Leon, *A Theory of Cognitive Dissonance*, CA: Stanford University Press, 1957.「道徳虚偽：一種機会主義的適応策略」（呉宝沛・高樹玲、『心理科学進展』第6期、2012年、926-934頁）。

（46）真媛が慶生へ宛てた手紙、1965年5月21日。

（47）「整風運動的心霊史」（黄道炫、『近代史研究』第2期、2020年、4-26頁）。

（48）「知識分子，革命与自我改造 —— 丁玲"向左転"問題的再思考」（賀桂梅、『中国現代文学研究叢刊30年精編：作家作品研究巻（上）』復旦大学出版社、2009年、196頁）。

（49）慶生が真媛へ宛てた手紙、1980年9月18日。

（50）慶生が真媛へ宛てた手紙、1980年9月18日。

（51）真媛が慶生へ宛てた手紙、1979年9月13日。

（52）「如何正確処理離婚案件」（作者不明、『民主与法制』第9期、1980年）。「浅論文革対婚姻的政治干預」（袁熹、『婦女研究論叢』第4期、1993年、50頁）を参照されたい。

（53）「婚姻之門 —— 上海1966-1976年社会生活史研究」（金大陸、『社会科学』第11期、2005年、93-98頁）。

（54）「張愛玲小説的個人主義探尋」（祝宇紅、『中国現代文学研究叢刊』第3期、2015年、96頁）。

（55）慶生が真媛へ宛てた手紙、1981年3月3日。

（56）慶生が真媛へ宛てた手紙、1981年12月9日。

（57）慶生が真媛へ宛てた手紙、1983年3月3日。

（58）慶生が真媛へ宛てた手紙、1986年6月18日、6月27日。

（59）当然ながら洋の東西を問わず、婚姻関係の特徴は歴史や文化とともに変化し、静的で変わらないものではない。そのため、中国の人々には、居間の中央の台上に時計、花瓶、そして鏡を置く習慣がある〔訳注：時計の音（鐘声 zhong sheng）は「終生」と、花瓶（hua ping）は「平和」（he ping）と、鏡（jing）は「静」と通じるため縁起が良い家具とされる〕。「愛情与姻縁：両種親密関係的模式比較 —— 関係向度上的理想型解釈」（翟学偉、『社会学研究』第2期、2017年、128-149頁）。

（60）前掲『心霊革命：現代中国愛情的譜系』（234頁）。

（61）慶生が真媛へ宛てた手紙、1965年5月30日。

（62）『誠与真』（萊昂内爾・特里林著、劉佳林訳、江蘇教育出版社、2006年）。

（63）『本真性的倫理』（泰勒著、程煉訳、上海三聯書店、2012年、27頁）。

（64）Tian Li, and Yunxiang Yan, Self-cultivation of the socialist mew person in mao-ist China: evidence from a family's private letters, 1961-1986, *The China Journal*, 82(1), 2019, pp.88-110.

（65）Giddens, Anthony, *The transformation of intimacy: sexuality, love & eroticism in modern societies*, Polity Press, 1992, p.43.

第6章

ある小資産階級家庭の生存戦略と親子関係：1965-1972

黄彦杰（比護遥訳）

はじめに

中国共産党〔以下、中共と略す〕の階級政策が60年代に突如として急進化するまで、中共は都市の資産階級のことを、階級敵ではなく、統一戦線〔中国語原文：「統戦」〕を組む対象とみなしていた。1956年の公私合営改革を経て、国家は大部分の民営企業の株式資本を接収した。その補償として、国は資本家に対して、7年を期限に個人資産の5％に相当する株式利息を支払うことにした。1962年に、政府はこの政策をさらに5年延長することを決めた。この定額配当〔「定息」〕制度が1956年に作られてから1966年に廃止されるまで、およそ114万人の工場や商店の元株主が政府から定額配当を受け取った。[1] 1963年に四清運動に代表される階級闘争が中国の都市で再び盛り上がるにつれて、改めて階級身分が旧資本家とその家族を決定づける要素となった。四清運動において階級闘争が最高潮に達すると、資産階級出身であるというレッテルは、政治的な賤民としての地位さえ意味するようになった。そのため、資本家の子どもには大学入試や就職において厳格な審査がしばしばなされるようになり、合格や採用が直接拒絶されることさえあった。[2]

建国初期の資産階級についての社会史や政治史の研究は、今のところ主に統一戦線政策、とりわけ定額配当制度に集中している。張忠民の公私合営企業についての研究は、1950年代初頭の公私合営による社会主義下の「定額配当」制度の変遷まで遡るものである。[3] 劉岸冰の文章は、固定利率政策を中心に、共産主義国家と資本家の間の交渉、ならびに資産階級の5％の利率に対する反応について考察した。[4] 蕭小紅（Xiaohong Xiao-Planes）の論文は、定額

175

配当問題における国家の権威と契約原則の間の衝突について浮き彫りにした。彼の指摘によれば、上海の資本家の李康年は、1957年に、5％の固定利息の支払いを7年から20年に延長することを提案したところ、政府は彼をすぐさま右派に仕立て上げたという。これらの学者が制度の変遷を詳細に論述しているにもかかわらず、資本家という階級身分が個人の政治的アイデンティティや家計に対してどのような影響を及ぼしたのかについて、ミクロな考察を行う研究は今のところ少ない。

　最近になってようやく、解放〔中華人民共和国の成立〕後の資産階級の日常生活に関する学術研究がいくつか発表された。たとえば、クリストファー・ラッセル・レイトン（Christopher Russell Leighton）は、上海の資本家とその国家との関係という角度から、資本家と幹部の間の統一戦線のネットワークについて論じており、そのなかでも特に資産階級の政治的影響と生活様式の持続性を強調した。盧漢超（Lu Hanchao）の論文は、共産主義下の上海における旧資産階級の家庭について、共産党の優遇政策のもとでの快適な物質生活と政治的庇護を享受していたことを強調した。このような学術研究からわかるように、上海の経済エリートは、解放後もおおむね解放前の快適な生活を続けており、さらには盟友として初期の社会主義国家の建設に参与していた。

　資本家の政治経済的な境遇と比べて、親子関係というのは資産階級研究において軽視されてきた側面である。国の統一戦線政策と比べて、資産階級の家庭内部の関係についてはあまり関心が寄せられておらず、まして資産階級家庭の親子関係についての研究はほとんどない。高家龍〔シャーマン・コクラン（Sherman Cochran）〕らが少数のエリートの家庭について議論したのを除き、毛時代の一般的な資産階級家庭の親子関係についてはほとんど知られていないのである。このような資本家家庭の親子関係が考察に値するといえるのは、20世紀の流動的で不安定な政治情勢が、世代間の異なる歴史的体験を生み出したからである。

　普通の資本家の家庭が、政治と経済の二重の圧力のもと、いかにして生き

延びたのか？　「表」（政治的態度）と「裏」（家庭的感情）の間の関係をいかに
処理したのか？　本章の目的は、ある小資本家の60年代中ごろから70年代
初頭までの書簡集の分析を通して、毛時代の都市における普通の資産階級が、
急進的な政治の時代において、いかにして生存戦略を打ち立て、親子関係を
維持したかを考察することにある。

　本章で用いる主要な史料は、上海のある造船工場の労働者である華仲明（仮
名）が文革期（1965-1976）に出した705通の手紙で、復旦大学社会生活資料
センターに収蔵されている。これらの手紙の大多数は華仲明本人が友人にあ
てて書いたものであり、そのほかに家族や職場〔「単位」〕とやり取りした手紙
が少数ある。文革史や日常生活史において、これらの書簡史料を使うことで、
家庭生活の詳しいミクロな描写を行うことができるようになることは間違い
ないだろう。

　手紙が家庭史の研究にとって独自の価値を持っていることは疑いないが、
それを使うのは容易ではない。欠けているものがあったりバラバラになって
いたりというよくある問題に加えて、このような史料の主要な欠点はもう1
つある。それは、時代の特殊性のために、私人の書いたものであったとして
も、政治的「パフォーマンス」と真の感情を区別するのが難しい場合がある
ということである。岩間一弘の上海の私営企業についての研究が示したよう
に、雇われ経営者や技術エリートは、ある種の「演技」を身につけて人民政
府に対する支持を示す必要があった。彼らが1950年代の政治的気候のもとで
書いた階級意識の覚醒についての叙述には、それまでにない語り方が満ちあ
ふれている。最近の知識人についての研究によれば、政府は個人の私生活に
おける政治的態度を常に調査して評価しており、思想改造の審査の基準とし
ていた。書面による表現の一種である手紙にも、政治的パフォーマンスがあ
ふれ出していた。家庭と職場の間でやり取りされた手紙におけるパフォーマ
ンスはいうまでもなく、親戚や友人との間の手紙にも、事実の隠蔽や誇張、
歪曲などがしばしばあった。手紙とは、まずもってある種の社会的効果を得
るために書く実用文であるがために、外部環境からの審査の圧力が高まれば

高まるほど、手紙の内容の真実性は低くなる。毛時代、とりわけ文革期の社会的風潮や相互監視ゆえに、政治的に安全で正確な表現をすることが客観的にも要求された。これらの手紙における叙述の真偽をいかに評価するかについては、叙述者と時代背景についての分析と合理的推論を行う必要が往々にしてある。このような書簡史料に付き物の欠点に対応するため、本章では他の史料や手紙と組み合わせて、それぞれのミクロな事件の歴史的背景を詳しく十分に考察することにする。

一　華家の父子と家族関係

　華仲明の父親は華恒発で、解放前はある機械工場の株主であったが、1956年に公私合営の造船工場を退職し、文革期に「資産階級」と定義された人物である。華恒発は20世紀初頭に生まれ、20年代から30年代にかけて青年期を過ごした。はじめはイギリスの怡和〔ジャーディン・マセソン〕グループ傘下の紡績工場で少年工として働き、やがて機械工場と造船工場で技術労働者となった。自学と勤勉を通して、奉公人から小さな工場の共同経営者へと成りあがっていった彼は、49年以前は共産革命と何ら関わりを持たなかった。手紙の記述から判断する限り、華恒発には少なくとも3人の息子と2人の娘がいた。[12] 長男は20年代より前に生まれ、やがて上海のとある工場で労働者となった。しかし、1947年に労働運動に参加したため解雇され、家を出ることとなり、残された孫の華興国は華恒発夫妻が養った。次男の華仲明は20年代に生まれ、子どもの頃の生育環境や教育水準は一般の労働者と比べて少しばかり良かったが、[13] その後の境遇については、国営企業の普通の技術労働者と大差なかった。彼は40年代に工場に入り、それから造船工場で技術労働者として品質検査を担当するまでになった。彼には3人の娘と1人の息子がおり、それぞれ50年代から60年代初頭にかけて生まれた。華恒発の三男、すなわち華仲明の弟の華仲賢は30年代に生まれ、50年代末に働きはじめた。華恒

第6章　ある小資産階級家庭の生存戦略と親子関係：1965-1972

発にはそのほかに解放前後に生まれた2人の娘がいたが、史料の制約から詳しい状況はわからない。

　華家の三世代は3つの全く異なる時代に生まれ育ち、異なる政治教育を受けた。世紀初頭に生まれ、民国初期に育った華恒発は、「〔苦労を重ねて〕人の上に立つ」というロジックに従い、少年工から株主へと成りあがった。彼も資本家からひどく搾取されていたとはいえ、職業観念はあっても、強い階級観念を持つことはなかった。華仲明兄弟は20年代に生まれ、40年代に育ち、50年代の革命と〔思想〕改造を経験した。階級観念と政治意識は父親よりも強く、言動は当時の政治規範により合致していた。その次の世代である華仲明の娘や甥は、40年代後半から50年代初頭に生まれ、中華人民共和国において完全な形の政治教育を受けたため、思想や行動は公式イデオロギーの影響をさらに多く受けていた。文革前は、政治観念の違いが家族関係に大きな影響をもたらすことはなく、父子関係はおおむね良好であった。しかし、文革がピークに達するにつれて、家族関係と階級政治の間の緊張が全面的に表れることになった。

　華家の政治的地位は建国後に大きく変化した。1956年に、華恒発が株を持つ機械工場は、公私合営によって大型国営造船工場に合併された。私人の株式資本が国有化されたことにともない、華の身分も株主から労働者に変わった。1965年11月18日、上海の造船工場から退職した労働者である華恒発は、職場の四清工作隊に手紙を書き、1956年以来受け取った620元の定額配当を放棄すると声明した。[14]いわゆる定額配当というのは、1956年に国家が接収した私有株式資本に対する共産党政府による補償であり、一般的には株式資本の5％が支払われた。この政策は文革の前夜まで続いた。手紙のなかで華は、社会主義教育運動により階級的な覚悟が高まったため、労働者の身分と矛盾する定額配当収入を放棄して、以後は完全に退職金のみにより生活すると決めたと述べた。しかし、これは一時的な平穏に過ぎなかった。華恒発は、初期の文攻武衛〔言論で攻撃しつつ自衛のための武力も放棄しないという文革期のスローガン〕を乗り切ることができたものの、彼の不都合な経歴ゆえに、結局は

179

1968年の「階級隊列の整頓〔「清理階級隊伍」〕」運動から逃れることはできなかった。1968年に、上海造船工場革命委員会は、「無産階級の隊列に潜り込んだ搾取階級である」という名目のもと、彼に対して残酷な批判闘争を展開した。華恒発は一切の収入を失い、持病も再発して、1969年8月に病死した。

　文革における華家の境遇は、1949年以降の多くの上海の中小資本家の苦境を反映するものである。華恒発と華仲明の父子は、政治的な態度表明を通して、家族の暮らしと政治的生存のバランスを取る必要が常にあった。解放前の資産階級は、定額配当制度と統一戦線政策に支えられて、〔解放後もしばらくは〕政治と経済の二重の保障を引き続き得ることができた。華家の例についていえば、華恒発は50年代初頭の政治運動を無事にやり過ごしたとみられる。1956年に退職してから、華家は華恒発の定額配当と退職金により体面を保った生活を送ることができた。もちろん、政治的な雰囲気が比較的緩やかな時代であっても、元資本家には潜在的な政治的リスクがあった。定額配当を受け取る元資本家は、企業に対するコントロールを放棄して、公私合営や国営の企業の労働者や高級職員になったとはいえ、それにより資本家としての経歴を消し去ることはやはりできないからである。彼らの子どもの出身身分も資産階級となった。

　華恒発の息子である華仲明は、国が華家の階級身分を決め直してくれるだろうという幻想を抱いたために、文革期において政治的態度に常に注意を払い、さらに父親への批判闘争に参加して、娘を上山下郷に送ることで、国に労働者階級としての地位を認めさせようとした。しかし、一切は徒労に終わった。1972年に華恒発は正式に資本家であると定められ、彼の子どもも資産階級の出身であると正式に定義された。この時点で、華家は自らの階級身分を変えるために甚大な経済的対価を払っており、政治的な承認を得ることに対してすっかり失望していた。文革の後期に階級闘争が儀式化するにつれて、華仲明は公共生活においてなお言動を慎んでいたものの、私生活においてはすでに政治から離れ、肉親の情を大切にするようになっていた。

二　文革前夜における資産階級家庭の生計と政治

　1956年に私営部門が国有化されてから、都市の資産階級は依然として定額配当を受け取ることもできたが、半数以上はすでに定額配当を放棄して政治的な安全を確保しはじめていた。わずか3年の内に、上海市工商業連合会の過半数の会員が固定権益を放棄して、公私合営や国営の職場で管理職や専門職に就いたことによる高給に頼って暮らすようになった。〔一方、〕上海市工商連の統計によれば、1959年の段階で、資本家のうち40％は依然として定期的に固定権益を受け取っていた。このことは資本家の間に巨大な収入格差を生み出した。そのなかでも最も裕福な資本家は、今もなお中国を代表する億万長者とされる栄毅仁で、毎年の配当収益は、人民元で250万元であったと推計される。同じ頃、最も貧しかった上海市工商連の執行委員会のメンバーは、定額配当を放棄してから、毎月80元しか稼ぐことができなかった。[16]華家の1960年代前半の収入水準は、低くはないが、家族の人数が多いことを考えれば、実際の生活水準は決して高くもなかった。

　1962年に定額配当政策の7年の試行期間が終わってから、中央政府は引き続き5年間実行することを決めた。これは多くの資産階級家庭にとって望外の喜びであった。大躍進政策がもたらした財政的な困難を考えれば、共産党政権は利息の支払いを打ち切るであろうと多くの人は予測していた。緊縮財政のもとで大多数の都市住民が衣食を節約せざるを得なかったなかで、利息を受け取り続けることが良からぬ政治的結果をもたらすのではないかという心配もあった。しかし、当局にも資本家に対して寛大な政策を続ける十分な理由があった。一方では、地政学的な問題と経済的な問題に同時に直面するなかで、国内の統一戦線を強化して、正統性の危機を乗り越える必要が国にはあった。他方で、人民元が大躍進政策時に乱発され、深刻なインフレになったばかりであったために、高収入の人に高価な商品を買わせ、市場に余った貨幣を回収してもらう必要があった。それゆえ、紙幣を握りしめた資本家

は、高価な商品を消費することにより、はからずして人民銀行による貨幣回収の手助けをすることになったのである。[17] このように、資本家の地位は安定的なものではなくなっていたとはいえ、彼らが政治や経済において果たす役割は重要なものであり、そのため彼らの快適な生活は60年代初頭まで維持されたのである。

　一方、1950年代末以降、統一戦線を組む対象としての資産階級の政治・社会的地位は、徐々に浸食されるようになった。1953年から進学試験において政治審査が課されるようになったとき、資本家の子どもは審査のリストには入っていなかった。しかし、1957年に、政治審査の範囲が、右派や反革命などの家庭的背景が疑わしい人へと拡大され、これには一部の資本家の子どもも含まれた。文革前夜には、卒業生の階級的背景が、政治審査により搾取階級と無産主義階級の2種類に分けられた。元資本家のような搾取階級に出自を持つ青年は、徐々に制約が課され、さらには入学を禁止されるようになった。[18] 日増しに敵対的になる政治環境のなかで、資本家やその子孫は、労働者階級の子弟と比べてよりいっそう、政治的立場をはっきりさせなければならなかった。資本家本人にとって、立場がはっきりしているかどうかというのは、定額配当を放棄して、政治運動に参加しているかどうかによるものである。資本家の子どもにとっては、家族の財産と資産階級の生活様式を捨てることが、政治的な態度表明を意味した。1960年代の景気が良くない状況下で、これはとりわけ困難であった。広く流通した公式のパンフレットにおいて、共青団〔共産主義青年団〕中央は、資産階級の子どもに対して、自らを改造して社会主義新人となることを提案している。公式の見解によれば、搾取階級の子弟が政治的態度を表現する最も有効な方法とは、農村に行って農民と一緒に労働と生活をしたり、辺境に行って土地の開墾を手助けしたりすることであった。[19]

　他の階層の子どもと比べて、資産階級の子どもは、両親の定額配当に頼って生計を維持すること、さらには生活を改善させることが可能だった。1962年に、共青団上海委員会が、上海の資産階級家庭が集中する2つの地区で調

査を行い、多くの資産階級の子どもが就職の困難に直面したときに、完全に両親に頼って生活していたことがわかった。その典型は、上海で昔から墨商人として有名であった鄭仲進の子、鄭昊英である。父親が亡くなってから、鄭は毎年16,000元の定額配当の継承者となって、部屋が3つある白い洋風住宅に住み、テレビや自転車などを買い、さらに無産階級の背景を持つ女性を「労働大姐」として雇って生活の世話をさせた。1962年に鄭は新婚の妻とともに長江デルタの都市を周遊した。あるいは、ある産業界の大物の娘である22歳の姚某は、高校を卒業してから働いたことがなく、政治教育も全く受けたことがなかった。彼女の父親の定額配当収入は4万元に達しており、娘に毎月600元の生活費を渡して、引き続き「資産階級」の生活を送らせていた。報告書によれば、「姚某は毎日9時から10時に起きると、ベッドにいながら召使にナプキンと洗面器、朝食を持ってこさせる」。彼女の両親は最近、家庭的背景が似通った若者と彼女を婚約させ、こうした「腐った」生活を永遠に送らせようとしている。同じ地区の青年である董某の両親は、すべての定額配当を彼に生活費として残している。彼は庭園のある奇麗な洋風住宅に住み、毎日家でテレビをみて、召使に日常生活の面倒をみさせるというように、同じような資産階級の生活様式をずっと続けている。居民委員会の幹部が彼に新疆で働かせようとしたところ、彼は新疆の苦しい生活に適応することはできないと反論した。

　華家の経済的条件は、定額配当を放棄するまで、大資本家には比べるべくもないが、総収入はやはりそれなりのものであった。華恒発は1903年に生まれ、小さい頃に怡和グループ傘下の紡績工場で少年工となった後、怡和機器工廠、江南造船廠、聯合造船廠で20年間働いて十分な技能と見識を身につけ、30年代末頃には造船工場の銅製部門の副職長となった。1940年、彼は自らの貯えを使って、友人とともに小型機械の合同企業を創業した。50年代初頭に、この機械工場はその他の工場と合併して、公私合営による国営鴻祥興造船廠となった。当時、この企業は20台の工作機械と100名の従業員を擁していた。1955年に、華恒発の工場は新たな国営企業である上海船廠に合併さ

れた。それから1年だけ働いてから、高血圧を理由に、労働者の身分で退職
を申請した。華恒発が退職してから間もなく、定額配当制度が確立した。
1956年から、彼は毎月107元の退職金以外に、毎年620元の定額配当を四半
期ごとに受け取ることができるようになった。60年代初頭に、華恒発の退職
金と定額配当の収入は、1,996元にまで達した。経済的負担からみれば、華
恒発の妻と長男の妻は主婦であり、長男は早くから家を出て戻ることがなく、
孫の華興国が重慶で労働者となるのは60年代中頃になってからのことであっ
た。すでに成人した次男の華仲明と三男の華仲賢は働きはじめており、経済
的に独立していた。このほか、少なくとも2人の娘が学校に通っていた。そ
のため、華恒発は60年代の初頭、妻と2人の娘、孫、長男の妻の少なくとも
5人を養う必要があった。華の大げさな言い方によれば、最も多い時には、
一家全員の11人の支出を支払うか補助しなければならなかった。定額配当を
含めれば、華家の一人当たりの年間所得は約260元で、当時の上海の平均的
な消費水準に相当する。しかし、定額配当がないならば、一人当たりの所得
は150元もなく、衣食を何とか賄えるという程度である。このような家計条
件から、多くの資本家がすでに定額配当を放棄していたときにも、華恒発が
なぜ政治的リスクを冒して定額配当を受け取り続けたかを解釈することがで
きるだろう。

　四清運動は、華家の政治的地位の転換点となった。「四清」という「社会主
義教育運動」の目的は、中共の上層部が基層の官僚の思想、政治、組織、経
済を「清掃」することにあった。1963年に高位の指導者が大躍進政策の失敗
を農村の基層幹部になすりつけようとして、農村幹部に対する粛清運動を始
めた。四清工作組が摘発する案件が多くなるにつれて、指導者層も都市の腐
敗が深刻なものであると考えるようになっていった。1964年6月に劉少奇
は、資本家が党の基層機関の3分の1以上を牛耳っていると推定した。運動
の中心は間もなく大都市へと広がり、元資本家のような党の潜在的な階級敵
へと矛先が向けられるようになった。1965年に、上海の諸機関での四清の幕
が開いた。上海の四清運動の計画によれば、この前例のない運動は三段階に

184

分けられ、最初の目標は2年間とされた。第1段階は、工作組が群衆を動員し、従業員に説明をして、「積極分子」を組織し、批判と自己批判を行う。第2段階も重要であり、問題のある個人や典型的な階級敵（たとえば「資本家」と「修正主義者」）に対して、群衆闘争会議による詳細な調査を行う。第3段階は最終段階で、出身階級と個人の経歴をもとに、四清工作組がそれぞれに対して粛清を行う。調査が展開していくにつれて、攻撃の範囲は元資本家などの「階級的背景が不明」な人へと広がった。運動の主導者は、これらの人の搾取の経歴を糾弾することで、経歴に問題のある人を労働者のなかからつまみ出そうとした。退職労働者である華恒発の搾取階級としての「黒歴史」は、この頃に浮上したものであろう。

　上海の四清運動の徹底度合いと広がりに対して、華恒発が無関心でいられたはずはない。彼のような政治的身分がセンシティブな人々にとって、1950年代のあらゆる政治運動と比べようがないほどに、四清運動の影響は大きかった。非常時にはいつもと違う意思決定が必要となる。華家は熟慮の結果、定額配当収入を放棄して、代わりに政治的な安全を取ることを決めた。華は手紙のなかで、無産階級の一員としての階級身分を強調するとともに、受け取っていた定額配当は階級の象徴ではなく、家計を維持するための必需品に過ぎなかったと述べている。1965年10月4日に、「四清」と社会主義教育が党の官僚と経済のあらゆる領域へと浸透したとき、華恒発は固定利益の問題について立場を表明することを決め、このような手紙を書いた。

　　親愛なる四清工作隊の責任者同志へ
　　私は上海船廠の退職労働者で、名を華恒発といいます。今年で63歳となりました。あなたにお伝えしたい少し複雑な事情があります。私は1940年に友人と共同で機械工場を設立しました。経営の権力を握っていた鄭竹波が投機を重ね、労働者を搾取したために、工場の規模は拡大して、20台以上の工作機械を持つ中型工場となりました。当時、実権を握っていた人が、家を買い、車に乗り、利益だけを求めていたので、私た

ちのような株主たちは配当を得られませんでした。解放後の公私合営運動を通して、私たち株主は公私合営の鴻祥興船廠から定額配当が与えられ、毎年620元の定額配当を得るようになりました。共産党だけが、株主に対して私情を交えず一視同仁に接してくれたのです。私は当時、家族の人数がとても多く、2人の老人、3人の息子、5人の娘、1人の孫、老若合わせて11人がいました。教育費、学費だけでも、毎年100元かかるのですが、毎月の退職金は107元で、経済的に大きな困難が生じました。一面では認識が不足していたために、政府が受け取って良いと明文で規定していたものは、受け取って家計の足しにしようと考え、ようやく私は数年来生活を安定させることができました。このことについて私は、本当に党と毛主席のご厚意に心から感謝せずにはいられません。本市の社会主義教育運動が深まるにつれて、私の階級的覚悟は不断に高められました。今、我が国の国内には無産階級と資産階級の間の2つの路線の闘争があります。私は労働者階級の一員でありながら、個人の利益のために長期にわたって定額配当を受け取り、恥じることのなかったというのは、なんとばかげたことでしょう！　私は社会主義の路線を断固として進まなければなりません。そのため、私は今年の第3四半期から定額配当を放棄して、もはや資本主義の路線を歩むことはないと決めました。目下のところ、私の子や孫たちは大人になり、社会に入って奉仕するようになっており、私の負担もだんだんと軽くなっています。そのため、私はこの通り状況を報告し、態度を表明し、定額配当を放棄いたします。[30]

　華恒発の家計についての叙述は、そのすべてを明らかにしたというわけではない。定額配当は彼の家計にとってとても重要ではあったが、50年代と60年代の家計支出にさほど大きな差はない。たとえば、50年代には少なくとも2人の息子が家庭を築き、経済的に独立しており、もう1人の息子はすでに失踪して年月が経っていたため経済的負担とはなっていなかった。[31]一方、60

第6章　ある小資産階級家庭の生存戦略と親子関係：1965-1972

年代になっても、彼の2人の娘（1人は11歳、1人は14歳）はなお年少であり、依然として家庭に頼る必要があった。華恒発が差を誇張したのは、定額配当を受け取って家計の足しにする行為が、政治的には正しくないとしても、社会が認める道徳経済原則には合致していると証明するためであった。華が記述において隠しているもう1つの細部は、彼の「資産階級」的な生活様式である。彼の息子が後の文化大革命期に暴露したように、華は個人が自由に使える支出として〔家計から〕60元を取っておいており、中等品質のタバコなどを買っていた。

　華仲明は父親である華恒発の身分の問題をどうみていたのであろうか？様々な要因から、華仲明の私信において自らの父親に対する真の感情が表出されることは少なかった。しかし、文革前夜に甥の華興国に対して、重慶への動員に従うよう説得するために華仲明が書いた「革命家史」から、それをわずかに知ることができる。

　　君（すなわち華興国）のおじいさん（すなわち華恒発）は、6歳の時にイギリス商人の怡和の紡績工場で少年工となりました。イギリスの資本家は、このように低い賃金で、成長途中の児童を多く雇い、富を作り出させ、ほしいままに搾取していました。君のおじいさんはとても背が低く、椅子に登らないと織り糸を繰ることができませんでした。それで得たわずかな収入により、母親を支え、生活を維持していました。少し大きくなってからも、見習い工としての道を進むしかありませんでした。旧社会の奉公人はとても苦しいもので、主人に殴られ、親方に殴られても、暗いところでむせび泣き、運命を恨むことしかできませんでした。見習い工が終わったら、失業の運命がすぐにやってきます。それでも生きるために何とかやっていくしかありません。毎朝早朝4時半に家を出て、歩いて高昌廟にある江南造船所に仕事に行きました。貧しい労働者には電車に乗ることさえできません。その後、英聯船廠で数年苦心して、外国語を勉強して、技術を身につけました。旧社会は人を上へ上へと駆り

187

立てるので、結果として彼は労働者から職長へと昇進して、徐々にイギリスの資本家の統治のもとで労働者を統治する道具となっていったのです。[32]

　革命家史は政治教育のために書くものなので、非常に選択的な叙述となっているはずである。華仲明の記述からは、彼が小さい頃から家族の歴史をよく知らされていたことがわかる。父親の「昔からの労働者」という階級的な位置付けを認めており、若い頃の経歴に同情的で、その後の変化も理解している。華仲明にとって、父親が職長と株主になる前の人生経験は、当時のマスター・ナラティブにおける旧社会の労働者が苦難を訴える文学とそっくりのものだった。この部分の物語が、家史の主たる叙述となっている。華恒発はその後、職長と工場の株主になり、労働者の搾取と圧迫に加担することを当然免れえなかったとしても、それは彼が「旧社会における人の上に人が立つという原則」に従い、「イギリス帝国の統治の道具」となったまでである。「旧社会」における搾取と被搾取の体験を説明する際、苦しみを訴え復讐するという革命的な叙述以外に少なくとももう１つ、「人の上に人が立つ」という事情を引き合いに出すことも公認されていたとわかる。政治的な圧力がない条件下では、華仲明は父親に対して尊敬と同情の念を持っていた。しかし、後述するように、政治環境が大きく変わると、彼はこのようなより真実に近い感情を隠して、反対に、自らを労働者階級の一員として、父親に対する恨みと蔑みを強調するようになる。

三　文革のピークにおける肉親の情と政治

　華恒発のような大多数の元資本家に対して、「四清」はなお選択の余地を残すものであったが、やはり文革は、その生存と生計に対してほとんど壊滅的な打撃を与えた。地主や資本家、知識人などの階級敵に対して、上海では、

第6章　ある小資産階級家庭の生存戦略と親子関係：1965-1972

北京と比べて身体的な暴力はさほど一般的ではなかったが、1966年の家財差し押さえ〔抄家〕と財産没収は空前の規模に達した。少数の主要な「紅色資本家」を除けば、警察の記録にある6万の資産階級家庭のほとんど全てが、〔紅衛兵による〕家財差し押さえと没収の被害を受け、その損失は計り知れない。1966年末に紅衛兵は毛沢東からの全面的な支持を失い、さまざまな造反団体が取って代わった。一連の激しい権力闘争を経て、王洪文を首班とする造反総司令部が勝利を収め、1967年1月に上海市政府を接収した。1967年1月から1968年3月にかけて、革命委員会の等級制度が政府の体系に取って代わり、基層レベルの政府で権力をふるった。あらゆる職場の革命委員会は、工宣隊〔労働者毛沢東思想宣伝隊〕などを組織して、国の呼びかけに応じて、職場の内部で階級闘争を起こして権力を集中させた。

　上海の政治情勢が徐々に落ち着くと、新たに成立した革命委員会が「階級隊列の整頓」を始め、周縁にいた華家の政治的生存と家計が脅かされるようになった。1968年1月24日、華家が所属する造船工場において、激しい内部闘争を経て急進派が権力を握った。彼らは、「階級隊列の整頓」運動の呼びかけに呼応して、政治的な経歴や階級身分が曖昧な人々に矛先を向けた。華家の手紙で示されているように、華恒発に対する攻撃は、工宣隊の一部のメンバーによる工場の劉少奇式の全民工会〔労働組合が階級的性質を失ったことを批判する表現〕に対する「革命」的弾圧に端を発するものであった。華は劉少奇の庇護のもとで「労働者の隊列に潜り込んだ」反動階級であるとみなされ、彼の退職金は即座に停止された。1968年の春節〔旧正月〕に際して、華仲明は遠く新疆に住む妻の妹の一家に対して、この家族の災難とその生計への影響についてこのように述べている。

　　　もともと春節の前に手紙を送ってご挨拶するつもりでしたが、家庭に
　　大きな変化があり（手紙を送ることができずにい）ました。父が労働保険
　　〔から毎月支給される退職金〕を受け取りつつ、定額配当を受け取っていた
　　ため、革命造反隊につまみ出されたのです。彼は劉（少奇）の全民工会

189

に対する庇護のもとで、労働組合に潜り込みました。今回の無産階級文化大革命の偉大な勝利により、私たち家族の階級闘争の蓋も開かれました。父は1965年の第3四半期に定額配当を放棄しており、紅衛兵による家財差し押さえはされていません。実のところ、私の家には弟や妹が多く、しかも父は浪費家なので、定額配当を受け取っていたときには、毎月の〔父の〕小遣いは60元にも達していましたが、定額配当を放棄してから30元に減らしました。春節の前の1月24日に、労働組合に潜り込んで労働保険を受け取っていた8人（〔同封した〕『造反戦報』を見てください）は、みな吊るし上げられました。寒空の下で、私もスローガンを叫びました。この8人の奴ら（資本家）は、即座に労働保険が差し止められ、父の107元の退職金も差し止めになりました。ちょうど年越しの時期で、貯金もなく、困ったことになっています。私はその日の夜、家に帰って思想工作を行い、父に対して、自殺することなく、党と政府を信じるよう勧めました。資本家も生活をしていかなければなりません。今の家庭生活は7人の子どもが負担していて、タダ飯を食っているのが4人います。⁽³⁶⁾

　華仲明は技術労働者の1人として、自らの政治的安全のために、必ず批判闘争会に参加して、父親との間に一線を画さなければならなかった。同僚が彼の様子を観察しており、それにより群衆の彼に対する評価も決まるということを、よく知っていた。自らの政治的な安否だけでなく、彼は5人家族を養っており、まだ働いていない子どもが3人いた。また、「新社会」で育った彼は、父親の「資産階級」的な生活様式に常に不満を持っていた。しかし他方で、実質的な長男として、父親は常に彼を重視しており、滬東小学校で初等教育を受けさせていた。⁽³⁷⁾しかも、道徳的な規準と社会的風潮における孝行の重視は、革命思想に決して左右されるものではなかった。実際、父親に対して最後まで面倒をみなければならないということを、彼も認めており、「私たち子どもは資本家の父親に対して、思想的には一線を画しますが、それ

第6章　ある小資産階級家庭の生存戦略と親子関係：1965-1972

でも血縁関係はあります。生活においてはやはり扶養の責任を尽くさなければなりません」と述べている。[38] 華は何度も自らの政治的態度を表明したが、決して政治が生活のすべてを決めると考えていたわけではなかった。思想的に一線を画したとしても、子の両親に対する責任を完全に消し去ることはできない。

華仲明は同じ手紙のなかで、〔吊るし上げの〕数日後にみたという夢についても触れている。夢の内容は、まさに批判闘争会の情景である。

　　工場の革命群衆が、愚父〔「臭父」〕に対して、作業場で労働改造をするべく、ドックの大工となることを命じましたが、愚父は高血圧を理由に改造を拒みました。群衆は弟に対して態度表明をすることを求めましたが、うまく話せなければ、資本家をかばったというレッテルを貼られてしまうことを恐れて、弟は態度表明を拒みました。そこで革命群衆は私に態度表明を求め、私は愚父が作業場で労働することに完全に同意しました。愚父は心配そうな表情で私をみつめ、私にはその意味がわかりましたが、はっきりとこういいました。「あなたはしっかりと革命群衆の監督を受けて、作業場で労働しなければなりません。もしものことがあったとしても、それは自業自得であり、その死は鴻毛より軽いものです〔毛沢東の言葉からの引用〕。私たち子どもは、永遠に毛主席に忠実であり、人民に忠実です。〔毛主席・人民に対する〕忠と〔肉親に対する〕孝は両立しないものであり、私たちは決して資本家の孝行息子となることはありません。」[39]

華仲明が思い返した潜在意識における自己暗示にあるように、「忠と孝は両立しない」。誰も彼に態度表明を迫ることはなかったにもかかわらず、批判闘争会はやはり華仲明に大きな心理的圧力をもたらした。華仲明の現場における態度は、実際のところ夢のなかほど強硬なものではなく、せいぜい人ごみのなかでスローガンを叫んだだけである。父親の生死を顧みることなく、必

191

ず作業場で働かなければならないという態度表明は、夢のなかにしか現れなかった。彼が夢のなかで最も恐れたのは、自らの政治的態度が良くないために政治的なリスクがもたらされることであった。華はこうした状況下でも、実際に父親との決裂を演じることはなかった。これは、国家の強い政治的圧力以外に、内心や社会的価値からくるもう１つの圧力があったことを示している。

政治的に急進的なパフォーマンスは、政治的な安全を勝ち取ることはできるが、必ずしも最適な生存戦略とはいえない。「忠」と「孝」が共存できる限りは、家計と政治的安全の両方を気にするのが上策である。盧漢超の研究によれば、「太極拳をする〔形式的に行動を示す〕」というのと「折り合いをつける」という態度の対応が、当時の資産階級家庭の局限的な政治圧力のもとでの基本的な生存戦略であった。(40)華仲明もある程度この規律に従っていた。大型工場の顔なじみの社会であるという性質を踏まえれば、華仲明の同僚や友人は彼の家庭の状況をよく理解しており、国家が強制する「一線を画する」政策と、大義により私情を絶つパフォーマンスに、必ずしも本心から賛同していたわけではなかった。家庭の急変に直面して節度をわきまえること、鋭い矛盾のなかでバランスを探ること、それこそが正しいやり方であった。結局のところ、高度に政治化した時代であっても、肉親の情は階級の感情よりも日常生活に近いものであった。

四　文革後期における家計と出身階級

華恒発は批判闘争の後まもなく病に倒れ、1969年８月にこの世を去った。しかし、彼の死が華家の政治的地位を変えることはなく、かえって家計の危機は深刻になった。まず、華恒発には、働いていない妻が１人と、在学中の娘が数人いた。彼らの生計の基礎とできるものはなく、しかも薬代や葬儀費用〔をどう弁済するか〕、弔慰金(41)〔を受け取れるかどうか〕の問題も増えた。成人

第6章　ある小資産階級家庭の生存戦略と親子関係：1965-1972

した2人の息子からであれ、他の親戚からであれ、職場からであれ、今後数年は何らかの資金源が必ず必要であった。それから、華恒発のすでに独立した子どもたち、とりわけ華仲明のような労働者は、引き続き父親の階級の問題について政治的立場を表明して、自らの階級的地位を安定させる必要があった。華仲明にとって最適な戦略は、当然のことながら、父親と一線を画し、政治的生存と家族の暮らしを確保することであった。しかし、このような表向きの強硬な立場の背後では、いくばくかの内心における恐れと疚しさから逃れがたかった。肉親の情と政治の間にある最も複雑なものは、やはり華家の子ども、さらには三世代目の出身階級の問題であった。毛時代の階級政策によれば、両親の階級が子どもの出身を決め、出身がさらに一個人の生存の機会と資源の分配を決める。このような政治的身分の継承は、文革期においてとりわけ重要となった。たとえば、華家の若者たちは、全国的に有名な遇羅克のことを知っていたかもしれない。彼は文革の初年に「〔出身家庭が階級的立場などを規定するという〕血統論」に対して疑問を呈し、大きな議論を巻き起こした。最終的に挑戦は失敗して、自らの生命を犠牲にしたが、一度は社会にセンセーションをもたらした。[42]

華恒発が批判闘争をされてから華家の階級区分が確定するまでの期間は、家族全員にとって苦しい待ち時間であった。問題のカギとなったのは、華恒発の最終的な階級的立ち位置である。すでに述べたように、華仲明の考えによれば、父親は工場の株をかつて持っていたとはいえ、職長と株主になるまではずっと労働者であり、最終的に1956年に株を引き渡したので、階級的身分は当然ながら労働者に戻るはずであった。そのため、残酷な批判闘争会を経てもなお、彼は父親が労働者の身分を取り戻すことに希望を抱いていた。そこで、華仲明は結果を辛抱強く待ちつつ、政治的態度の表明を引き続き積み重ねていった。彼は甥に対して重慶に定住して革命に従事することを勧め、妹が上海の農村で家庭を持つことを支持し[43]、さらに長女と次女を吉林省と江西省の農村にそれぞれ送って農作業をさせた。その結果、2人の娘はつらい目にあい、〔華仲明も〕貯金を使い果たし、さらに400元以上の債務を負った。

193

衣食を切り詰め、娘も動員して借金を返済しなければならなかった。この最(44)
もつらい時期に、華仲明はついに現在の資本家に対する政策への批判を我慢
することができなくなった。彼は長女にあてた手紙のなかで、急進派が実権
を握って実行している「形式的には左だが実質的には右」の搾取政策を珍し
く責め立てている。それでも、彼はなお政策が緩和されることに希望を寄せ
ていた。

　　『支部生活』は北京の木材工場の資本家に対する処理の手本を紹介して
　おり、（彼らは）資本家の賃金を復活させたとのことです。半年後には、
　（家の）生活費のあてがつくのではないかと予想します。堂々たる中華人
　民共和国に、餓死する中国人がいてよいものでしょうか！　これは一部
　の悪い奴らによる党紀と国法に違反した間違った行いであり、形式的に
　は左だが実質的には右であり、味方を悲しませ敵を喜ばせるばかげたこ
　とです。〔とはいえ〕仕方ありません、君のおじいさんは〔批判されたこと
　により〕魂に触れ、生まれ変わることができました。どのみち、彼には
　定額配当を受け取る搾取行為がありました。搾取は有罪ですから。(45)

　この願いとは裏腹に、党中央は第９回党大会において、資産階級と労働者
の矛盾を〔暴力的に処理すべき敵と人民の間の矛盾とは異なる〕人民内部の矛盾と
することはなく、資本家家庭の苦境を緩和するような経済政策を打ち出すこ
ともなかった。目ぼしい政策の変化がない状況下において、政治的承認を勝
ち取るために払った華家の経済的犠牲は、割に合わないものとなっていた。
1971年に華仲明の三女がまもなく卒業しようというとき、彼の心配は頂点に
達した。なぜならば、三女も都市で働けないならば、家計状況を近い将来に
好転させることは難しいからである。華仲明の一家は債務に押しつぶされ、
しかも唯一の息子が目にけがをしたため、さらに三女まで上山下郷すること
の経済的損失は受け入れられなかった。一家の主として経済的な苦しみを経
験してから、華仲明の政治的態度にも変化が生じた。経済的な苦しみと引き

換えに、政治的な承認を得ることはもはやできなくなったのである。彼は家計の前途に対して絶望していた。彼は手紙のなかで、政治的なタブーさえ忘れて、神と菩薩に助けを求めてすがっている。

　　父が病で亡くなってから、不運が重なっています。一人息子は目を傷つけ、2人の娘は農業に駆り出されています。借金が積み重なり、何事もうまくいきません。生きるのは容易ではなく、死ぬのも難しいのです。いつになったらこの苦しみから抜け出せるのでしょうか？　神のご加護を祈り、菩薩のご慈悲を願います。末娘が鉱工業の仕事に分配されますように。願いが叶うならば、杭州の霊隠寺に行き、跪いて如来に感謝いたします。[46]

　1972年7月12日に、華家は上海造船公司の革命委員会から、華恒発の階級問題について〔やはり資本家であると認定する〕正式な返答を受け取った。1940年代から退職前までの経済状況と政治的態度が判断の根拠とされた。まず、華恒発の合同企業における投資額は12,500元に達する（1955年発行の人民元換算）。この資本金額は、基準からすれば資本家に相当する。第2に、彼は1955年に早期退職を申請して年金の受給を開始しており、生産労働に何ら従事していない。労働者とは名ばかりで、実質をともなっていない。第3に、彼は1940年代に日本帝国海軍の軍艦を修理していたという「黒歴史」を職場に隠していた。第4に、イギリス資本の聯合造船所で現場監督を務めていたときに、労働者を罵ったことがある。〔華仲明にとって〕いくばくか安心材料となったのは、華恒発の生前の治療費として華家が負担した500元余りの債務を減免するとともに、華家のまだ働いていない人の生活を補助するために、華恒発の2ヵ月分の退職金を払うことに造船所側が同意したということであった。[47] それから間もなく、華仲明は親友への手紙のなかで、父親の葬儀の計画を詳しく述べている。7月末に竜華火葬場で骨箱を受け取り、知り合いに託して実家に持ち帰ってもらい、国慶節の連休中に帰省して埋葬するというも

のだ。父親の葬式を開くのは、孝行のためというだけではなく、「哀悼の生活を体験する」ためであると彼は述べている。父親の遺骨を埋葬するのが、哀悼の儀式を体験するためであれ、父親に対する思慕と疚しさによるものであれ、華仲明は少なくとも父親のことを〔「愚父」ではなく〕「亡き父」と公然と呼び、「資本家」であると確認されたばかりの父親の葬儀を自発的に計画した。華仲明にとって、父親についての政治的な結論は出ており、それが覆される望みはない以上、残されたのは土に帰って安眠できるよう取りはからうことだけであった。(48) 資本家を埋葬することに、ある程度の政治的リスクがあったとはいえ、彼は息子としての責任を主に考えたのである。

　父親の評価が定まってからも、華仲明は友人への手紙のなかで依然として政治的態度を表明し、「資産階級の烙印」を消し去ろうとしていたものの、心(49) 情にはすでに変化が生じていた。彼は重慶にいる甥の華興国に宛てた手紙のなかで、仕事に励み、態度に気を付けるよう引き続き励ましつつも、かつてのような政治的理想主義によって積極的に革命のために奮闘するよう鼓舞するということはなくなった。甥の家族に階級区分の結果について伝えた後、華仲明は手紙の半分以上を使って重慶の山水の美しさを描き、さらに最近読んで抜き書きしたという昔の旅行雑誌にあった瞿塘峡〔重慶の景勝地〕の紹介を長々と引用している。祖国を建設するというような空論で甥を激励することはもはやなく、その反対に、上海に戻るという考えを打ち消し、風光明媚な重慶で現地の女性をみつけて家庭を築くよう勧めたのであった。1966年に、家族の苦難の歴史を語ることで、よその土地で根を張るよう甥に勧めたのに比べると、これは脱政治化した現実的な説得の方法である。文革以来の家族の悲劇により、甥の前で叔父として政治的な態度表明をする動機が、華仲明から失われた。アメリカの社会学者ゴフマン（Erving Goffman）の演技についての分析の表現を借りるならば、華仲明はこのときに政治的パフォーマンスの表舞台から退き、私人と家庭の生活という舞台裏に注力するようになっていったのである。(50) 彼は都市にいる何百万人の普通の中国人の列に加わって、日に日に儀式化する政治運動を前に太極拳〔のような形式的な態度表明〕をし

196

第6章　ある小資産階級家庭の生存戦略と親子関係：1965-1972

た。そして、都市の多くの人々と同様に、文化大革命に対して興味を失い、四人組が逮捕されて文革が終わるよりも前に、思想的には私生活の領域へと戻っていた。

おわりに

　華家の階級身分と生計に対する戦略の変化は、資産階級の政治的生存と私生活の大きな変化を反映するものである。解放から60年代初頭まで、華家は曖昧な階級身分を利用して、豊かな生活と政治的生存の間のバランスを取ることができていた。「四清」において階級闘争がピークに達したときも、華家はすぐさま経済的利益を放棄したが、なお一時的に政治的な安全を保つことができた。最後に、階級闘争が文化大革命において日常生活の規則となったときには、他の選択肢はなくなり、家計と親子関係を犠牲にして、最低限の生存保障を求めるしかなくなった。1968年前後に、文革派が社会生活に対する全面的なコントロールを実現して、資産階級の階級身分が明確にされた。資本家の家庭はあらゆる戦略の空間を失ったために、移りゆく情勢の隙間で生き延びていくしかなくなった。

　華家の経歴は、1960年代の資本家階層、とりわけ特殊な政治的地位を持たない普通の資本家の運命を反映するものである。彼らは60年代前半には体面を保った生活と基本的な政治的安全を維持することができたが、良いことは長続きしないものである。これらの資産階級の家庭は四清運動において政治的な賤民となり、文化大革命中に残酷な批判闘争に遭い、生計と尊厳を失った。華家の子どもの父親に対する態度は複雑なものであった。一方では批判闘争に主体的に参与して国家の承認を得ることを望んだが、他方では、孝行の心ゆえに、自らの行為に疚しさを感じざるを得なかった。時間がたつにつれて、親子関係において後者を主に考えるようになっていった。

　1972年に華家が資産階級家庭であるとみなされ、華仲明も資産階級の出身であると決定された。これにともない、彼の国家と家庭に対する態度にも変

197

化が生じ、政治的圧力の下で隠されていた真の感情が徐々に回復していった。彼は息子として自発的に亡き父を改葬する義務を果たした。年配者として、甥の華興国に対してイデオロギーと犠牲精神を押し付けることはもはやなく、経済的利益と自然環境により、よその土地に根を張ることを勧めるようになった。華家の事例が示すように、小資産階級家庭の日常生活における政治的言説の背後には、政治環境に対する冷静な判断、さらには家計と親子感情に基づく生存戦略が隠されているのである。

【注】
(1) 『中国社会主義経済簡史』(柳隨年・呉群敢、黒竜江人民出版社、1985年、144頁)。
(2) 『中国共産党統一戦線史』(姚龍井、上海人民出版社、1991年、76頁)。
(3) 『"公私合営"研究：1949-1956』(張忠民、上海社会科学出版社、2016年、106-128頁)。
(4) 「上海市公私合営企業定息研究」(劉岸冰、『当代中国史研究』第20巻第2期、53-60頁)。
(5) Xiaohong Xiao-Planes, "'Buy 20 Years': Li Kangnian, Class Identity, and the Controversy over the Socialization of Private Business in 1957", *European Journal of East Asian Studies*, Vol.13, No.2, pp.214-235.
(6) Christopher Russell Leighton, "Capitalists, Cadres, and Culture in the 1950s China", Unpublished Dissertation, Harvard University, 2010, pp.125-150.
(7) Lu Hanchao, "Bourgeois Comfort under Proletarian Dictatorship: Home Life of Chinese Capitalists before the Culture Revolution", *Journal of Social History*, Vol.52, No.1, pp.74-100.
(8) 学界における資本家の家庭関係についての議論は、民国期の経済エリートの解放前後の家庭戦略に集中している。たとえば、高家龍による劉鴻生の家族についての研究と、彼が編纂した解放初期の資本家が国外に逃れるかどうかという問題についての論文集がある。Sherman Cochran and Andrew Hsieh, *The Lius of Shanghai*, Cambridge, MA: Harvard University Press, 2013, pp.279-344; Sherman Cochran ed, *The Capitalist Dilemma in China's Communist Revolution*, Ithaca, NY: Cornell University Press, 2014.
(9) Yanjie Huang, "Private Letters as a Source of PRC History", *PRC History Review*, pp.26-31.
(10) 『上海大衆の誕生と変貌　近代新中間層の消費・動員・イベント』(岩間一弘、東

京大学出版会、2012年、317-354頁）。

(11) Eddy U., *Creating the Intellectual: Chinese Communism and the Rise of a Classification*, Berkeley and Los Angeles: University of California Press, 2019, pp.118-122.

(12) 華恒発はある手紙でさらに多くの娘がいると明かしているが、名前が確認できるのは2人だけである。

(13) 華仲明が友人に宛てた手紙によれば、彼は教会小学校を出た後、初等中学校の卒業前に働きはじめた。

(14) 華恒発が四清工作組に宛てた手紙、1965年10月4日、復旦大学社会生活資料中心華仲明（仮名）書信集（1964-1976）、請求番号X201701C。

(15) 資本家の若い子どもの多くは、三反五反運動の頃から父親の「犯罪行為」を暴露しはじめていたので、50年代には資産階級の家族関係が試されるようになっていた。史料的な制約により、三反五反運動における華家の政治的な境遇や親子関係、生存戦略について知ることはできない。しかし、度重なる政治的な自己批判において、華仲明が三反五反運動に言及することがなかったことからみる限り、華家はさしたる影響を受けなかったようである。

(16)「工商聯全体執委定息、工資和家庭経済情況一覧表」、上海檔案館、C48-1-170、1-4頁。

(17) Matt Lowenstein, "Return to the Cage: Monetary Policy in China's First Five Year Plan", *Twentieth-Century China*, Vol. 44, No. 1, pp.53-74.

(18)「文革前高考権利主体的演繹：1953-1965年的高考政審制度」（宋長坤、『中国考試』2009年第1期、20-34頁）。

(19)『重在表現是党的階級政策』（共青団中央、中国青年出版社、1965年、6-7頁）。

(20) 上海共青団委「資産階級子女継承幾首定息財産的一些情況」、上海檔案館、C23-2-254、20-21頁。

(21) 同上、25頁。

(22) 同上、27頁。

(23) 華恒発が工場の四清工作組に宛てた手紙、1965年10月4日。

(24) 同上。

(25) 統計によれば、1965年の中国の都市における家庭の平均消費額は248元である。『新中国六十年統計資料匯編1949-2008』（国家統計局、中国統計出版社、2010年）をみよ。

(26) Frederick Teiwes, *Politics and Purges in China: Rectification and Decline of Party Norms, 1950-1965*, London: Routledge, 1993, pp.358-359.

(27)『四清運動実録』（郭徳宏・林小波、浙江人民出版社、2005年、101頁）。

(28)「親歴上海工廠四清運動（上）」（趙元三、『江淮文史』2018年第3期、142頁）。

(29) 原文ママ。華仲明の手紙から名前を確認できる妹は2人だが、実際はさらに多か

ったのかもしれない。この手紙の目的は家計の困難を強調することにあるため、人数が誇張されている可能性もある。

(30) 華恒発が工場の四清工作隊に宛てた手紙、1965年10月4日。

(31) 華仲明が華興国に宛てた手紙、1966年1月25日。

(32) 華仲明が華興国に宛てた手紙、1966年8月22日。

(33) 『革命造反年代：上海文革運動史稿』(李遜、牛津大学出版社、2015年、125-126頁)。

(34) Elizabeth J. Perry and Li Xun, *Proletarian Power: Shanghai in the Cultural Revolution*, New York: Routledge, 2018, pp.249-265.

(35) 実のところ、いわゆる資本家に対する包容政策は、党中央の集合的な意思決定であって、決して劉少奇個人の意思決定ではなかった。劉少奇の資本家に対する懐柔的な態度は、主に彼の1949年の一連の談話と文章に由来するものである。これらの共同綱領のもとでの経済政策は、実際、さらに急進的な〔社会主義建設〕総路線に早い段階で取って代わっていた。

(36) 華仲明が妻の妹に宛てた手紙、1968年2月15日。

(37) 華仲明が友人に宛てた手紙、1968年5月13日。

(38) 華仲明が妻の妹に宛てた手紙、1968年2月15日。

(39) 華仲明が妻の妹に宛てた手紙、1968年2月15日。

(40) Hanchao Lu, *Shanghai Tai Chi: The Art of Being Ruled in Mao's China*, New York: Cambridge University Press, 2023, pp.249-250.

(41) 社会主義時代において、現職ないし退職した労働者が死去した際には、一般的に職場がその家族に多額の弔慰金を支払った。華恒発の「体力労働者」としての階級身分には疑いがあったために、当然ながらこのお金も問題になった。

(42) Yiching Wu, *The Cultural Revolution at the Margins: Chinese Socialism in Crisis*, Cambridge, MA: Harvard University Press, 2014, pp.33-37.

(43) 華仲明が華秀珍に宛てた手紙、1969年6月1日。

(44) 華仲明が華秀珍に宛てた手紙、1971年11月25日。

(45) 同上。

(46) 華仲明が友人に宛てた手紙、1971年10月19日。

(47) 華仲明が華興国に宛てた手紙、1972年11月18日。

(48) 1973年の手紙によれば、華興国は1973年夏に重慶から上海に帰って親戚を訪ね、祖父の骨箱を寧波の田舎に埋葬した。華仲明が華秀珍に宛てた手紙、1973年7月8日。

(49) 華仲明が友人に宛てた手紙、1972年8月19日。

(50) Erving Goffman, *The Presentation of Self in Everyday Life*, New York: Anchor, 1959, pp.112-113.〔『日常生活における自己呈示』アーヴィング・ゴフマン、中河伸俊・小島奈名子訳、筑摩書房、2023年〕

第三部
社会生活の空間における親密性と革命

第7章

若き女性同志たちの悩み
──毛沢東時代に日記を書くこと書かないこと

泉谷陽子

はじめに

　本章は1950年代に若い女性たちによって書かれた日記をもとに、革命の論理が人びとの日常にいかに浸透したのか、周囲との人間関係にどのような変化をもたらしたのかを考察するものである。1949年の中華人民共和国の成立から1950年代半ばにかけて、共産党政権はさまざまな政治運動を繰り広げて人びとの組織化をすすめ、その過程と成立した組織を通じて統治を浸透させていった。こうした中国革命後の社会の変革期に若い女性たちは何を考え、どのように行動していたのだろうか。

　現在の中国では、日記などの自伝的文書へのアクセスが容易ではないが、今回、筆者は復旦大学当代社会生活資料センターに保管されている3冊の日記を閲覧することができた。中華人民共和国が成立したときに20歳前後だった女性たちの日記である。伝統的に社会の周縁に位置付けられてきた若い女性たちの視線で革命後の社会変容を眺めてみたい。また、日記を書くという行為自体に着目し、日記が彼女たちにとってどのような意味をもっていたのか、そして彼女たちの日記はしばしば中断されているが、日記を書かないことが何を意味したのかもあわせて考察したい。

　使用する3人の日記に関する基本情報は【表1】の通りである。手書きで判読不能な部分も多いため、文字数はおおよその数である。

　1人目のJは、音楽工作団の団員として工場に派遣され、労働者たちに合唱や踊りなどを教える仕事に従事した。日記は短期間で空白期間も多いが、

203

新政権成立後まもない時期の青年たちが抱いた希望や期待がよく表れている。

　2人目のTは、故郷の長沙で軍に入隊していたが、1951年春、軍が経営する上海の工場へ異動した。2年に満たない期間だが、かなりまめに書かれていて、3人のなかで最も多い294日分が残っている。ちょうど汚職撲滅を掲げた三反運動が全国的に展開された時期にあたり、嵐のような政治運動が社会の末端でどのように受け止められ、どのような変化をもたらしたのかがよくわかる。

　3人目のCは、上海の政府系の学校に所属していたが、三反運動で誣告されたことがもとで精神を病み、仕事に復帰することができなくなった。その後、病気療養のため山東省煙台に近い故郷に戻った。3人のなかで最も長期にわたるが、中断が多く日数は少ない。また1960年代の記述は、ほとんどが新聞や本からの抜き書きである。

表1　日記の基本情報

	期間	記述日数	字数
Jの日記	1949.10.15-1951.8.5	102日	約33,000
Tの日記	1951.11.1-1953.8.6	294日	約113,000
Cの日記	1953.12.1-1958.7.27	141日	約28,000

注　文字数は判読不明のページを除く。
　　複数日をまとめて記述しているものは1日とカウントした。
　　Cの日記について、1961年9月から62年12月までのノート（約15,000字）は除いた。

一　毛沢東時代の日記

（一）日記をどのように書くか

　中華人民共和国成立の前夜、『人民日報』に「どのように日記を書くか？」という短文が掲載された。日記の書き方を指南する文章で、日記は生活上の細々したことを書くものと誤解されがちだが、「より重要なのは仕事や学習面

での点検や収穫」を記すことで、そうすれば業務に有益である、とアドバイスしている。毛沢東時代の日記には、第1に仕事や学習に有益な日記であることが求められた。

そもそも当時の中国の識字率は20％くらいと推計されていて、庶民の多くは字を読むことすらできなかった。共産党は農民・労働者対象の識字教育を熱心に行い、その一環として日記をつけることを推奨した。識字教育の模範村では、「無学が良い」とされてきた女性たちですら日記を書き始めた。模範村のある女性は中華人民共和国の成立祝賀会に参加した興奮を日記に書いた。「私たちに自分の国ができたのだ！　これからは必ず学習に力を入れ、しっかり生産し、そして積極的でない会員たちとも団結して、みなが生産や学習を向上させるようにしよう[2]」。

このように共産党政権下では、識字教育を通じて国家と自分を同一化し、革命や国へ貢献する決意を示す日記が多数出現した。呉艶紅とJ・デヴィッド・ノットネルス（J. David Knottnerus）は、1950年から1970年までの『人民日報』を調べ、日記に関する報道が毎年50本前後、多い年では130本近くにのぼるなど頻度が極めて高いことを明らかにし、日記を書くことがこの時代のひとつの特徴であり、国家の積極的な呼びかけに、庶民が熱烈に応えたことを指摘している[3]。

さらに呉らは、雷鋒などの模範人物に影響を受けた1960年代の知識青年の日記から、「自己の思想や行為の点検」「学習計画や決意」「模範の学習」といった類似性を抽出し、毛沢東時代に日記を書くことは国家が唱導し推進した一種の政治儀式であったと主張する[4]。呉らが指摘する1960年代の日記の特徴は、1950年代の日記においてもみられるものである。毛沢東時代の日記が歴史的・政治的産物であり、儀式化して個人のありのままの姿や内面を反映していないとすれば、それらをどのように読み解くべきだろうか。

（二）　日記をどのように読むか

　中国で出版された日記の指南書を収集し分析したウインドスクリプト（Shan Windscript）は、「毛沢東時代の日記をどのように読むか」と題した論考において、共産党政権下で日記をつけることが何を意味するのか歴史的に考えることが出発点であると主張し、次のように概観した。清末以降、近代化過程で教育を受けた者たちは道徳的修養のために日記をつけるようになったが、民国期には近代的市民をつくりだすという国家的要請と結びついた。そうして教育的ツールへと変化した日記は、中華人民共和国成立後には共産党が目指す社会変革に活用されるようになった。共産党政権は、日記を通じて農民や労働者たちの識字力を向上させ、仕事や生活を組織に組み込み、社会主義的価値観を養うことを目指した。つまり「新中国」で日記をつけることは、革命的な価値や政治と意識的にかかわり、自分を社会や国家、歴史と結びつけることであった。[5]

　ウインドスクリプトはこのように日記の歴史的性格を確認した上で、日記を資料として活用するアプローチを２つあげている。１つは実証的アプローチである。他の情報源とつきあわせて批判的に読み込むことによって、これまで見すごされてきた歴史の細部や新しい視点を提供することができるという。しかし、この方法ではイデオロギーの装飾を外したところに「本当の私」を探ることになり、日記を書くことによる主体形成という側面が見落とされてしまう。その限界を補完するために提案するのが、２つめの対話分析的アプローチである。このアプローチを使った毛沢東時代に関する研究はまだほとんどないが、スターリン時代のロシアを対象として盛んになっているという。[6]

　ソ連崩壊後のロシアでは、一般の人びとが残した日記や手紙などの自伝的文書にアクセスすることが容易になり、それらを利用したスターリン時代の研究が可能となった。[7]　とくにヨヘン・ヘルベックの日記研究は大きな反響をよび、新しい研究潮流を作りだしたといわれている。ヘルベックは日記を「自

己に働きかけるための手段」ととらえ、日記によって革命や社会主義建設に積極的に参加する「スターリン主義的主体」がつくられていくことを主張し、個人の自己形成はその時代の価値体系から切り離せず、当時のソ連人はスターリニズムの外部にはいなかったと強調した。当時の人びとをすべて「スターリン主義的主体」像に収斂させるこの主張に対して、松井康浩は、全体主義の主体化のループから離脱をはかり、対抗するような主体を形成する可能性はなかったのか、と疑問を投げかける。松井は、スターリニズムからの精神的な「脱出」やオルタナティブの可能性の場として家族や友人たちとの「親密圏」の重要性を指摘し、そこで育まれる「スターリン主義的主体」とは異なる主体性や公共的議論の芽を見出している。[8]

　スターリン時代の経験は、政治体制や経済建設など多方面でソ連を模倣した毛沢東時代の中国でも共通するところが多いだろう。前述した識字模範村の女性の日記からうかがえるように、日記を書くことは「スターリン主義的主体」ならぬ「毛沢東思想的主体」に自分をつくりかえることだった。では、松井のように日記のなかの親密圏に着目し、そこに体制の外部に抜け出す主体を見出すことができるだろうか。

　中国で1950年代に書かれた日記を考察した数少ない成果として鄭成の研究がある。鄭成は、共産党による強力なプロパガンダを人びとがどのように受容したのか、青年知識人Sの日記に書かれた中ソ友好交流に対する態度に着目して考察を行い、Sが主体性を維持しながらもしだいに公式見解を受容していく過程を描いた。[9]青年Sは上海の裕福な家庭出身で教育レベルも高かった。それゆえ当初は共産党の価値観とは異なる考えを持っていたが、政治運動の洗礼を受け、しだいに受け入れるようになった。Sの日記には、共産党の政治手法に対する不信感と、共産党的価値観を受け入れて立身出世することを望む願望との葛藤が表われている。興味深いのは父親に対する態度である。当初、父親の政治意識が低いとみて意識改造を勧めるが、政治運動の負の側面に気づくと父を守ろうとしたり、慰めようとしたりしている。[10]Sの場合は、政治運動の嵐のなかで家族という親密圏が一種のシェルターの役割を

207

果たしていたようだ。ただし、同じ時期、夫が反革命分子として摘発されると、家族の存続のために夫の罪を積極的に告発しようとする妻も現れた。[11]家族という親密圏にも政治は着実に浸透していった。

　本章でとりあげる3人は家族と同居していたSとは異なり、仕事のために家族から遠く離れて暮らしていた。職場には宿舎が用意され、同僚と寝食をともにする生活を送った。社会主義中国ではこうしたことは珍しくなかった。家族と切り離された生活で親密な関係を築く相手は、まずは職場の友人であるが、その関係は本当に親密だっただろうか。そこで体制を批判することはできただろうか。3人の友人関係にも留意して日記を読み解いてみたい。

二　Jの日記——革命の隊伍のなかで

（一）労働者への接近

　1949年11月半ば、音楽工作団に入団したJは「革命の隊伍に入った」からには「永遠に人民に奉仕しよう」と決意した（1949年11月16日、以下日付を49.11.16のように略記）。夢と希望に満ちた新生活だったが、「少しずつ落ちこぼれていくのが怖い」「ちょっとした困難で決意が揺らぐ」（50.1.5）などと弱音も吐いた。

　青年団への入団を薦められたときは、団員が仲間だけで固まっていることに疑問を感じていたため、団員でなくても「人民に奉仕」できると考え、即答していない（50.1.7）。しかし、青年団の入団式で新団員が宣誓するのをみたり指導者たちの話を聞いたりするうちに「光栄な時代に生まれた新中国の青年が、どうして青年自身の組織に入らないのか」と入団を強く希望するようになった（50.1.14）。

　1950年1月末、Jは唐山の紡績工場へ派遣され、労働者たちに歌や踊りを教えることになった。労働者たちは歌好きだが、字が読めず楽譜も読めない。

また労働の合間の練習で時間もあまりとれなかった。Jは労働者が上達しないことに焦りを感じながら手探りで教えていった（50.2.4）。

　悪戦苦闘しながらJは少しずつ女工たちとの距離を縮めていった。上海のプチブルジョア出身のJは、労働者と接触するなかで自身を進歩させることを大きな目標としていた。Jはそれを「生活体験」とよんでいる。しかし、思い描いていたような「生活体験」ができず、逆に理想化していた労働者像が崩れる経験をする。女工たちが、上海人はお金持ちで字も読めるし外見もいい、スターもみな南の出身だ、上海に行きたい、などと上海への憧れを口にするのを聞いたJは、なぜ資本家の生活に憧れるのか、労働者階級の思想を失っていると失望した（50.3.1）。その後、「虚栄心」が強い女工たちと接触しても「自分の改造には役立たない」と判断し、女工たちとやや距離をとるようになった（50.3.6）。

（二）進路への迷いと恋愛問題

　1950年5月1日、Jは青年団への入団を実現した。「わたしの生涯でもっとも記念すべき一日」「政治生命の新生」（50.5.4）だと喜びを記している。だがその後の半年間、日記は書かれていない。12月に再開したときには「いまの自分には何もできない」という不安や焦りが濃くみられる。進路に迷い音楽教育に従事しようと決意したかと思えば（50.12.12）、その2日後には、朝鮮戦争の影響のためか「国防建設に参加し、最後まで奮闘する」決意を記し、軍の幹部学校に入ろうとしている（50.12.14）。

　このように進路に迷っていたときに人生を変える問題が発生した。Sという男性同志から突然告白されたのである。当日の日記には「革命隊伍の同志としての態度」で接していたのになぜこんなことになったのか、と戸惑いを記している（50.12.20）。社会に出てまもないJにとって、恋愛よりも自分のキャリアを固めることのほうが重要だった。Sへの気持ちは「まだ恋愛とはいえない」程度であり（51.1.2）、「自身の仕事や各方面の基礎ができていない

のに、どうして恋愛問題を語ることができるだろうか」と交際には消極的だった（51.1.5）。

　しかし、模範的な幹部であったSが態度を公表したため、Jの気持ちに反して2人は職場公認の仲となり、JもSに対して特別な感情を抱くようになっていった。ただし恋愛にかまけて仕事に悪影響を及ぼすことはできないと考えた。この頃Jたちの音楽団は、華北各地を巡業していて多忙だった。2人は仕事や学習に支障をきたさないようにすると約束して交際を始めた（51.2.8、2.11）。その後の日記からは、つねに周囲の目と自分たちの交際が周囲に及ぼす影響を気にかけている様子がうかがえる。

　JはSへの気持ちはそれほど強くないと書いているが（51.2.27）、青年団支部の委員や書記に選ばれるSは尊敬できる相手だったようだ。ある人からSの健康問題について気遣うようにいわれると、「たしかにSの体は心配だ」「彼の体にもっと注意をはらい、健康で楽しく仕事や学習」させよう、その責任が自分にあるとまで書いている（51.3.22）。自分のキャリアを第一に考えていたはずが、いつのまにか内助の功を果たす役割を受け入れている。また周囲もそれを当然のように求めていた。

　Jの日記はSの誕生日にともに食事をしたことを記して終わっていて（51.8.20）、その後についてはわからない。ただ次にみるTやCの日記でも、公的な仕事より個人的生活（恋愛や結婚）の比重が高まると日記を中断する傾向がみられることから、Sとの仲が進展していった可能性は高いと考える。

三　Tの日記──政治運動の嵐のなかで

（一）人間関係に悩む

　Tは1935年8月生まれで日記を書いたのは満16歳から17歳のときである。3人のなかではもっとも貧しい家庭の出身のようだ。学校にも通えず、幼い

ときから水運びや子守などさまざまな仕事をした。「14年間はとても苦しかった。解放後、軍に参加して新しい道を歩むことになった」と書いている（52.10.26）。とはいえ、日記がきちんとした楷書で書かれているところからみて、まったくの無学ではないようだ。日記には出てこないが、幼少期の生活苦は日中戦争や国共内戦など長期にわたる戦乱と無関係ではないだろう。この時代を生きた多くの人びとがそうだったように、内戦が終結し共産党政権が成立したことが人生の大きな転機となった。

ただし、日記は「解放」の２年後から始まっているためか、新生活の高揚感は薄れている。２年間の経験から社会の現実にいささか失望し、自分の将来についてもやや悲観的になっていた。Ｔの悩みの原因は人間関係だった。Ｔは自分の性格を「剛直で、話し方が率直でお世辞がいえず、不合理なことに我慢できない」と分析している。こうした性格が「新社会」では受け入れられるものと期待したが、実際はそうではなく、旧社会のような「処世術」が必要だと嘆いた（51.11.1）。

51年春、Ｔは部隊から上海の工場に異動し、総務の仕事に従事した。その頃から同じ職場・宿舎で生活をともにする「女性同志たち」から陰口をたたかれて悩み始める。ある日深夜に男性労働者が仕事上のトラブルのため、女性部屋にＴを探しにやってくる事件が起きた。

　　彼（労働者）が去ったあと、彼女たちはわたしに何もいわなかったが、それはわたしのことをとっくに疑っていたからだ。自分で勉強するためによく事務所で読書をしたが、のちに彼女たちの様子がわかったので、それからは勉強をするときも誰かと一緒に行くようにし、そうでなければやめた。しかし彼女たちのわたしに対する見方が変わるかどうかはわからない。でも自分自身で誓いを立てた。戦争が終わり完全に平和になるまでは、学業と仕事が成功するまでは、中国が共産主義に向かうまでは、決して結婚や恋愛問題を語らない（51.11.23）。

女性同志たちのTに対する非難は、おもに男性同志たちとの関係に向けられた。T自身は「男性同志と接近することを何とも思っていなかったが、他人は大したものだと思う」、微妙な年ごろのせいだろうと考えた（51.12.11）。部隊からともに異動してきた女性同志たちには既婚者が多く、未婚で若いTは噂の的となったようだ。

　ともに夜学に通い簿記の勉強をするなど比較的仲が良かったL同志からは「世論を避けるように」と忠告された（51.11.29）。噂にならないように行動を慎めということだろう。先の引用部分からT自身も努力していたことはわかるが、「世論を避ける」ことは難しかった。共産党政権下でに職場で「検討会」と呼ばれる集会が定期的に開催され、メンバー間で批判と自己批判を行わなければならなかったからだ。

　　朝いつも通りに生活検討会を開く。相互に意見を出すが、批判と自己批判について十分認識していないし（みなのことだ）、きちんと勉強もしていないので、意見は仕事に無関係な些細な事ばかり。たとえば男性同志としゃべりすぎる、労働者と接近しすぎる、朝の掃除をしないなど……これらの意見は、わたしからみれば仕事や学習に大した助けにならないし、逆に作用して大衆からかけ離れた態度を形成してしまう（51.12.9）。

　Tにとって自分を理解も助けもしてくれない同僚たちと四六時中一緒にいる環境はつらいものだった（51.12.28）。こうした狭い環境で苦しんでいたのはTだけではなかった。同僚のHも情緒が不安定になり、しばしば周囲ともめ事をおこしていた。Tは原因を探るためHの日記を盗み読み、彼女が上司に迫られて不倫関係に陥っていることを知った。Tは読んだ当日、革命歴の長い上司が「婚姻法」に違反して女性を抑圧していると憤慨し、Hに強く同情した（51.12.30）。しかし翌日になると「昨日の分析は不正確。上司のことをいささか歪曲した。おもな原因はH自身にある」と意見を変えた。その理由は、Hの日記が自己弁護にすぎず、真実ではないと考えたからだった

（51.12.31）。ただしこの件に関連して工場の指導部がHを職場から追い出そうとしたときには、Hを擁護するような記述をしている。「Hが追い出される理由に仕事や学習の態度、夫が特務であることなどがあげられているが、本当は処長との不倫であり、処長の名誉を守るためだろう。指導部のやり方は不適切である」（52.1.8）。その後、Hが婦女連合会などに相談し裁判に訴えそうになったため（52.1.11）、指導部はあわててHをなだめ（52.1.13）、結局Hは工場に残ることになった。

（二）三反運動の嵐

Hの事件が落ち着いた頃、中国全土に三反運動という嵐が吹き荒れる。三反とは反汚職、反浪費、反官僚主義のことであり、1951年末から翌年夏頃まで展開された汚職撲滅の一大政治キャンペーンである。三反は政府機関や国営企業などを対象にしたものだが、まもなく民間企業を対象とした五反（贈賄、脱税、手抜きなどに反対）運動に拡大した。ほとんどの企業が脱税などを指摘されて多額の罰金を払うことになり、資本家は労働者に糾弾されて地位を低下させた。三反五反後、資本主義工商業の社会主義改造へむけた動きが加速していくことになった。

三反運動が社会全体をゆるがす大きな運動となり、社会主義化に重要な役割を果たすことになったのは、毛沢東がイニシアティブをとり強力に推進したためである。

1951年12月1日、中共中央は「精兵簡政、増産節約、反対汚職、反対浪費、反対官僚主義の決定」により三反運動の開始をつげ、8日には「三反闘争をかならず鳴り物いりで進める指示」を出した。各地から汚職に関する報告が次々に寄せられると、毛は汚職腐敗の蔓延に激怒し、運動に拍車をかけた。⁽¹²⁾そのため各地の指導部は積極的に取り組まざるを得なくなり、汚職の摘発数を競うようになっていった。

中国で汚職にかかわった者を「虎」、汚職撲滅を「虎退治」と呼ぶのは三反

運動からである。Tの工場が所属した中南軍区では、2月上旬、直属部隊で106頭の「大虎」（汚職額1億元以上の者）と357頭の「小虎」（同1000万元以上の者）を捕まえる計画が認められた。[13] その後、毛から計画数が「少なすぎる」という指摘を受けて大幅に引き上げられる。[14]「大虎」と「小虎」の計画数が、中南軍区では800と5,400、中南区全体では8,000と42,000となり、[15] 3月半ばには中南区全体で5万人余りの汚職者を摘発・逮捕した。とくに軍系統では計画を大幅に超過して約2.8万人にもなり、「飽和点に達した」といわれるほどだった。[16] 軍系統では三反の追及がより厳しかったことがわかる。Tの周囲でも数名が軍に呼び戻されて審査を受けている。Tと比較的仲が良かったL同志もその1人だった。L同志はその後、免職となり経済的苦境に陥ったことが日記に記されている（52.9.2）。TはL同志との別れを惜しみながらも、とくに支援するなどの行動をとってはいない。

　「虎退治」によって三反運動は過熱し、過大な目標は冤罪を生んだ。経済活動にも悪影響が出始め、3月に入ると政府は収束へ舵を切る。膨大な数にのぼった「虎」たちも多くが免罪となったり処分を免除されたりした。1952年夏、政府機関や企業における三反運動は、汚職者への処分を決定して終結した。しかし運動の後半から進められた一般職員たちに対する経歴や思想の審査（「忠誠正直」運動）は継続し、余波は長引いた。

　それでは、Tはこの三反運動にどのようにかかわったのだろうか。

　Tの日記に三反が最初に出てくるのは1952年1月13日である。青年団小組が三反学習会を開き、動員報告を行ったことを記している。「祖国建設の任務のためなので呼びかけに応える決意をした」（52.1.13）が、当初は汚職や浪費、官僚主義などは大したことではないと考えていた。その後、毎日のように繰り返される学習を通じて「三反運動の意義」を理解し、重視するようになっていった（52.1.14）。

　ただしすぐには参加しなかった。上司から問題のある者はすみやかに告白するよう呼びかけられたが、積極的に応じて厄介なことにならないかと心配したからだ。新聞では「洗いざらい話すように」と呼びかけているが、そん

なことをすれば人から恨まれて団結を壊してしまうと考えた（52.1.19）。周囲との関係に悩み続けていたＴとしては、他人との関係をさらに悪化させることは避けたかったようだ。

　まもなく春節の長期休暇が始まり、運動を行う時間的余裕ができたが、周囲の者たちも真剣には取り組まず、カード遊びに興じていた（52.1.21）。Ｔも運動は早く終了してほしいと後向きだった（52.1.23）。不合理なことに我慢できず直言してしまう性格のＴも社会経験を積み世の中のことがわかってきた。一部の高位の者たちが汚職をしていることを知っているが、もし訴え出たら厄介なことになるとしり込みした（52.1.26）。

　Ｔの態度が変化するのは、休暇後に三反学習が再開し、学習会をとりしきる副組長に選ばれてからである（52.2.1）。大衆を動員する側になり、傍観者でいられなくなったのである。副組長になって数回の会は比較的うまくいったが、上司のＸが戻ってきてからは、Ｘの顔色をみる者やＸ側に立つ者が現れてうまくいかなくなった。それでもＴは「選ばれたからには三反運動を必ずやり遂げる」つもりだった（52.2.5）。

　Ｔが頼りにしたのは、三反運動を指導するために部隊から派遣されてきた同志たちだった。工場内の上下関係に縛られない外部からの圧力を受けて、工場の指導者たちも真剣に自己批判を行うようになった。Ｔ経理が自己批判した会議は深夜まで何時間も続けられた（52.2.6）。こうしてＴたちの三反運動は軌道に乗り、Ｔ経理がひと区切りつくと、次はＺ経理というように工場の指導的幹部たちが次々と糾弾された。

　管理職だけでなく一般職員も自己批判を求められた。Ｔも２月半ばに自己批判を行ったが、「準備不足で深さが足りず、また口下手なので多くの人から意見が出された」。ただそれらの意見は些細なことばかりで、あまりショックを受けることがなかったのか、途中で笑う余裕すらあった（52.2.18）。Ｔのような地位の低い職員たちは汚職をするような権限も機会もなく、些細な問題をあげつらうしかなかったのだろう。罪が捏造されることもしばしばあった。Ｔも針を横領したと告発されたが、事実無根だった。「腹立たしく、泣くに泣

けず、笑うに笑えない。上海のような大都会で針を横領していったい誰に売るというのか」とあきれたようだ（52.2.19）。

　管理職が深刻な問題を指摘されただけでなく、Tのような入職してまもない職員でさえ、あれこれと問題を指摘され、真剣に反省するよう求められた。これをTは「思想改造」と呼んでいる。Tは頭痛がすると言い訳をして、自己批判を逃れようとしたこともあった（52.2.21）。一般職員ですら見逃してもらえず、同僚たちから耐え難い圧力がかけられた。このように三反運動は、多くの人びとにとって政治運動の洗礼となった。

　日ごろ威張っていた上司が叩かれるのは気分がよかったが、運動が長引くにつれ「いつになったら終わるのだろうか」と疲れも感じるようになっていた（52.3.5）。

　1952年3月、Tたちの「虎退治」は、2頭の「大虎」と3頭の「小虎」を摘発し（52.3.7）、汚職分子から金銭や物資を取り戻す最終段階に進んだ。TはHとともにXの持ち物を探り、集めた証拠を運動の指導者に提出した。X自身は500万元の汚職を告白したが、Tの見つもりでは「少なくとも1000万から2000万元はある」ようだった（52.3.9）。

　汚職による金銭・物資の取り戻しでは、冤罪や過剰な没収が発生した可能性があるが、参加者にとっては、自らの手で現金を「取り戻した」ことが、汚職の事実を裏付けるものと感じられ、士気が高揚した。そして汚職や仕事のやり方などに対して、さらに厳しい非難が浴びせられることになった（52.3.14）。

　3月下旬、ふたたびT自身の汚職がとりあげられる。自己批判を行ったが、またも同志たちから多くの意見が出された。なかには全く身に覚えがないものもあり、Tは冷静でいられなかった。同日、工場で2つの事件が発生した。1つは食事部の汚職分子の自殺未遂であり、もう1つは自白を求められた汚職分子がおこした暴力事件であった。前者は病院で治療を受けた後、工場に戻されて自白を継続させられ、後者はみなの怒りを買ったため拘束された（52.3.20）。三反運動による自白の強制が汚職分子を追いつめ、工場内でさま

ざまな事件を引き起こすようになっていた。

その後、運動は次の段階として、職場の全員が自身の資料を作成するよう求められた（52.3.22）。書くべき事項は、「1、簡単な歴史　2、ブルジョア階級の影響　3、仕事の経験、浪費の有無　4、汚職の有無　5、三反学習での進歩　6、今後克服すべき欠点と発揮すべき長所」だった。Tは「これらは簡単そうにみえて、実際には思想闘争が必要である」と感じた（52.3.23）。これらの問題を検討するうちに、多くの者が過去の違法行為を認識し、涙を流すほど心を痛めたという。T自身も「教育されている、思想を改造している」と感じた（52.3.29）。

4月、工場は操業を再開し、生産任務を達成するために運動は下火になっていった。運動の「偉大な意義」を信じていたTは、労働者にはまだ運動が浸透していないし、汚職分子も放置されているのに、なぜやめてしまうのかと不満を感じた（52.5.9）。彼女の批判は党委員会から派遣されてきた幹部たち（党員や団員）に向かった。現場を理解せず、官僚主義的で浪費を行い、大衆とかけ離れてうわべだけで中身がない、と強い口調で批判し（52.5.21、51.6.3）、さらには上級機関に直訴まで行っている（52.6.9）。Tの批判は後に「百花斉放・百家争鳴」のなかで出された意見と類似しているが、その矛先は末端の幹部に向けられたのであって、党や政府に向かうものではなかった。批判の根拠は、反浪費や反官僚主義など三反運動のなかで学んだ言葉や論理であったことを考えると、むしろ共産党の掲げる理念により忠実であろうとするものだったといえる。

（三）父の問題

このようにTは政治運動に積極的にかかわり、共産党の価値観や振る舞いをしだいに身につけていった。政治運動で積極的に行動した者は抜擢されることが多く、Tも出世の階段を登るかと思われたが、「家族の問題」でつまずいた。

きっかけは「労働保険条例」である。労働者は自己負担なしで医療などの社会保障を享受できるというものだが、その資格認定に政治的立場が審査された。T自身に問題はなかったが、継父が国民党の黄埔軍官学校出身で「反動的軍隊」や「反動的新聞界」に在籍していたことが問題視された（52.3.30、52.4.1）。この件が職場でひろく知られて、説明や自己批判を求められたのである。

　三反運動についで展開された「忠誠正直」運動は、思想を検査し、過ちを正し、欠点や「ブルジョア思想の害毒」を認識することが目的だった。Tも自分の経歴と家族の歴史について資料を作成するが、継父ということもあり、あまり父の過去を知らなかった。適当に話していたのがあだとなり、訂正したことで余計に周囲の疑念を招いた（52.7.25）。

　Tは父の経歴をはっきりさせるために両親に手紙を書き、父にもまじめに自己を改造するよう勧めた。両親からの返信を組織に提出すれば、問題はすぐに解決するものと考えたが、この一件はその後も尾を引いた。Tが正式な青年団員にはなれず、団員候補にとどめられたのは、父の問題が影響したようだ。団支部書記に「Tの家の歴史ははっきりしない」といわれて悲しんでいる。Tは父に反動派のレッテルを貼る幹部たちに反発したが、党から与えられた試練だと考え、プチブルジョア階級を抜け出し、プロレタリアの良き戦士になろうと考えた（52.10.17）。

　1953年6月、Tは以前から決心していた入党申請の手続きを行った。申請書を提出したさい、審査には時間がかかることを告げられたが、入団の動機は不純なものではなく、今でなくともいつかは実現できるだろうと楽観視していた（53.6.17）。ところが、その数日後、恋愛問題が発生した。かねてより「女性同志たち」の噂の材料となっていた相手（Y）から手紙が届いたのである。彼女はYが自分を一途に思っていることを知るが、自分はそれほどの感情はなく、個人的なことで自分の将来に影響を及ぼしたくないと考えた。Yは労働者出身の団支部幹部であり、特別に選ばれて蘇州の学校に通っていた。7月末、蘇州から戻ってきたYとひさしぶりに会ったTは、彼が書生風で労

働者意識が薄れていることに違和感を抱き「私たちはもう意見があわない、感情もこれで終わり」と考えた（53.7.30）。しかしYはあきらめなかったようで、再び手紙が届いた。Tはそれに対し、「自分が蘇州に行くことはないし、行ったとしても会いに行かない、もう手紙をよこさないで」とはっきりと拒絶した（53.8.6）。Tの日記はこのYへの返信とYの手紙の写しで終わっているため、2人の関係がどうなったかは不明である。しかし日記が余白を残して書かれなくなっていることから、Yとの交際など、Tの生活に突発的な変化が発生した可能性が考えられる。

四　Cの日記──排除されて家族のもとへ

（一）心の病

　Cは自身を「革命工作者」であると考えていた（53.12.13）。学生時代に「進歩的な教師」の影響を受けて革命や共産党を支持するようになり、「故郷の解放後、多くの人が党を疑い蔑視しても、民主政府が組織した団体、婦救会、青婦隊に進んで参加した」（53.12.19）。その後、上海の学校で働くようになったが、三反運動で誣告されたことが引き金となり、心の病を発症する。1953年には3度も入院した。日記は3度目の退院後、心理療法を開始した日から始まっている。日記をつけることも治療の一環だったようだ。退院後も毎日のように通院したが、不眠や頭痛、動悸などの症状が改善せず、仕事には復帰できなかった。

　Cは周囲から病気の原因が「個人的生活の問題」だと誤解されることを恐れた。実際には「事業に対して大きな理想があり、進歩を求める気持ちも強く、個人的生活を重視していな」かったからだ（53.12.5）。ここで「個人的生活」と書いているのは、恋愛や結婚のことをさす。Cは女性が家庭内で家事育児に埋没してしまうことに批判的で、自分はそのようにはならない、と戒

めるかのように書いている（53.12.21）。

　上海に来た当初は革命に従事することへの希望と自信にあふれていたCだが、4年の間にその熱が失われていることを自ら意識していた（54.1.11）。精神疾患のために休職し、青年団の活動や政治学習にも思うように参加できなかった。多くの人と一緒にいるだけで神経が緊張し、動悸やめまいを感じるのだった（54.2.12）。C自身が考える根本的な解決法は職場を変えることだったが、上級に異動を申し出ても許可されず、理解されないという気持ちが彼女をいっそう苦しめた（54.2.13）。

　同僚からも上司からも理解されていない、不信感を持たれていると悩んでいたCにとって、同僚たちとの共同生活は孤独を感じるだけだった（54.2.24）。医師の指示に従い字を練習したり編み物をしたり体を動かすことを心掛けていたが、それが他人からは遊んでいるようにみえること、とくに「主婦のようだ」とみられることを気に病んだ（54.1.24）。

（二）家族との暮らし

　精神的な苦しみを切々と訴えていた日記は1954年3月に中断し、再開するのは2年近く経過した1956年1月だった。すでに一児の母になっていた。家庭に入ることに強い拒否感を抱いていたCが、わずか2年の間に結婚し出産まで経験していることに驚かされる。日記が中断しているのは、そうした人生の大きな出来事のためだろう。1956年時点でも精神疾患はまだ完治していなかったが、子どもの可愛らしさが精神的よりどころとなり、以前よりは前向きになっていた（56.1.19）。

　ただ1956年の日記はわずか2日分だけで、結婚生活の詳細をうかがうことはできない。その後、日記を再開したのは1958年5月3日で、このときには病気療養のため上海から故郷へ戻っている。相変わらず精神状態は安定せず、深夜1時に目を覚ますなどの睡眠障害がみられる（58.5.3）。病気のため仕事ができないうえに子どもを抱え、経済問題は深刻化していた。いきさつはわ

からないが、夫とはすでに離婚しており、物心両面で頼る者がいない。さらには子どもが肺結核にかかり、治療費の工面に苦労している（58.6.30）。

こうした苦しい生活環境のなかでも、Cは「党の総路線」や『毛沢東選集』、党中央の雑誌『紅旗』を読むなど個人的に政治学習を続けていた。1954年に恋愛や結婚よりもキャリアが大事と書いていたCは、離婚を経て再度仕事に生きることを誓う。『鋼鉄はいかに鍛えられたか』のパーヴェルに学び、仕事や祖国の建設に幸福を託そう（58.6.26）、人類の幸福のために個人の幸福は犠牲にしようと日記に書いた（58.7.24）。

Cの日記は1958年夏に途切れる。その後、1961年9月から11月にかけて、また62年2月から3月にも日記帳を使用しているが、日々の記録や感想ではなく『解放日報』や書籍などからの抜き書きである。この頃Cは故郷から上海の嘉定に出てきてしばらく滞在している。それは職場の自分に対する対応（おそらく強制的に排除された）が不当であったと裁判に訴え、補償や復職を求めるためだった。滞在先では新聞や雑誌を入手しやすく、また時間もそれなりにあったのだろう。かなり多くの文章を書き写しているが、その内容については後述する。

五　3人の日記を比較して

（一）　日記への言及

まず、日記を書くことについて3人がどのように言及しているかをみていく。

Jは初給料の記念として日記帳と日記用の万年筆を購入したことを冒頭に記している。新たな生活に期待をふくらませていたことがよくわかる。これ以外の日記への言及は、家庭事情を知るために交際相手の日記を読んだという箇所だけである（51.3.11）。

当時、他人の日記を読むことは珍しくなかった。Ｔも計３人の日記を読んだことを書いている。１人は不倫問題を抱えていた同僚Ｈのもので、真相を調べるために「盗み読んだ」ことは前述した。Ｔは読んだ直後にはＨに同情したが、翌日になると「日記に対してさえ忠実ではないなんて、まったく笑わせる」（51.12.31）と厳しい言葉でＨを非難した。日記には自己弁護ではなく事実を書くべきであると考えていた。

　あとの２人は参考にすべきお手本として書いている。１人は仲の良いＬ同志の日記で、自分の日記が空論ばかりなのに対して、Ｌ同志は「とても忠実だが単なる羅列ではなく、つねに自己を反省する事実もあり、生き生きとしていて読者にいやな感情を抱かせない」、自分もこれからは見習おうと述べている（51.11.17）。日記には事実だけではなく、具体性と自己省察が必要だということは、当時出版されていた日記の指南書にも書かれていた。Ｔもそれを読んだか、どこかで指導を受けたのかもしれない。興味深いのは、日記を公開する予定があるわけでもないのに、他人の目を意識していることである。実際、３人の日記は、公開しても大きな政治問題にならない内容であるといえる。

　Ｔは日記のことを「わたしの忠実な友だち」と表現し、Ｌ同志から「一日中日記を書いている」といわれるほど熱心だったが、数日間書かないこともあった。その理由について述べている部分を抜粋してみる。

①数日来、自分に対する管理がゆるくなり日記も書かなかった。生活に何もなかったわけではないが、自分でいろいろ理由をつけて書かなかった（52.2.1）。

②三反学習で忙しかったので日記がおろそかになりがち。もちろん主要な原因は三反運動を学ぶのに疲れたからで、毎日あっても結局同じ内容なので書くのが面倒になった（52.2.28）。

③この２日間、苦悶して日記がおろそかになった。しっかり反省しなければならない（52.4.5）。

④歴史問題をやるために20日あまりも日記を書かなかった（52.4.26）。

⑤財産を細かく点検する仕事が忙しすぎて、また丸一週間日記を書かなかった（52.5.31）。

⑥日記が完全に週記になってしまった。この1ヵ月余り、ずっと非常につらい（52.7.15）。

⑦ここ数日、学校の事情で日記がまた4、5日空いてしまった。この1週間自分の生活や学習を検査しなかったが、たしかに締まりがなくなっている（52.9.24）。

⑧しばらく日記を書いていなかった。日記をつける習慣に戻るには、不断に反省し、自分の欠点を改める。そうすれば日記は今後不可欠な一部となる（53.6.16）。

　Tは日記を毎日書くことを自分に課していたが、仕事や政治学習などで多忙になると書けない日が増えた。また精神的に追い詰められた状態にあるときも書けなくなっている。たとえば③は父の経歴問題で周囲から責められていた頃で、同僚たちから「報復された」り、無実の罪を認めるよう迫られたりしていた。⑥で「つらい」と書いているのは、この頃、業務が変わって忙しかったことにくわえ、上級から派遣されてきた党委員会の幹部たちと衝突していたことが原因だと思われるが、詳しくは書いていない。「忠実な友だち」のはずの日記にも本当につらいときは吐露できていない。⑦や⑧にみられるように、日記は自分を反省し、改善していくためのツールであり、癒しや慰めを得ようとしていないからだろう。

　精神を病んでいたCの場合はどうであろうか。前述したように、Cにとって日記は治療の一環であり心を落ち着ける意味があったが、逆に精神的負担になることもあった（54.1.4）。1954年3月8日には、「2週間近く日記を書いていない。感情の波が激しいからで、苦しくて死にたいと思ったり、狂いそうになったり」と書いている。Cの場合も日記が救いにはならず、T同様、追い詰められたときには書けなくなっている。

（二）国際女性デー

　3人は出身地や職場は異なるが、中華人民共和国の成立と同時に社会に出た同世代であり、新しい時代に適応して活躍したいという意欲にあふれていた。日記にはそうした期待と自分への叱咤激励が多くみられ、異口同音の内容もある。一例として3月8日の国際女性デー（三八節）に書かれた内容を比較してみよう。

　1951年、Jは記念の催しに参加し、初めて「三八節が女性自身の記念日」であり、女性たちが闘争を通じて自由や平等の権利を勝ち取ったことを知った。Jは自分が闘争に参加した経験がないことを恥じ、これからは努力して祖国の建設に貢献しよう、女性英雄に学ぼうと記している。

　1952年、Tはお祝いの会に参加し「新女性の暮らしを実感した」。「解放以来3年間、女性の政治的・経済的地位は上昇し、とりわけ社会では男性と平等の地位を得て」、パイロットなど以前なら考えられないような職業につくことができるようになった。「これは毛主席と共産党によってもたらされた幸福であり、今後わたしたち女性は行動で祖国の呼びかけに応え、祖国の建設に参加しなければならない」と書いている。

　1954年、Cは「女性が解放を勝ち取った記念すべき日」、「この記念日に多くの人が栄光ある闘争の伝統を継承するために自分の努力を検査してきた」として、自身の1年間を振り返った。病気のために働くことができなかっただけでなく、人民のお金を浪費してしまったことが精神的苦痛であるとCは書いている。

　3人ともに、3月8日を女性の解放記念日ととらえて特記し、女性解放運動の歴史をふまえて自省したり、今後の奮闘を誓ったりしている。過去の苦しみを思い、いまの幸福を感じる言説は、共産党政権ではおなじみだが、こうしたレトリックは自分と国家を同一化することになる。普段は女性に対する周囲の偏見が変わらないことに憤り、しばしば日記に不満を記していたにもかかわらず、女性が解放され男性と平等になったという公式見解を引き写

しているのである。Ｔは翌年の３月８日にもほぼ同じ内容を書いており「三八節」に書くべき内容がすでに固定化していることがわかる。

（三）恋愛問題

　新しい時代を生きる女性として恋愛や結婚についてどのように対処するかという記述もかなり似かよっている。

　Ｊは同僚と交際するようになるが、当初は恋愛に対して非常に消極的だった。「恋愛は青年がかならず経験する大事とはいえ、現在の自分は仕事や各方面で基礎ができていない。どうして恋愛問題を語ることができるだろうか」（51.1.5）。

　Ｔも男性と接近しすぎると陰口をたたかれたとき、次のように書いている。「わざとあら捜しをして、男女関係が乱れているなどという。わたしは断言する。まず年が若すぎるし、自分の将来もはっきりしないのに、そんな意味のないことに心を砕くだろうか」（52.1.7）。また軍事幹部学校時代の同級生が結婚し妊娠したことを知らせてくると、「取返しのつかない変化だ」ととらえた。「同情するのみ。女性は数百年来みな結婚して子どもができると足手まといとなり堕落してしまうことがわかっている」のになぜ、と友人を問い詰めたいとまで書いている（52.1.24）。

　恋愛などの「個人的生活」が病の原因であると誤解されることを恐れていたＣも、同僚の女性たちが学習や仕事を重視せず、子どもや夫の世話で忙しくしているのをみて、自分も将来あのように卑俗になってしまうのか、これで革命幹部といえるのか、男性の附属品ではないか、と厳しい言葉を書きつけている（53.12.21）。

　ところが、その後すぐにＣは結婚し出産した。その間の経緯はまったく日記には出てこない。そうした恋愛や結婚などの「個人的生活」は日記に書き記すのにふさわしくないと考えていたようだ。Ｊは同僚との交際について記してはいるが、いかに仕事に影響を与えないかを中心に書いている。それは

当時宣伝された恋愛への正しい態度だった。当時出版された恋愛婚姻問題を論じた書籍では、「新中国」の青年には恋愛の自由があるが、本当の恋愛とは人を前進させるものであり、恋愛によって仕事に悪影響を与えてはならないと戒めている。また、Jが交際を始めようとしていたとき、青年団が「恋愛問題に関する学習を手配」し、Jは団員と思われる同僚と話し合いを行っている（51.3.22）。恋愛も青年団の管轄下にあり、完全に私的なこととは位置付けられていなかった。

　一方、Tの場合は恋愛問題が持ち上がると同時に日記が終了している。こうしてみると、日記には恋愛などの真に個人的なことは書かれなかったといえる。日記を書くことが「毛沢東思想的主体」をつくることだったとすれば当然かもしれない。次にそうした主体形成にかかわりそうな言葉に着目してみよう。

（四）学習と批判

　【表2】では、主体形成にかかわる学習や政治に関連する語句の使用回数を示している。文字数の差を考慮したとしても、Cの日記にやや異なる傾向がみられる。たとえば、毛沢東の有名な言葉「人民に奉仕する」を、JとTはしばしば用いているが、Cの日記では使われていない。ただし「人民のために」は3回使用されている。Cも「人民のために働く」ことが大事だと考え

表2　学習や政治にかかわる語句の使用回数

	日記	新中国	新社会	毛主席	毛沢東	共産主義	社会主義	小資産階級
Jの日記	3	11	2	11	0	0	0	7
Tの日記	30	7	6	25	12	13	5	12
Cの日記	7	2	0	5	7	5	16	1

	学習	進歩	落後	自己批判	改造	団結	人民のため	人民に奉仕する
Jの日記	111	25	6	21	6	6	11	10
Tの日記	362	70	13	69	23	39	15	10
Cの日記	90	18	3	1	3	2	3	0

ていたが、病気で思うように働けないため、「人民に奉仕する」とは書けなかったのかもしれない。

「学習」は3人共通の頻出語句であり、「しっかり学習しよう」「学習しなければならない」というフレーズがしばしば登場する。また「学習」の目的であり結果でもある「進歩」や、その反対の「落後」も自己を戒めるように使われている。3人は、革命とともに歩み「進歩」することを強く望み、自分が「落後」することを恐れていた。

ただしCの場合、学習に必須であるはずの「検討（自己批判や反省）」という語句が1度も使われていない。「検討」に替わる「批評」や「自己批評」も使用回数が少ないうえに、JやTのように自分の行為や思想を反省するという意味では使用していない。政治運動により精神を病んだCは、すでに「検討」したりされたりという過酷な舞台から降りてしまったようにみえる。にもかかわらず、「学習」や「進歩」はあきらめず、日記帳に雑誌や本などからかなりの分量の文章を抜き書きした。

Cの抜き書きは、おもに次の3つである。第1に、共産党上海市委員会の機関紙『解放日報』の記事であり、「政策とは何か」といった文章を写している。第2に、古今東西の偉人たちの名言である。ゴーリキーやチェーホフといったロシア文学者が多いが、シェークスピアやリンカーンの言葉もある。思い通りにいかない人生の指針を探し求めていたようだ。そうして第3の孔子にたどりつく。一般向けにわかりやすく書かれた孔子の評伝『孔子的故事（孔子の物語）』（李長之著、上海人民出版社、1956年）である。Cは同書から何度も文章を書き写しているが、書き写した場所が前後していること、また間隔をあけて複数日にわたることから、繰り返し読んでいたことがわかる。政治運動によって職場から追われたCが、心の拠り所としたのは古典だったといえるかもしれない。

（五）家族関係

　また、Cがあとの2人と比べてきわだつのは、家族に関する記述が多いことである。家族に関する語句の使用回数をまとめたのが【表3】である。Jではわずか11回だが、Cの日記では104回にのぼり、日記の文字数が約4倍のTとあまり変わらない。

　その要因としてCが病気療養のために実家に戻ったことがあげられるだろう。JとTは地元を離れており、実家にはほとんど帰っていない。職場の同僚と同じ宿舎で暮らすので、同僚が家族替わりだが、同僚との関係はかならずしも良好でなかったことは前述の通りである。職場では批判と自己批判が繰り返され、ぎすぎすした関係になりがちであった。

　Tが比較的多く家族に言及しているのは、父の歴史問題が彼女のキャリアに大きな障害となったからである。父はTが幼いとき母と再婚した継父であった。横暴なふるまいがあったようでTは「冷酷無情」だと恨んでいた。また母親が再婚後、家事に専念せざるを得なくなったことに強く同情していた（51.11.26）。

　家を出てから4年もの間一度も戻らず、手紙もほとんど書かなかったが、あるとき知人の手紙で両親の近況を知った。「母は現在進歩していて、あまり騒がなくなった。組織を頼り同僚と親しくなる」などよい傾向がみられるが、「父は仕事を探さないだけでなく、一日中飽食し、まったく努力しない」。わたしは実家を支援したくない。経済的に困窮すれば父も活路を見出そうとするだろう。わたしは両親を捨てるような恩知らずではないが、自分の立場をはっきりさせ、意味のない支援をして彼の怠け癖を助長すべきでない、と日記に書いた（51.12.14）。

表3　家族にかかわる語句の使用回数

	母親	父親	父母	兄弟姉妹
Jの日記	6	4	0	1
Tの日記	53	50	9	18
Cの日記	34	2	1	67

その後、父の経歴が問題になると、周囲の態度に傷つき「父とわたしは関係ない」とまで書くが（52.7.27）、父の死後、育ててくれた恩を思い出して悲しみ（52.11.3）、しばらくの間「心が安定せず」日記も途絶えがちになっている（52.11.20）。Ｔは一人になった母を心配して帰郷しようと考えた。

　　来年か今年後半、かわいそうな母に会いに帰ろうと決めた。父が死んだし、重い心臓病も患っている。会社の同僚たちが面倒をみてくれてはいるが、娘（私と姉）に会うことを渇望している。しかし、姉は音信不通で今もどこにいるのかわからないし、わたしはといえば、仕事のために身動きがとれない。でももう躊躇しないと決心した（52.12.9）。

　Ｔは1953年2月、春節休暇を利用して初めて帰省した。帰省中の日記がないので詳細はわからないが、上海に戻ってから簡単に記している。母との再会にセンチメンタルになったのか、「最近自分の思想を検査すると驚いたことに、感情に入り込んでいる。これは自分にとって大いに不利だし、将来の発展の妨げにもなる。ああ、努力しよう」（53.3.10）。

　Ｔは自分の将来のために、母親を想う気持ちを抑えて仕事に専念しようとした。また、こうした仕事優先の考えを他人にも要求した。あるとき、同僚が仕事中の事故でケガをした叔母のもとへ休暇を取って駆け付けようとした。これをみたＴは、同僚の叔母は昔から革命に参加していた幹部であり、公務の負傷であるから、ほかに面倒をみるひとはいる。姪である同僚が行く必要はないし、休暇をとれば仕事が遅れて多大な損失になると書いている（52.10.21）。

　こうした考えの背景には、従来は家族間で行われていたケアが、共産党政権下で徐々に職場などの組織によって代替されていったことがある。Ｔが内面化したように家族より仕事、つまり国家への貢献を優先することが正しい態度だとみなされていった。

　一方、Ｃの場合は彼女自身がケアを必要としていたが、ともに暮らす同僚

たちからは理解もケアも得られなかった。少なくとも彼女はそう感じて孤独であった。上海で数年間苦しんだCは、1957年7月、山東省の田舎に戻り家族との親密な関係に戻った（58.5.20）。母と弟とともに暮らすようになったCは、日記に家族や親戚、友人たちとの日常を記すことが増えた。家族との暮らしがCの心の安定に寄与していたようにみえるが、ときに家族と衝突し、それが引き金となって調子を崩した。1958年6月、Cは党の理論雑誌『紅旗』や劉少奇の報告などを勉強していた。6月19日も毛沢東の著作を読んで過ごしたが、「夕食のとき、思いがけず弟とケンカになった。弟を助けるつもりだったが、弟に拒絶された。母は弟側だ」と書いている。このケンカの後、しばらく頭痛や不眠、食欲不振に苦しんだ。2日後の日記には次のように書いている。

　　　頭は痛むが、引き続き文献を読まなければと思う。「知識分子問題」のなかで「最近、知識分子と青年学生のなかで、思想政治工作が弱まり偏向が生じている。一部の人々は、政治や祖国の発展、人類の理想などに関心を寄せる必要がないと考えている」とあるのを読み、弟の意識が高くない原因に思い至った（58.6.21）。

　弟とのケンカの原因が「政治意識」にかかわるものであったことがわかる。翌月の日記にも「最近、些細なことで母や弟と論争になる。一見取るに足らないことのようだが、実際には原則性の問題で、争わないわけにいかない」（58.7.7）と書いている。上海で数年間、政治的環境に身を置いてきたCは田舎に戻っても、毛沢東の著作などを勉強し続け、共産党の価値観を維持し続けていた。しかし、Cの日記は1958年7月27日で中断し、1961年9月以降は抜き書きばかりとなる。前述したようにそこには価値観の揺らぎがあったように思われる。

おわりに

　本章では1950年代に書かれた若い女性たちの日記から、毛沢東時代の基層社会の様相、個人の暮らしや内面の変化を探った。ただし当時の日記は、仕事や学習に役立てること、国家に役立つ人材に自分をつくりかえることが第一の目的であり、真に私的なことは日記の記述からは省かれていた。自分の恋愛について記述する際も、青年団の学習などを通じて学んだ正しい態度がつねに意識され、その結果、適切な行為だけが書かれた。

　つまり日記のなかであっても公的立場の自己が表現されていたといえる。そのため学習会や政治運動への参加に関する記述は詳細である。Tの日記からは、三反運動が社会に与えた影響力の大きさ、波及面の広さをうかがうことができ、さらには自分の上司であっても浪費や官僚主義は批判すべきであるという共産党的価値観が共有され、個人の行為の指針となっていたことがわかる。三反運動について、高官や企業の上層部などの汚職撲滅という側面が強調されてきたが、それだけでなく若い職員にも経歴の説明や思想改造などを求め、精神的重圧をかけていた。際限なく繰り返される批判と自己批判の応酬は、家族に替わる親密な関係となる可能性があった職場の人間関係に亀裂をいれ分断した。Cはそうした職場に耐えられず精神的不調をきたし、最後には排除されてしまった。Cも「毛沢東思想的主体」になろうと努力していたが、政治運動のなかで排除され、家族のもとへ戻らざるを得なかったのである。それでも共産党の価値観を堅持し、家族にも勧めたが受け入れられず、また批判と自己批判の応酬の場から離れたこともあり、古今東西の偉人や孔子などの古典に視野をひろげるようになった。

　筆者が以前分析対象とした青年Lも本章の3人と同じ世代の若者だった。[18]中華人民共和国が成立したころに社会人となり、新しい時代に期待を抱き、いちはやく共産党の要請に応えて活躍しようと試みた。「1949年世代」と総称できる共通の経験や心情があるように思われる。青年Lは五反運動に身を投じた。資本家の糾弾に活躍して表彰も受けたが、勤め先が倒産したことで

失業してしまう。その後の人生は思い通りにいかず、ついには政治的な問題があるとみなされて労働教養所送りとなった。Lの日記は残っていないが、自伝的文章や手紙には共産党の価値観を反映した言葉がつづられていた。日記を書いていれば、おそらく3人と同じように「毛沢東思想的主体」であることをアピールする内容であっただろう。

　毛沢東時代の日記に真に私的なことが書かれなかったとすれば、それはどこで書かれるのか。あるいはどこにも表現されなかったのか。2つの方法で探ることができるかもしれない。1つはイデオロギー的言説のなかに、書き手の私的な感情が反映されている部分を探し出し、微細に分析することである。もう1つは手紙である。3人はいずれも家族あるいは友人に頻繁に手紙を書いていた。職場と離れた場所に住んでいる相手への手紙であれば、批判と自己批判の応酬とは異なるコミュニケーションが可能だったのかもしれない。とはいえ、Tがやり取りしたラブレターですら、批判と自己批判は含まれており、完全に共産党的価値観から自由であったとは考えにくく、やはり注意深く読み解く必要がある。3人の手紙は残っているのかすら不明だが、もし入手できて日記と手紙を組み合わせることができれば、さらに革命と「親密圏」との関わりについて考察を深めることができるであろう。

　3人の日記にもまだまだ取り上げるべき点、深く考察するべき点は多く残されている。階層や性別、教育レベルを異にする上海の青年Sの日記と比較することも有益だと思われる。毛沢東時代の日記を読み解き、歴史像を豊かにする作業は緒に就いたばかりである。

【注】
（1）「怎様写日記？」（陸旋勤、『人民日報』1949年9月19日）。日記の書き方を指南する書籍は複数の出版社から刊行されている。たとえば、『怎様写日記』（関鋒、通俗読物出版社、1955年）や『怎様写日記』（夏明旭編、上海教育出版社、1963年）など。
（2）「識字模範村 —— 李家溝」（『人民日報』1949年12月8日）。
（3）「日常儀式化行為的形成：従雷鋒日記到知青日記」（呉艶紅・J.David Knottnerus、

『社会』27巻、2007年1月、103-104頁）。

（4）同上（117頁）。

（5）Shan Windscript, "How to Read a Mao-Era Diary", *The PRC History Review* Vol.6, No.3(September 2021), pp.30-31.

（6）同上（pp.31-32）。

（7）以下、ロシア研究に関する叙述は、『スターリニズムの経験　市民の手紙・日記・回想録から』（松井康浩、岩波書店、2014年）に依拠している。

（8）松井前掲書、および「スターリン体制下の個人と親密圏」（松井康浩、『思想』952号、2003年8月）。

（9）「中ソ友好交流をめぐる中国青年知識人のプロパガンダ受容について ── 青年Sの日記を手がかりに」（鄭成、『アジア太平洋討究』No.36、2019年3月）。

（10）同上（98頁）。

（11）拙稿「人民共和国建国初期の大衆運動と主婦 ── 上海市家庭婦連を中心に」（『東アジアの家族とセクシュアリティ　規範と逸脱』小浜正子・板橋暁子編、京都大学学術出版会、2022年）。

（12）『毛沢東伝（1949-1976）』上（逢先知・金冲及主編、中央文献出版社、2003年、207-208頁）。

（13）「関於限期向中央報告打虎予算和県、区、郷開展三反運動電報」（1952年2月4日）（『建国以来毛沢東文稿』第三冊、中央文献出版社、1989年、140頁）。

（14）「対中南軍区党委打虎報告的批語」（1952年2月7日）（『建国以来毛沢東文稿』第三冊、中央文献出版社、1989年、163頁）。

（15）「中南局関於中南区「打虎」計画」（1952年2月13日）（『中共中央中南局文件輯存』中共中央中南局弁公庁、1954年、第三巻、2018頁）。ただし、『中共重要歴史文献資料彙編　第24輯、第33種（3）』（中文出版物服務中心、2016年）を利用。

（16）「中南局関於修訂「打虎」計画給各地的指示」（1952年3月15日）（『中共中央中南局文件輯存』第三巻、2056頁）。

（17）『談談恋愛婚姻問題』（丁一、知識書店、1951年、1-2頁）。

（18）拙稿「重慶の青年Lの半生 ── 労働教養分子になるまで」（『毛沢東時代の政治運動と民衆の日常』鄭浩瀾・中兼和津次編、慶應義塾大学出版会、2021年）。

第8章

政治と娯楽
——建国初期の都市社会におけるダンスの興隆[(1)]

大濱慶子

はじめに

　前世紀、中国人民がダンスに熱狂した時代があった。1949年中華人民共和国建国直後から1957年反右派闘争の時期にかけて、「交誼舞」と「集団舞」（原語：集体舞、以下カギ括弧をとる）と呼ばれるダンスが都市部を中心に全国で大流行した。前者は社交ダンスをさし、後者は中国の民間舞踊と旧ソ連、東欧から移入された民族舞踊を融合させ、50年代に独自に創作された集団舞踊の総称である。いずれも自ら踊り、社交や交流を育むことを目的とした大衆娯楽の一種であった。建国初期、祝日や週末に毛沢東のような国家主席から軍人、幹部、労働者、学生に至るまで老若男女が機関、学校、工場、部隊で開かれる舞会（ダンスパーティ）で手を取り合ってダンスを踊った。またそれは「一家さながらの親密さ」に喩えられた。70年を経た今、この史実を記憶する人は少なくなっている。

　これらのダンスはいつ頃から始まったのだろうか。中国共産党の機関紙である『人民日報』がこれを伝えるのは建国翌年の夏である。1950年8月22日、「青年服務部が舞踊、音楽研究班を創設／各機関の文化娯楽活動の推進に協力[(2)]」という見出しで、娯楽活動に携わる幹部の育成とダンスの普及を知らせる広告が掲載された。記事の作者は中国青年社で、舞踊研究班では青年芸術劇院、中央戯劇学院舞踊団などの専門家を招いて指導を行うこと、教授するダンスは主に交際舞（中華民国期の社交ダンスの名称）と集団舞の2種類であり、3ヵ月一期とし、毎週2回実施すること、希望者は所属機関の紹介状を

235

持参し申請するように、といったことが書かれていた。なぜ社交ダンスと集団舞という2つのダンスが選ばれて専門家の指導の下で普及させることになったのだろうか。

その起源について、1930年代、アグネス・スメドレーが紅軍の指導者に手ほどきしたとされる社交ダンスや、毛沢東の「延安における文芸座談会の講話」に遡るまでもなく、第二次世界大戦後、世界各地で同時代的に現出したダンスの風潮の影響を受け、中国でも同様のブームが湧き起こったものと考えられる。中国に先立ち、日本では占領統治下、焼け野原にすさまじいダンス熱が席巻し、社交ダンスとアメリカから導入されたフォークダンスが職場、学校、工場、公民館などで盛んに踊られた。[3] 日本の社交ダンス界の重鎮であった玉置眞吉も戦後はフォークダンスの熱心な指導者となった。玉置は彼の著書『フォーク・ダンス』のなかで、アメリカがフォークダンスを学校教育に導入することにより世界的普及に貢献したことや、第二次世界大戦後、欧州の各民族を祖先としている人々の民心の緩和融合政策として重視されたこと、さらには日本でもGHQ（連合国軍最高司令官総司令部）によって推奨され、荒廃した領土で何の慰安もない国民にアピールし、日本占領行政の成功の一面になったという見解を披瀝している。[4] 50年代、東西陣営の対立や国境を越えてダンスムーブメントが広がり、各国の民族舞踊や集団舞踊の振興が行われていたのである。長い戦争や内乱に終止符が打たれ、新しい国の建設に直面していた中国においてもダンスがもつ融和や統治機能が注目され、国内への導入が模索されていたとしても不思議ではない。人民共和国が誕生し、人々は明るい希望や生の歓びを体で感じさせてくれる娯楽を求めていた。民衆のなかに充満する踊りのエネルギーを国の復興と再建に取り込み、新しい社会成員をつくる大衆娯楽の創出がスタートする。

人民共和国建国初期、旧来の社会秩序はいかにして改編され、社会主義体制への転換が図られたのか。毛沢東時代の政治空間において、国家権力が政治、経済、社会システムのみならず、私的領域や生活空間にまで浸透していったことが明らかにされている。国家権力と生活空間の相互作用についての

新たな研究が進んでいるが、人々の娯楽生活の実態を取り扱った研究はまだ少ない。娯楽とは人の心を慰め、楽しむ活動、学業や労働から解放された余暇時間に行われる諸活動をさし、親密な関係と深く結びついている。1950年代、中国では新政府の推奨の下で映画、歌、ダンス、劇を含む多彩な大衆娯楽活動が展開されていた。本章では交誼舞と集団舞を取り上げ、娯楽と政治の関係、またこれらのダンスを通じて再編成される学校、職場、地域などの親密な関係について検証する。

　中ソ友好同盟相互援助条約締結後、朝鮮戦争が勃発し、中国が冷戦構造の東側共産圏へ組み込まれていく情勢下において、また「旧中国」と「新中国」、資本主義と社会主義、ブルジョアジーとプロレタリアートの対立構図が生成され社会体制が転換していく過程において、民国期の租界の社交ダンスはどのように改良され、集団舞という新たなジャンルのダンスが生み出されていったのか。これらのダンスはどのように人々の日常生活や余暇時間に組み込まれ、またどのような役割を果たしたのか。当時の史資料を掘り起こし、社会の変革とダンスの興隆の実相について、文芸政策を含むマクロな視点から明らかにする。併せて50年代青年期を過ごした人々が書き残した回想録や日記を手掛かりとして、民衆がこれらのダンスをどのように享受し、またダンスの実践を通していかなる親密関係を構築していったのか、個人の生活にかかわるミクロな側面にも光を当て考察する。

一　社交ダンスの改革

　まず中華民国期、租界で発展した社交ダンスが人民共和国成立後、どのように変容し、上海や北京などの大都市のみならず地方の人々の娯楽として広まっていったのかについてみていきたい。

　社交ダンスは近代、西洋から東洋へ渡って来た娯楽である。日本では明治期、鹿鳴館で舞踏会が開催され、欧化政策や近代化への第一歩が踏み出され

た。中国ではアヘン戦争後、開港場に移り住んだ西洋人によって移植された。男女が一組になって抱擁しながら踊るこのダンスは、中国の伝統的規範と相容れず、中華民国期に入ってようやく国内の人々に受容されるようになり、交際舞と名付けられた。とりわけ民族資本の成長や、都市化と中間階層の拡大が進む上海租界で、1920年代後期からダンスホールの開業が相次ぎ、東洋のパリを象徴するきらびやかな娯楽産業へと発展していった。その頃の日本と同様にタクシー・ダンスホールと呼ばれる営業形態が流行り、これは舞女（職業ダンサー）や専属の楽団を雇い、客はチケットを購入して舞女に渡し踊りの相手をしてもらう、いわば都市中間層の男性を対象とした娯楽産業というべき性質のものであった。舞女の多くは上海近郊、浙江、江蘇省から戦火を逃れ、上海に出稼ぎに来た若い女性たちで、彼女たちの大半は学歴が低く、日銭を稼ぐためにミラーボールの下でダンスというサービスを男性客に提供し、ひと時のロマンチッククラブを味わわせた。このように民国期、租界で夜通し踊り明かされた交際舞の実相は、都会のダンスホールという商業的かつ閉鎖的な社交場の中で繰り広げられた、階級や性の非対称な構造に根差した娯楽、大衆消費文化の１つであった。[6]

　人民共和国誕生後、交際舞はブルジョアジーに利用された不良の娯楽として指弾される。「旧中国において半植民地の腐敗した都市の生活意識と結びつき、商品（舞女）化し、男女が追い求める道具、退廃的な暇つぶし」の娯楽になった社交ダンスを「泥沼から解放しなければならない」[7]とし、徹底した社会主義改造が加えられていく。

（一）　ダンスホールの改組と舞女の解放

　まず着手されたのが私営商工業の業態の１つであり、時代にそぐわない「旧社会の遺留物」とみなされたダンスホールの改組であった。馬軍の研究によると、複雑な利権の絡み合うダンスホールは社会の混乱の回避、治安維持の観点から、当局が労働組合などを通して維持しつつ管理を強化し、徐々に淘

汰する慎重な政策が講じられたことを指摘している。[8] 政治面では、反革命鎮圧運動や三反五反運動を通して経営者の取締りが強化され、「帝国主義の文化侵略」、「資本主義思想をまき散らす基地」、「色情で呼び込む産業」などと言説化、排撃された。経済面では税が引き上げられ、多くのダンスホールは負債を抱えて経営難に陥り、オールド上海の名花と称えられた百楽門（パラマウント）ダンスホールは1951年に国有化され百楽門大戯院へ、[9] その他の旧租界の著名なダンスホールも劇場、スケート場、寄席、体育クラブ、手工業工場などへ次々と改組、統廃合されていった。

　ダンスホールの従業員や楽師たちの転業や再配置も促されたが、とりわけ当局が重視したのは舞女の転職であった。1949年5月上海市人民政府が樹立すると、当局は早くもこの解決に乗り出している。7月23日の『上海新民報晚刊』は「大型ダンスホールに教室／音楽台が教壇／進歩的な舞女が学習を開始」の見出しで、上海婦女互助社の協力の下、学習班が設けられ、百楽門、維也納のような大型ダンスホールにおいて、文字や女性問題、社会主義女性解放論の学習に励む舞女たちを取り上げ報道している。[10]「舞女が覚醒して人格を勝ち取り」、[11] 知識を学び、手に職をつけ、被抑圧的な境遇から脱却し、自立した生き方を選び取っていく様子が新しい女性像、中国共産党の解放の果実として大きく宣伝された。ホールの楽団も文化局の斡旋により劇場や文化宮へ移管され、かつて栄華を誇った上海のダンスホールは1950年代半ばには跡形もなく姿を消した。

（二）　社交ダンス教則本の変容と労働人民の文化娯楽

　ダンスホールや舞女を「旧社会」の残存物として徹底して駆逐する一方で、興味深いことに社交ダンスそれ自体は決して良くないものでもなければ、害を与えるものでもなく、もともと民衆のものであったと解釈され、「新中国、新社会」に適合した人民大衆の娯楽形態へつくり変え、再生させる努力が払われるのである。

現在、建国初期の社交ダンスに関する方針を示した公的な文書に触れることは困難である。だが1950年代には数多くのダンス教則本が出版されており、鮮やかに変容を遂げるこれらの教則本を通して、建国後の社交ダンス再生のプロセスや、社会主義化へ向かう娯楽の動態の一端を読み解くことができる。建国初期の社交ダンスは旧租界の遺産を引き継いだ上海と政治の中心となった北京の二つの都市を往還しながら振興が図られたこともみえてくる。

　文芸活動が盛んであった上海では50年代初期、文娯出版社から多くのダンス関連書籍が編纂、出版されている。社交ダンス教材の著者、編者は民国期から活躍していたダンス教師や舞踊家であった。旧上海租界には数多くのダンススクールが存在し、ダンスで生計を立てていた教師、著名な舞踊家も少なくなかった。その多くは香港などに移住したが、銭宗廉兄弟のように祖国に留まった教師たちもおり、彼らやその弟子たちが旧租界で磨かれた技術を基に、新たな時代に適合した社交ダンスの改編と普及活動を牽引していくことになる。

　一方、首都北京でも職場や学校で普及活動が行われるようになった。建国後、最初に出版された社交ダンス教材『交際舞速成』（1950年）は北京の和記印書館から上梓されている。著者は安楽然、彼は民国期、天津の競技会で優勝した経験もある。北京建築工程学院体育教研系の教員となり、中央戯劇学院や東方歌舞団、北京市群衆芸術館などでもダンスを教えた。同書の初版は[12]1947年5月に天津で出版されていたが、1950年7月に北京で再版され1ヵ月で完売するベストセラーになり、版を重ねた。同年12月に出版された第3版によると、ダンス愛好者や舞踊の研究を志す有志たちの切なる要望に応えるため、改めて各国の社交ダンス理論書を蒐集し、著者自身の指導経験を基に増補改訂版を上梓する運びになったことが記されている。[13]建国直後から社交ダンスが流行し、既述したように1950年、北京では学校や職場で娯楽活動を担う人材の育成が始まっており、社交ダンスの教材が必要とされていたことと無関係ではないだろう。

　同書にはフォックストロット、ワンステップ、ブルース、ワルツ、タンゴ、

ルンバ、サンバ、ジルバなど社交ダンスのステップの解説に加えて、標準的で正しい男女の組み方や姿勢、ポジション、ダンスパーティの主催、参加の心得、注意事項などの内容が盛り込まれていた。社交ダンスが有閑階級やプチブルの退廃的娯楽ではなく民衆に広く開かれた健全な娯楽であることを示し、ダンスホールで繰り広げられていた乱れた踊りを専門的知見から優美なダンスへと是正、善導し、学校、職場、家庭で普及を図ることがねらいであったと考えられる。安楽然は1951年に『ワルツ教材』も出版している。

1950年10月、北京『新民報』は社交ダンスが青年男女の交際をオープンにするための教育効果が期待できると主張する論説を掲載している[14]。臨時憲法の役割を果たした1949年制定の「共同綱領」では、政治、経済、文化教育、社会の生活の各方面において女性は男性と同等の権利を有することが明記された。また1950年5月に施行された婚姻法では、儒教道徳に基づく家父長制の家族制度を廃止し、男女の婚姻の自由や一夫一婦制、男女平等が保障された。女性の労働参加が促され、学校は男女共学へ移行した。このような理念は社交ダンス教材にも投影され、表紙には男女一対のカップルが組んで踊る表象が採用された。社交ダンスは男女平等の啓蒙や実践にもなっていたことが見て取れる。

翻って上海では1950年7月、上海市人民政府文化局が設立され、劇作家で左翼文芸運動に従事していた夏衍が局長に就任した。彼は10月「上海文教活動概況と今後の活動任務」と題する報告を行い、文芸政策の指針を発表している。これによると文学、戯劇、舞踊、音楽、美術の活動を統轄する上海市人民政府文化局芸術処において、政治任務に従い上海市の文芸従事者の組織化に注力した結果、上海市文学芸術界聯合会所属協会の会員は1万人に達したと述べられている。文教活動の目標としてこの組織を核とし、創作の批評や指導を行うこと、政治理論の学習、改造から一歩進めて実生活に深く入り、労働者、農民と結びつけ、優れた創作を出版、上演し、工会（労働組合）と連携して労働者の文芸活動を重点的に発展させることが提示された[15]。

これらの文芸政策や政治経済を取り巻く環境の変化、社会システムの改編

にともない、1950年から1953年にかけて、社交ダンスはわずか数年でドラスティックに変容した。まず名称が交際舞から友愛を強調する交誼舞へ改称された。教則本の表紙に描かれる男女のコスチュームは華美な礼服から人民服やソ連の労働服へ変わった。技巧的で煽情的なステップから明朗でシンプルなステップへ、踊りの名称も「華爾滋」（ワルツ）から「慢三歩」、「勃魯斯」（ブルース）から「慢四歩」、「快歩」（クイックステップ）から「快四歩」へとリズムや拍子を表す名称へ変わり機能化、規則化した。安楽然の『ワルツ教材』も1953年の改訂版では『三歩舞』と改称されている。ダンス音楽はジャズや甘美な流行歌から中国の民間舞曲やソ連、東欧の舞曲へ、踊り場は隔離された有料のダンスホールから学校の講堂や職場の工会が運営する無料の舞会へ、夜のダンスから明るく健全なダンスへと転換し、「旧中国」、資本主義、ブルジョアジーの交際舞とは一線を画した「新中国」の、労働人民のための文化娯楽へと生まれ変わったのである。[16]

　上海・文娯出版社のダンス書籍の編集者であった顧也文の手による『国際交誼舞』（1953年初版）では、中国現代舞踊の先駆者であり、当時中華全国舞踏工作者協会副主席を務めていた呉暁邦の言葉——「我々は、労働者が自己の階級の友愛を育み、集団生活における感情を表現するダンスを確立しなければならない。これは健康的で活発で、楽しい、率直な生活舞踊である」が引用され、ついに「交誼舞は人民生活の正当な文化娯楽活動形態の１つになった」と説明された。交誼舞の舞踊運動を広めようと次のように語りかけている。

　　労働人民が勝利のうちに新社会を建設するよう鼓舞し、新生活のなかで生産への意欲を高めるため、工場、鉱山、農場、部隊、機関のクラブで計画的に、段取りを追って舞会を組織し、人々を参加させ、交誼舞を広く労働人民の娯楽生活の一部にしなければならない。「交誼舞運動」をさらに前進させよう！[17]

（三）　文化宮、文化館の建設と交誼舞

　労働人民の娯楽となった交誼舞は、ソ連や同盟国の友好交流のレセプション、国家要人が集う中南海、各民主党派と統一戦線活動を展開する政治協商会議[18]、青年団、婦女連の主催する舞会、職場の工会、学校が主催運営する交歓会[19]で踊られ、活況を呈した。とりわけ上層部や知識人たちは交誼舞の持つ優美な動作、洗練された立ち居振る舞い、重厚な音楽に魅せられたようである。ダンスホールという閉鎖的空間から公共の空間へ引き出された社交ダンスは、指導層や幹部たちにとっても政治手腕を発揮し、民衆に親密さをアピールする絶好の機会になった。毛沢東や周恩来は挙げるまでもなく、上海市長の陳毅なども舞会にしばしば顔を出した。他所で開かれる舞会に参加し、女性たちを平等にエスコートしてダンスを踊りこなし、一般に披露することも新しい時代の幹部に求められた素養の１つであった。

　旧来のダンスホールに代わり、新しい大衆の社交場ともいうべき文化施設も登場した。既存の文化教育機関を改編し、文化館、工人クラブ、軍人クラブ、工人文化宮、青年宮、群衆芸術館などが体系的に組織され、中央から地方各級政府、工会、青年団、軍隊の系統にこれらの文化施設に対応した管理組織が編制された。たとえば文化館は民国期に存在していた民衆教育館を人民政府が接収し、ソ連モデルに倣って改組したものであり、人民文化宮と呼ばれていた。1953年「文化館、文化站の整理強化に関する指示」が公布され、文化館に改称された。これらの施設は人々の文化生活を活性化し、大衆文化活動や娯楽活動を行う場所であると同時に、党や国家の政策の宣伝活動を行う重要な拠点にもなっていた。土地改革、反革命鎮圧運動、抗美援朝、三反五反運動、普通選挙、婚姻法の宣伝、ソ連友好運動に合わせた映画の上映、劇団の公演、展覧会、講演、学習活動が繰り広げられ、人々の政治意識を高め、社会主義教育を行う機能も併せ持った。文化政策と政治は不可分の関係にあったのである。工人クラブや工人文化宮は工会が管理運営し、1954年の12,376ヵ所から、1958年には31,604ヵ所へ急増した[20]。職員、労働者、その

家族の文化活動を目的とし、財源は工会の経費、政府の補助、活動収入など
で賄われ、労働者に経済的負担をかけることなく各種の娯楽が提供されるよ
うになった。

　これらの文化施設でも舞会が開催され、ダンス交流が盛んに行われていた。
これらの新しい文化施設では社交ダンスはどのように踊られ、民衆の余暇生
活へ入っていったのだろうか。四川省の県文化館で働いていた作家武礼建が
地元ローカル紙に寄稿した回想から跡付けてみたい。[21]

　彼の回想によれば、交誼舞は北京から全国に流布していったものであると
いう。四川省の地方の県で流行し始めた時期は北京よりやや遅れ、1954年の
春節であった。最初に音頭を取ったのは県党委員会書記である。役所の幹部、
学校の教師、生徒、文工団のダンサーが次々に参加し、舞会は熱気に包まれ[22]
た。交誼舞は優雅で、ステップは規範的、紳士淑女の風格が漂っていたこと
から高尚な芸術とみなされ、最初は幹部や有識者に歓迎された。県の委員会
の講堂が交誼舞の出発点であったが、参加者が増えたため文化館の劇場に移
された。文化館は楽団を組織して伴奏をさせ、生演奏がダンスのムードを盛
り上げた。その後、金融、工商機関、学校でも毎週舞会が開催されるように
なり、交誼舞は県の余暇活動に欠くことのできないイベントになった。とり
わけ中学校での娯楽の催しは格別な盛り上がりをみせ、人々は歌い、新劇を
演じ、秧歌（ヤンガー）を踊った。さまざまな娯楽のなかでも老若男女が分け
隔てなく楽しめる交誼舞は人気を集め、「我們来跳舞（いっしょに踊ろう）」と
いう曲では、皆で歌い踊り、「中国人民が解放された喜びが表現された」とい
う。週末、学校の球場、空き地の至るところで颯爽とした若者や、朗らかな
中高年がダンスに興じる光景がみられるようになった。また1954年に中学校
の教職員組合、文工団が主催した国際交誼舞の夜会は全県を華やかに彩る一
大イベントに発展した。

　文化館ではダンスの講習会が開かれ、書記を筆頭に文工団の俳優、県医院
職員たちが助手を務め初修者の指導に当たった。交誼舞の冊子も印刷配布さ
れ普及に一役買った。文化館のホールでは館長が舞会の秩序を保つ規則や踊

る場所、照明の選び方、音楽の選曲、参加者のマナー、パートナーと踊る時の礼儀――たとえば身なりが整っていない者、飲酒した者は入場禁止、やかましく叫んだり、ニヤつくことはマナー違反など――について熱心に説き聞かせていたという。ダンス講師も社交ダンスの正しい姿勢やポジション、重心移動、男女の組み方、コンタクトの仕方など基本動作を解説し、ダンスの規範化を図った。

　県の交誼舞の舞会は1957年、反右派闘争を境にわずか３年で閉鎖された。だが交誼舞は著者によれば、県の講堂をスタート地点として、文化館、職場、中学校へ広がっていき、幹部、職員、俳優、教員、生徒たちが仲睦まじく休暇を過ごしたよき思い出として県の人々の記憶に留められたと述懐している。

二　集団舞の創出

　中国の社交ダンスは建国後なぜこのようにドラスティックに、身分や世代を超え、踊り歌い誰もが楽しめる演芸会の出し物のような娯楽へと改編されていったのだろうか。この問題を考える時、同時期に大流行したもう１つのダンスである集団舞の影響を看過することはできない。50年代に出版された集団舞の教則本の数は社交ダンスの教則本をはるかに凌駕する。交誼舞は集団舞の発展の影響を受けてその性質を変化させていったと考えられるのである。だが集団舞に関する研究は極めて少なく、その史実は歴史に埋もれている。[23]

　王克芬ほか編『中国舞踏大辞典』（北京・文化芸術出版社）の「集団舞」の項目には、「一種の自発的かつ広範な大衆の広場舞踊形式。形式は比較的自由で動作も簡単、当時流行した大衆歌謡曲やダンス音楽を伴奏曲とした。20世紀5、60年代、わが国の一部都市青少年の間で大変流行した」と解説されている。[24]しかしここに書かれているように、果たして集団舞は青少年たちによって自発的に踊られた、一過性の流行りのダンスだったのだろうか。結論を先

245

取りしていうならば、集団舞は人民共和国の舞踊の開拓者たちが創作に携わり、政治的な意図をもって上から推進、普及されたこの時代の刻印が押されたダンスであった。今はもう注目されなくなり、忘却されているこのダンスの創出の過程と機能について浮かび上がらせてみたい。

(一) 建国初期の集団舞と「新民主主義」

　集団舞の発展の歴史を紐解くと、その端緒を1940年代の延安の文芸政策や新民主主義革命の精神に求める説がある。⁽²⁵⁾1949年、中華全国舞踏工作者協会が設立され、文芸界では延安の精神を受け継ぎ、共産党の各都市解放を鼓舞していった中国土着の踊りである秧歌を民間舞踊や団体舞踊に改良する運動が提案された。1951年に刊行された『新集団舞』（濮思温・管玉琳合著、北京・三聯書店）は、集団舞の名を冠した最も初期の専門書の1つである。同書の「新集団舞の誕生」の章には次のような興味深い内容が記述されている。

　かつて一世を風靡した秧歌運動に最近陰りがみられるようになり、海外から帰国した文工団が持ち帰って来た集団舞を意図せずに人々に教えたところ、燎原の火のごとく広がり、瞬く間に各学校に伝播していった。これは驚くべきことであり、今や外国の集団舞の方が人々に受け入れられている。中国の秧歌になく国外の集団舞にあるものは何か、それは娯楽性である。そこで『『新秧歌の娯楽性を強化し、集団舞を秧歌化』することを提唱する。一般の集団舞と区別し、秧歌化した集団舞を『新集団舞』と称する」。⁽²⁶⁾

　ここからわかることは、外国から紹介されたダンスを最初、集団舞と呼んでいたが、中国の秧歌に国外のダンス（集団舞）を融合させた新しいダンスの再創出が試みられ、両者が合わさってその後、集団舞と呼ばれるようになったということである。草創期にはこの『新集団舞』を皮切りに、『実用最新集団舞』（張伯清編、天津・人民書店、1951年）、『集団舞踏』（楊熙曽編、上海・文化出版社、1952年）、『中国集団舞』（裴也整理、上海・文娯出版社、第一集1952年、第二集1953年）、『集団舞』（王克偉編、上海・文娯出版社、1953年）、『青年集団

246

舞』（簫亮雄編、裴也整理、上海・文娯出版社、1954年）などが出されている。また1952年から1953年にかけて『ハンガリー集団舞』、『集団舞』（蘇南中蘇友好協会）、『各国集団舞』、『ソ連集団舞』、『ソ連民間舞踏』、『人民民主主義国家民間舞』、『朝鮮民間舞』、『朝鮮舞』、『ロシアダンス』、『ウクライナダンス』、『ウズベキスタンダンス』、『ウラルダンス』のような国外の集団舞踊や民間民族舞踊を紹介する書籍が相次いで刊行された。加えて『水兵舞』、『旋舞』、『綱舞』、『燕舞』、『双人舞』（カップルダンス）、『三人舞』、『四方舞』（スクエアダンス）、『六人舞』のようなダンス本もロシア語から数多く翻訳出版されており、海外の舞踊を研究し、国内の集団舞のなかに精力的に取り入れていった形跡をたどることができる。

　またこれらの出版物から建国初期のダンスの変化もうかがい知ることができる。人民共和国は最初、人民民主主義国家と規定され、共同綱領では新国家を労働者階級、農民階級、小ブルジョアジー、民族ブルジョアジーおよび愛国的民主分子の民主主義統一政権と定めていた。(27) ソ連や多党制の人民民主主義を標榜していた東欧諸国と活発な文化芸術交流や舞踊団の相互訪問が行われた。1952年、1953年に連続して刊行された楊羽編訳『人民民主主義国家民間舞』（上海・文娯出版社）には、ハンガリー、ルーマニア、ポーランド、ブルガリア、チェコスロバキアの民族舞踊が収録され、挿絵には各国の民族衣装で舞う男女が描かれ、実に国際色豊かであった。

図1　1950年代の集団舞の教則本（筆者蔵）

建国直後に大流行した集団舞「お友達をみつけよう」（原語：找朋友）は1949年、ハンガリーのブタペストで開催された第2回世界青年学生平和友好祭で各国の青年たちが踊ったダンスが中国に紹介されたものである。ハンガリーの舞曲に「お辞儀、握手、あなたどうぞ、こんどはわたし」という親しみやすい歌詞と軽快なステップがついていた。この祭典に参加していた中国の芸術家たちはその躍動感あふれるダンスに魅了され、帰国後集団舞として改編し、1950年の国慶節、天安門広場で実演をしてみせた。すると瞬く間に人々の心をとらえ、全国に広まっていったという。[28]

　ソ連や東欧の社会主義陣営諸国から娯楽性の高い踊りが移植され、さらに社会主義リアリズムの手法が導入されて「人民は解放され主人公になった」という新しい時代の喜びや労働者、農民の現実生活の向上、社会主義建設の前進を表現するダンスが創作された。また反帝国主義（「抗美援朝」）のような政治スローガンを反映させたダンスを織り交ぜて集団舞というダンスが創出されていった。舞踊の専門家が創作に携わり、小中学生、大学生や労働者のアマチュア創作活動も奨励された。舞踊の大家、戴愛蓮を招いたコンテストも開催され、優秀作品は教材として採用された。『工人日報』のようなメディアも公募で選んだ新しいダンスを掲載し、鮮度を保ち大衆を飽きさせない工夫も凝らされた。

　集団舞の創作と同時にソ連、東欧の民族舞踊が大量に移入され、交誼舞のようなペアダンスの改良が行われ、大衆のダンスが百花繚乱の様相を呈するのは第一次五ヵ年計画の実施、過渡期の「総路線」が提唱された1953年前後である。1953年秋に開催された中国文学芸術工作者第二次代表大会では、中国共産党の指導の下に「芸術の武器を用いて国家の社会主義工業化の実現に向けた偉大なる闘争に参加する」[29]方針が打ち出された。だがそれ以降は、さまざまなダンスは次第に集団舞のなかへ包摂、集約されるようになり、交誼舞は簡素化され、50年代後期、表には出てこなくなる。一方、集団舞は各都市の群衆芸術館や中国舞踏芸術研究会のような機関が創作、編集、運営を担[30]うようになり、管理統制が強められる。反右派闘争、大躍進期になると政治

宣伝の色彩がいっそう顕著になり、やがて忠字舞のような毛沢東を賛美する
ダンスが文革期に踊られるようになった。このように集団舞は内外の情勢、
党や政府の文芸政策、舞踊運動、世相を反映して変容を遂げていった。

（二）ダンスによる親密な関係の構築と階級の身体化

　集団舞とは実際にどのようなダンスだったのだろうか。上海・文娯出版社
から刊行された教則本を比較してみよう。『中国集団舞』（裴也整理）は1952
年に第一集、1953年に第二集が出されている。第一集には「快楽舞」、「朋友
舞」、「招待舞」、「団結友愛舞」などが収録され、これは秧歌を基調に創案さ
れたダンスであった。歌いながら踊ることができるように歌詞も添えられて
いる。第二集では労働者向けの「秧歌歓びのダンス」のような中国舞踊をア
レンジしたダンス、兵士向けの「雄々しく意気高らかに」、「解放区の空」の
ような政治性を帯びた勇ましいダンス、学生向けの軽快な「青年集団舞」が
それぞれ収録された。特筆すべきは秧歌が男女のペアダンスに改良されてい
ることである。この時期に文芸整風運動や思想改造運動が始まり、これらの[31]
政治運動を経て1953年に出版された王克偉編『集団舞』では、「紡績労働者
友誼舞」、「戦士集団舞」のほか、「ソ連人民団結舞」、「モンゴル舞」、「ハンガ
リー三人舞」、「ソ連集団舞」、「ウクライナ集団舞」のような民族舞踊も収録
された。1954年に出版された蕭亮雄編『青年集団舞』（裴也整理）、これは広
範囲に使用された教則本であるが、このなかにはさらに「赤軍集団舞」、「軍
民交歓舞」、「集団農場舞」、「ソ連鉱夫集団舞」のほか、「交誼舞」、「晩会舞」、
「集団交誼舞」、「青年交誼舞」のような社交ダンス、「ソ連民間舞」、「ウクラ
イナ集団舞」、「白ロシア舞」のような国外のダンスが収められレパートリー
が拡大した。
　同年代に日本で興隆したフォークダンスとの類似点もみられ、どの踊りも
平易かつステップも単純で反復が多く、明快なリズムに乗ってだれもが楽し
く踊れるように振り付けられている。フォーメーションはサークル型、スク

エア型など変化に富み、多くのダンスは男女同数が望ましいと記され、初期の集団舞は男女のペアダンスがベースとなっていたことがわかる。だが社交ダンスのようにペアは固定せず、組み替えて多くの人と踊り、参加者たちとの交流を促すようにアレンジされた。ペアは適度な距離を保ち、お辞儀をしたり、握手をしたり、手をつないだり、肩を組み、リズムに乗って歌い踊り、自然に礼儀、社交性、友愛が育まれるように振り付けられている。[32] ペアで向き合い、ボディコンタクトを通して、初対面の人と互いの障壁を取り除き、急速に距離を縮め、他者と親密な関係を構築することを可能にするのがこのダンスの大きな特徴である。この頃の中国はまだ伝統的な道徳規範が存在し、ペアダンスはダンスホールでダンサーと踊るいかがわしいものと考えられていた時代、集団舞の創造は革新的な娯楽であったに違いない。

　また明快な音楽に合わせて一定の規則性、律動を有する平易なステップを集団で踏むことで、均質化された身体が構築される。中国の場合はさらに学生、労働者、兵士の特性に合わせた振り付けが考案され、集団舞の踊りを通してそれぞれの社会集団への同化が図られた。毛沢東時代、社会成員を一元的な国家権力の配下に置き、知識人、兵士、労働者、農民から成る新たな社会秩序が生成されていく。集団舞というダンスは労働人民とりわけ都市部新中間層として再編される工場労働者、勤労知識人の団結を促し、社会から排除されていた女性層や労働者階級の予備軍である青年層も取り込んでこれらの階級意識、集団意識、帰属意識を高めていく役割を果たしたのである。

　教育面では民国時代の公立学校の接収、教会、私立学校の移管が行われ、1952年には工業化を推し進める大学の「院系調整」がスタートし、男女共学化も実施された。経済面では生産手段の公有化が進められ、私営商工業の公私合資化や経営者の刷新、人員の整理、再配置も行われ、組織が大きく改編されていく。このような社会システムの激変期、都市部の単位（職場）では職員、労働者の生活も保障する「揺りかごから墓場まで」の家族的な管理体制がつくられていく。各単位に配置された工会の重要な役割の１つは組織の構成員の親睦を図り、人間関係を円滑にする娯楽活動を首尾よく取り仕切る

第8章　政治と娯楽

ことであった。その主要な娯楽として導入されたのが集団舞だったのである。

（三）余暇時間への動員、普及と集団舞の機能

　集団舞はどのようにして人々の余暇時間へ深く入り込んでいったのだろうか、次に具体的な事例を通してみていきたい。草創期の集団舞の創作、指導には「新中国舞踊芸術の揺籃」と呼ばれた中央戯劇学院がかかわっていた。文化部の要請に応え1951年、同校に舞踊運動幹部訓練班と舞踊研究班が開設された。この訓練班や研究班を通して民族舞踊の研究、採集、整理、創作、上演が行われ、指導者となる多くの人材が輩出された。舞踊運動幹部訓練班は呉暁邦が指揮を執った。彼は大衆の舞踊に大きな関心を寄せ、学生たちに「生活がダンスの創作の源泉」であることや、「大衆性を有した舞踊活動がうまく展開してこそ舞踊芸術の活力が増す。大衆が楽しめる普及を目的とした集団舞を編集し、これを指導すべき」ことを説いた。[33]社会主義の理想に燃えた学生たちは我を忘れて創作活動に打ち込んだという。工場、鋼鉄炉、採鉱現場、紡績機の傍に行って労働者の生産労働をつぶさに観察し、余暇時間を利用して彼らに集団舞を教え、またその経験を創作に生かした。学校、工場、

図2　1953年休憩時間に集団舞を踊る工場労働者（出所『文摘報』2019年4月13日　https://epaper.gmw.cn/wzb/html/2019-04/13/nw.D110000wzb_20190413_1-02.htm、2024年6月20日閲覧）

251

鉱山、部隊にも出かけて行き、学生、労働者、戦士にダンスを教え、毎週週末、休暇には天安門広場や労働人民文化宮でダンスの普及に取り組んだ。[34]
1952年三反五反運動の収束後、舞踊運動幹部訓練班では8組に分けて北京郊外の工場や鉱山に学生を派遣し、実地体験をさせた。そのうちの1組が瑠璃河セメント工場へ派遣された。『北京日報』はこの工場でどのようにダンスがはじまったのかを伝えている。要約すると次のようになる。[35]

> 1952年6月、中央戯劇学院の舞踊運動幹部訓練班の同志が工場へやって来た時、上層部はとても重視した。彼らは工場の車間（作業場）へ行き、日中は労働者の仕事の理解に努め、夜は宿舎で労働者と語り合い、彼らの生活や思想、感情を汲み取ろうとした。そして労働者が仕事を終えた休憩時間に集団舞を教えた。わずか半月で基層のダンス隊員と車間のダンス幹部合わせて220人を養成し、徐々にレベルアップを図った。また工場の工会はダンス活動の基幹幹部育成のために、労働者2人を北京業余芸術学校へ派遣してダンスを習わせた。工場のダンスの活動は職員労働者の大会、党や団支部大会、車間会議、グループ会議前後の空き時間に行われた。ダンスの積極分子は率先して手を取り、午後の出勤前、車間の入り口でおしゃべりをしている労働者をみつけると駆け寄ってダンスの輪のなかへ連れて行った。このような方法は機敏で、無駄がなく、幹部は褒めたたえ、皆にも歓迎されている。

このように中央戯劇学院の舞踊運動幹部訓練班の学生たち（多くは文工団出身者）自ら工場へ赴き集団舞の普及を図っていたことがわかる。また首都には北京業余芸術学校という機関が存在していた。この学校は北京市人民政府の文芸普及の施策に沿って1950年8月20日に正式に開校し、文学、美術、戯曲、戯劇、音楽、舞踊の6つのセクターが設けられていた。[36]北京市の工場、学校、機関で文芸活動を行う人材の養成が目的で、その数は1954年8,700人余りに達した。[37]受講生はこの学校で一定期間学んだ後、職場に戻って他の同

僚や仲間に教え、効率よく普及させていく方法がとられ、各地にも似たような教育訓練機関が存在していた。

　上からの政策の推進のみならず工場の現場でも集団舞が積極的に導入された背景として、労働者の健康（体力）づくりや生産性の向上、工業化の任務達成という合理的な目的もあった。たとえば北京人民印刷廠では1951年以降、車間で病気を理由とした労働者の欠勤が相次ぎ、衛生管理面の要因のほかに娯楽生活が欠乏していると考えた上層部は、党委員会の指導の下、工場の工会と青年団に球技、集団舞、交歓会の3つの娯楽活動を組織させることを決定した。病気と闘う啓蒙活動と並行して、青年団の団員が模範となってダンスを教え、工会クラブが集団舞の楽譜の印刷と配布を行った。生産労働や会議の間に集団舞を組み入れ、緩急をつけた組織的かつ管理された普及活動を経て、多くの労働者が休息時間にダンスを踊るようになった。さらに工会と青年団は共催で交歓会を開き、政治啓蒙活動と組み合わせて集団舞を演目に加えた。この工場では労働者の健康状況が大きく改善され、同時に生産任務も達成されたという。この取組みは北京市総工会宣伝部の全市廠鉱企業宣伝工作および倶楽部工作会議において先進的事例として報告されている。[38]

　数千人規模に上る集団舞の講習会も開催された。週末は党や政府、工会、

　図3　1952年メーデー、労働人民文化宮の万人舞会（出所　劉建美編著『百年中国社会図譜──従伝統消遣到現代娯楽』四川人民出版社、2003年、127頁）

青年団、学校、各種文化施設が共催で舞会を開催し、人々は所属単位を超えてつながっていった。クライマックスは国威の発揚、愛国主義や重要な政治宣伝が行われる祝日であった。1949年から文化部や教育部を通して祝日に大衆文芸活動を奨励する政策が打ち出され、国慶節、春節、労働節（メーデー）、青年節、女性節（婦人デー）の国家的なセレモニーの余興として集団舞が組み込まれるようになった。国慶節、春節などの大型の祝日に至っては、数ヵ月前から人々が動員され、練習が始まり、国を挙げて祝祭ムードをもり立てた。

　国民経済が新しいステージに入ることを盛大に祝った1953年の国慶節、上海市では2日間にわたり特別ラジオ番組が編成され、集団舞と交誼舞の音楽を深夜まで流し、北京市の天安門広場ではダンスの夜会が挙行された。選曲されたのは「迎春舞」、「狂歓舞」、「ハンガリー三人舞」、「三歩舞」、「三人秧歌舞」、「ソ連集団舞」、「皆で一緒に踊ろう」（原語：大家一起跳舞）、「ハンガリー招待舞」、「快楽舞」、「戦士集団舞」、「ウクライナ集団舞」、「団結友愛舞」など当時人気の集団舞、交誼舞曲であった。群衆が大きなうねりとなって夜会に合流し、政治の舞台である天安門広場や隣接する労働人民文化宮でダンスに熱狂し、「一家さながらの親密さ」、「全国人民の大団結」が醸成されていった。民族的な高揚感のなかで人々は律動を身体に刻み、新しい国家を体感し、来るべき社会主義工業化の道を後押ししていったのである。

三　青年の日常生活とダンス

　当時の人々は日常生活のなかでどのように集団舞や交誼舞に接し、これを受け入れ、またダンスの実践を通じてどのような変化を体験したのだろうか。50年代に青年期を過ごした個人の回想録や日記を手掛かりに読み解いてみたい。

　建国初期の大学生は政治や社会主義理論の学習に励む一方で、様々な娯楽活動が提供されていた。清華大学校友会の回想録によると、50年代の思い出

は「歌って踊って、勉強が終われば大いに楽しむ！」に集約されるという。大学には学生文化娯楽活動指導委員会が、共産主義青年団委員会には大衆文化部が設けられていた。抗美援朝時期に発展した大学の文工団は1951年約130人、学生全体の4.2％にすぎなかったが、1956年には18団体に増え、申請者は約3,500人、入団を許可された者は2,100人、それぞれ在学者の40.5％、24.3％を占めるまでに増え、1956年最大規模に発展した。文芸団体は軍楽隊、民楽隊、管弦楽隊、合唱団、舞踊隊、劇芸社、曲芸社、京劇社、越劇社、地方劇社、ピアノ隊、アコーディオン隊、ハーモニカ隊、美術社、撮影社、文学社、映画社などがあった。舞踊隊の活動はめざましく、ソ連のヴォロシーロフやベトナムのホーチミンなどの国賓をもてなす歓迎会でもダンスを披露している。

　次に個人の体験についてさらに掘り下げてみていきたい。50年代に書かれた青年『Sの日記』[42]からダンスに関する部分を抄出し、当時の社会情勢、歴史と照らし合わせながら50年代半ばにかけての若者とダンスの関わりについて素描する。なおこの日記を分析した複数の先行研究があることからこれらも併せて参照する[43]。

　Sは男性で、1930年代に上海の裕福な中産階級の家庭の4人兄弟の末っ子として生まれた。高校卒業後、上海の典型的な中産階級と同様に都会的な娯

図4　1957年清華大学舞踊隊と交誼舞を踊る毛沢東（出所『人民日報』1957年5月5日、1993年12月25日）

255

楽を享受し、観劇や映画、読書のほか、クラブに足しげく通い、夜遅くまで社交ダンスに興じる日々を送っていた。学業に身が入っていないことを両親は快く思わず、母親から叱責されたことをきっかけに1951年4月、Sは心を入れ替えるためダンスを絶つことを決意する。そう決意して数学の勉強に励んでいたある日、ラジオから特務や「旧社会」の犯罪首謀者を裁く公開放送が流れるのを聞く。だがクラブへ行けば顔見知りの友人たちに会い、社交の役目を果たしていたダンスからなかなか抜け出せなかったようである。彼は9月地元のH工学院に進学する。中国では経済の復興と工業化をめざし、高等教育機関の抜本的な改革が始まろうとしていた。技術者を育成する工学系単科大学が増設され、彼もまたその工学系大学に入学した1人であった。大学では微積分や物理学、機械工学のほか、社会発展史や唯物史観、弁証法的唯物論など社会主義の政治理論も消化不良に悩まされながら学んだ。一方でSの生活や娯楽習慣は一変した。大学は「新中国」の思想を注入し、規律を普及させる場所であった。Sは家から出て大学の寮に住み、1週間の大半を集団生活のなかで過ごすようになる。早朝に起き、体操をして食堂へ行き朝食を取る。その後教室に向かい、授業が終われば校内で課外活動や文化活動をして過ごす。同級生と寝食を共にし、週末帰宅という規則正しい生活を送るようになり、彼は「青年」という「革命の大家族」をつくるこの生活スタイルを熱愛し、毛沢東時代の到来に感謝するのであった。

　入学後、彼は学校の末端組織である小組に参加し、政治の講座を聴講する傍ら、課外活動にも精を出し、次第に歌とダンス（原語：舞踏）や夜会（原語：晩会）に関心を抱くようになる。最初に踊ったダンスは「紅軍舞」であった。午前授業に出て、午後は実技、夜は汗だくになりながら小組の集団娯楽活動であるダンスの練習に励んだ。彼のダンスへの興味はフォックストロットやワルツのような「Dance」から「舞踏」へと転化していき、インドやチベット、ウクライナダンスのような民族舞踊に魅力を感じるようになる。

　Sが入学してまもなく、思想改造運動が始まる。授業は削減、試験も延期されるようになり、1952年3月、全校動員大会が開催され、三反五反運動と

第8章　政治と娯楽

結びつけた政治運動が本格化する。最初中間派であった彼も、激しい階級闘争や運動に翻弄され、「旧社会」や資本家階級、アメリカ帝国主義を憎悪するようになり、この運動に進んで身を投じていく。思想改造運動は肉親をも巻き込んで行われる過酷なもので、夏に最高潮に達した。Ｓは毎日学習や批判を繰り返し、自己改造に努め、個人主義を克服し、革命的な人生観を打ち立てることを自らに課す。この運動は大学生や知識人を国家と一体化させ、労働者階級、社会主義者への改造を成し遂げるものであった。校内に吹き荒れた思想改造運動が８月末ようやく収束へと向かう頃、Ｓは突如来学期になったら学校の舞踏組に必ず参加しよう、と高らかに宣言するのである（1952年８月28日、以下日付を52.8.28のように略記）。彼は舞踏組で中心的な役割を果たすようになり、ハンガリー三人舞の修得に没頭し、踊ることで心身が満たされ、新しい友人にもめぐり逢う。９月からは国慶節に向け、全学生のダンスの練習が始まった。食事の時間を除いて朝から晩までダンス、学寮の床がダンスフロアになり、机は脇に積み上げられ、学生たちは踊り狂った。この時、青年舞が大学生の間で大流行した。

　1953年１月、学校のダンスの活動はさらに発展して舞踏社が設立された。党委員会の文芸方針が示され、組織は拡大して活力がみなぎった。男女はほぼ同数でバランスがとれ、50年代の大学は男子学生が大半を占めていたため、他大学の学生から羨望の眼差しが注がれた。Ｓは舞踏社のグループ長に選出される。同級生たちに励まされ、「新中国」の義務だと自分に言い聞かせ、この光栄な任務を引き受ける。６月以降、土曜の夜に学校でよく舞会が開かれるようになり、Ｓも欠かさず参加し、異性の友達に出会い、仲間意識を育んでいる。

　夏、学生生活もいよいよ終盤を迎え、統一分配制度によってＳは住み慣れた故郷を離れ、遠く華北の工場へ配属されることが決定した。1952年以降、大学の卒業生に対して国民経済建設の計画に基づき、一括して配属先を決定する制度が導入される。大学生は幹部候補であり、卒業後の就職が保障されるようになった反面、自由意思で職業を選択することはできなくなった。上

257

海という大都会育ちのＳにとって受け入れがたい決定であったが個人の力で覆すことはできず、落胆しつつ赴任地へ向かう。同年の秋、彼は国慶節の休日に北京へ行き、1953年天安門広場で開催された「世界で最も盛大な舞会」に立ち会っている。建国４年目を迎える天安門広場は大勢の群衆で埋め尽くされていた。「大国となり立ち上がった」祖国を実感し、夜空に打ち上げられる花火、幻想的な夜会に陶酔する。Ｓは興奮と高揚感のなかで国家が描く社会主義建設の将来と自分の未来を重ね合わせ、忘れがたい「歴史的夕べ」としてこの日のことを書き記す（53.10.4）。

社会人としてのＳは順風満帆とはいかなかった。よりよい未来を手に入れるために中国新民主主義青年団への入団を計画したが、出身家庭や過去の経歴から希望はかなえられず、粛清運動が工場で展開された時には反革命分子の活動を疑われた。故郷への転勤を希望し、手を尽くして方途を探った。一方、大学で修得したダンスは彼の生活習慣の一部となり、退勤後や週末に工場、地元工会のクラブや工人文化宮の舞会によく出かけていった。初めて出会う人も親密な友達のように感じ、ダンスをしながら相手の個性や感情を汲み取り交友関係を深めた。地元の工人文化宮には、さまざまな機能を備えた運動場やクラブ、ダンス専用の洋館が建てられ、屋外には露天ダンス場やプールなどの施設も完備されていた。運動器具は無料で貸し出され、解放後、労働者は最高の文化生活を享受できるようになったと綴っている（53.10.25）。

またダンスは恋人をみつける手段でもあった。ひそかに友人の恋のキューピット役を買って出たり、自身もまた立派な青年技術者になって将来のパートナーの前に現れ、工会の舞会に連れだって参加し、軽やかに愛の舞曲を踊りたいと夢みるのである。1956年、彼の努力が実を結び、上海の工場への転勤が実現した。

50年代の回想録や日記を分析して改めて気づかされるのは、建国初期の大学生の豊富な娯楽生活である。レーニンの「よく休むことは良き仕事、学業のため」や毛沢東が提唱した「三好」（身体、学習、仕事が良好）のスローガンのもとに学校で多種多様な文化活動、娯楽活動が行われていたことがわかる。

第8章　政治と娯楽

『Sの日記』のなかには、前節でみてきた青年舞、ウクライナダンスやハンガリー三人舞など50年代に流行した集団舞がしばしば登場する。ダンス好きのSは大学に入学後、規則正しい生活と課外活動を営むなかでこれらのダンスに接し、「舞踏」に目覚め、熱心な愛好者になった。

50年代の中国研究は、急速な社会主義化を下支えしたさまざまな政治運動とそれを取り巻く国内外情勢に焦点が当てられてきた。『Sの日記』に関しても三反五反運動や思想改造運動のような政治運動の深化と個人の内面世界の変容、統合の側面に着目されてきた。だが、前述の日記の再分析から、このような政治運動の最盛期にあっても、娯楽やダンスを楽しむ大学生の姿が浮かび上がってくるのである。

そしてSが国慶節の天安門広場で「世界で最も盛大な舞会」を目の当たりにし、熱狂と陶酔のなかで国家の将来と自身の未来を重ね合わせたように、平易で軽快な集団舞という娯楽は、参加者たちの快楽と同調を生み出し、彼（女）らを階級や集団、国家のなかへ包摂する役割を果たしたのである。

おわりに

本章では交誼舞と集団舞を取り上げ、建国初期における大衆娯楽と政治の関連、またこの2つのダンスが社会関係や親密関係の再編に与えた影響について考察してきた。

本章の分析や『Sの日記』を通して改めてみえてきたものは、建国初期の政治運動と種々の娯楽活動は巧みに組み合わされ、並行して繰り広げられていたということである。政治運動はさまざまな形で社会に浸透し、人々の時間や行動を規律化し、社会生活を集団や国家と一体化させていった。娯楽や余暇の時空間も例外ではない。反革命鎮圧運動や思想改造運動、三反五反運動のような政治運動が人々に恐れや緊張、孤独、悲しみを抱かせ、築いてきたそれまでの人間関係を切り離し、解体する冷酷なものであったとすれば、娯楽活動や舞踊運動はこれらとは対照的に緊張を弛緩させ、喜びや快楽、充

259

足感を喚起し、時に潤滑油となり、学友や同僚、仲間、そして新たに出会う他者を接合し、親密な社会関係を再構築する、別の側面から求心力を生み出す大衆動員であった。なぜ新政権はダンスホールや舞女を排撃しながら交誼舞というダンスを存続、発展させ、さらに集団舞というダンスを創出したのか、ここから明らかになるだろう。建国初期に展開された政治運動と娯楽活動は表裏一体のものであり、新民主主義から社会主義への転換、1949年の建国から1953年の過渡期の総路線の提唱、社会主義改造の実施、1956年の社会主義段階への移行へ突き進む時期と交誼舞や集団舞の発展、隆盛期、学生の文化娯楽活動が開花する時期はちょうど重なっている。なぜ中国で社会主義化がかくも短期間に成し遂げられたのか、大衆をつかんだ娯楽の役割を見過ごすことはできない。

　では1950年代、人々が熱狂した交誼舞や集団舞は人民共和国建国初期、社会主義イデオロギーのもとに民衆を再結合し、統合する道具にすぎなかったのだろうか。個人に視点を移すと政治を超えてそれぞれの目的や解釈によりダンスを実践していた別の側面もまたみえてくる。

　娯楽の営みは本来多義的であり、個人にとっては心を慰め、楽しむ行為である。女子学生との出会いや将来の伴侶をみつけるため、舞会を主催した男子学生もいれば、政治運動で荒んだ心を癒し、人とつながる居場所をダンスに求めた者もいた。「見ず知らずの２人が身を寄せ合い、絶え間なく回転するダンスは心を伸びやかにし、悩みや不幸はどこかへ吹き飛んでいった」[45]のである。またＳのように大学卒業後、統一分配制度により故郷から遠く離れた都市へ赴任させられ、当地の工人文化宮の舞会に通って孤独を紛らわした者もいた。内陸部の工業化を支援する政策により、大都会から辺境地域へ送られた青年教師は、上海仕込みのダンスを紡績工場の労働者たちに教え、当地で人気者になった。[46]社会主義という未だかつて経験したこともない制度が打ち出され、厳しい政治運動や社会構造変革の下で大勢の知識人や技術者の社会移動（下降移動）が始まる。他郷で再出発を余儀なくされた人々にとっても、全国に行き渡り、平準化されたダンスが彼らを迎え、生活に寄り添い、

新たな人間関係を結ぶ媒介をしたのである。

　1960年代、文化大革命へ至る過程で交誼舞や、さまざまな年齢、性別、身分の人々が手を携え踊っていた初期の集団舞の特徴や多様性は消失していった。だが改革開放後、20年の時を経て民衆のなかからダンスが復活し、再び熱狂的なブームが湧き起こる。『交際舞速成』の著者安楽然は第4版を出版し、この教材は時代を跨いで愛読されたダンス教材となった。集団舞の創作者であった王克偉は国標舞（競技ダンス）を工人クラブや工場、商店、学校、病院に広める第二のダンス人生を歩み始める。[47] 50年代、中国新民主主義青年団中央党校で学んでいた作家の王蒙は彼の小説『活動変人形』のなかで、若者たちが毎週末楽しんだ工会のダンスを「解放された中国の新気風であり、より幸せな文化的な開かれた生活を人々に約束するシンボルの1つ」[48]だったと振り返った。彼は文化部部長に就任後、ダンス営業の合法化に踏み切り、社交ダンスのさらなる大衆化と繁栄を導いていく。

　建国初期の中国社会に渦巻いたダンスの社会現象とその体験は改革開放後、集団的記憶のなかから呼び覚まされ、形を変えて甦り、継承された。市場化というまた1つ大きな社会変動に直面した民衆は再び手を取り合い、ダンスを踊って他者と親密な関係を形成し、未知なる世界へ歩み出していくのである。

【注】

（1）本稿はJSPS科研費19K00145の助成を受けたものである。

（2）「青年服務部創辦舞踏、音楽研究班 協助推進各機関文娯工作」（『人民日報』1950年8月22日）。

（3）「戦後再生される社交ダンス —— 労働者の娯楽へ、〈平等〉の身体化の日中比較」（大濱慶子、中国ジェンダー研究会編『中国の娯楽とジェンダー —— 女が変える／女が変わる』勉誠出版、2022年、211-217頁）を参照されたい。

（4）『フォーク・ダンス』（玉置眞吉、音楽之友社、1954年、6-8頁）。

（5）『毛沢東時代の政治運動と民衆の日常』（鄭浩瀾・中兼和津次編、慶應義塾大学出版会、2021年）などがある。同書の第五章（島田美和「建国初期における療養事業の展開と労働者の日常」）は建国初期の療養事業の視点から娯楽と政治との関係

を論じたものである。

（6）「中国における社交ダンスの受容と発展の系譜 ── ジェンダーからみたアジアのもう一つの近現代史」（大浜慶子、『日本ジェンダー研究』第14号、2011年、22-24頁）。

（7）『国際交誼舞』（顧也文編、第4版、上海・文娯出版社、1954年、1頁）。

（8）50年代初期のダンスホールの改組については、『舞庁・市政 ── 上海百年娯楽生活的一頁』（馬軍、上海辞書出版社、2010年、224-239頁）に詳しく分析されている。

（9）『上海百楽門伝奇』（孫琴安、上海社会科学院出版社、2010年；232頁）。

（10）「大舞庁作課室 音楽台是講壇 進歩舞女開始学習」（『上海新民報晩刊』1949年7月23日）。

（11）「舞女覚悟争取人格 不顧再為柴商作妾」（『上海新民報晩刊』1949年11月8日）。

（12）『交誼舞趣談』（顧也文、上海・学林出版社、2003年、68-69頁）参照。

（13）『交際舞速成』（安楽然、第3版、北京・和記印書館、1950年、1頁）の「序」を参照。

（14）前掲『舞庁・市政 ── 上海百年娯楽生活的一頁』（239-240頁）参照。

（15）「上海文教工作概況与今後工作任務」（文化局長夏衍『上海新民報晩刊増刊』、1950年10月18日）。

（16）前掲「戦後再生される社交ダンス ── 労働者の娯楽へ、〈平等〉の身体化の日中比較」（209-210、220頁）。

（17）前掲『国際交誼舞』（2頁）、「国際交誼舞試談」参照。

（18）作家の万伯翱は「紅墻内外的舞歩」（『中国体育・尚舞』2010年6月号、76-78頁）のなかで毛沢東や朱徳、劉少奇など国家要人が集う中南海の春藕齋で交誼舞が踊られていたことを記述している。

（19）「難忘的政協舞会」（周上明、『四川統一戦線』2004年第9期、42頁）参照。

（20）「毛沢東与建国初期的群衆文化建設」（李武成、『毛沢東与中国社会主義建設規律的探索：第六届国史学術年会論文集』2006.9、564頁）参照。

（21）「60年前曽風靡開江的交誼舞会」（武礼建、『達州晩報』2020年2月27日、http://epaper.dzrbs.com/m/dzwb/202002/27/content_29967.html、2024年3月11日閲覧）。

（22）劇や舞踊で大衆を動員し、革命闘争や生産活動を宣伝する文芸団体。

（23）1950年代の集団舞を論じた数少ない研究論文として、「建国早期中国大陸集体舞研究」（張晶晶、上海師範大学修士論文、2009年）がある。

（24）『中国舞踏大辞典』（王克芬・劉恩伯・徐爾充・馮双白編、北京・文化芸術出版社、2010年、230頁）。

（25）前掲「建国早期中国大陸集体舞研究」。

第8章　政治と娯楽

(26)『新集団舞』（濮思温・管玉琳合著、北京・三聯書店、1951年、3-5頁）。

(27) 共同綱領には「中華人民共和国は新民主主義、すなわち人民民主主義の国家であり、労働者階級が指導し、労農同盟を基礎とし、民主的諸階級と国内の諸民族を結集した人民民主独裁を実行する」と述べられていた。

(28)「《找朋友》舞曲来自匈牙利 据一些老同志回憶」（『光明日報』1998年6月4日）。

(29)「文芸工作者代表大会閉幕」（『工人日報』1953年10月8日）。

(30) 1955年ごろから北京市や浙江省で実験が試みられ、1956年10月中央群衆芸術館が開設され、地方各都市に普及していった。

(31) 中央戯劇学院院長を務めていた欧陽予倩の文芸整風学習大会における長文の報告が『人民日報』で大きく取り上げられた（欧陽予倩「用批判和自我批評的方法開展思想改造運動 学習増加了我的勇気和信心 —— 在中央戯劇学院文芸整風学習大会上的報告」『人民日報』1952年1月5日）。これはその後の集団舞の創作を方向づけていったと考えられる。

(32) 前掲「戦後再生される社交ダンス —— 労働者の娯楽へ、〈平等〉の身体化の日中比較」、219頁。

(33)『新中国舞踏芸術的揺籃』（田静・李百成主編、中国文聯出版社、2005年、80-81頁）。

(34) 前掲『新中国舞踏芸術的揺籃』（18、33-34、81頁）。

(35)「工廠流行集団舞」（『文史博覧』2014年第7期、42頁）。この一文は『北京日報』1953年1月27日の記事「琉璃河水泥廠的舞踏活動是怎様開展起来的」をもとに作成されている。

(36) 開校に先立って1950年7月に戯曲、学生部門、8月に労働者部門がそれぞれ長安戯院と労働人民文化宮で開講し、校務委員会主任委員に解放区舞踊のパイオニアであり、劇作家の李伯釗が就任している。

(37)「京業余芸術学校成立」（『人民日報』1950年8月7日）、「培養文芸普及工作推動力量 京市業余芸術学校開学 戯曲、学生、工人、三部已先後分別開課」（『人民日報』1950年8月23日）、「北京業余学校怎様培養群衆芸術活動骨幹」（『人民日報』1954年7月19日）。

(38)「北京人民印刷廠的倶楽部活動是怎様開展起来的」（馮再、『工人日報』1953年9月12日）。

(39) たとえば1949年12月21日、文化部、教育部は連名で「年中行事、春節の大衆宣伝工作と文芸工作を展開することに関する指示」を発表している。

(40)『上海新民報晩刊』1953年9月30日に掲載された国慶節特別番組表によると、10月1日18：00-19：30集団舞音楽、19：30-3：00交誼舞音楽、10月2日15：30-16：00交誼舞音楽、17：00-17：30集団舞音楽が放送されていたことがわかる。

(41)「五十年代清華学生文娯活動的美好回憶」（陳世猷・兪国寧、清華校友総会編、『校

263

友文稿資料選編』2013年第2期、文稿第18輯、188-192頁、https://www.tsinghua. org.cn/info/2208/ 26245.htm、2024年2月20日閲覧）。

(42) 『Sの日記』は中国復旦大学発展研究院当代中国社会生活資料センターに所蔵されている。資料番号はD13S007-10。

(43) 本節では1951年から1955年までの日記を分析した。この日記を用いた先行研究として、「建国初期における青年知識人の社会主義への思想転向」（鄭成、『アジア太平洋討究』40、2020年）のほか、前掲『毛沢東時代の政治運動と民衆の日常』の第7章（鄭浩瀾「建国初期の大学における政治運動の展開と学生の日常」）、第8章（張楽天、有澤雄毅訳「思想改造運動における若者の内面世界 —— ある大学生の二面的自画像」）がある。

(44) 末端レベルで学生を組織する単位であり、上からの政策を遂行するとともに、学生を動員して政治関連の諸活動に参加させる機能を有していた（前掲「建国初期の大学における政治運動の展開と学生の日常」、172頁）。

(45) 「1950年代大学生的校園生活」（李巧寧、『浙江社会科学』2011年第7期、115頁）。

(46) 「中国人と社交ダンス —— ロシア革命以降の軌跡」（大濱慶子、『研究中国』第4号、2017年、19-20頁）。

(47) 前掲『新中国舞踏芸術的揺籃』（163頁）。

(48) 『活動変人形』（王蒙、北京・人民文学出版社、1987年、367頁）、日本語版『応報組み替え人形の家』（林芳訳、尚斯国際出版社、2023年）。

第9章

「おばあさん保母」からみる村落内部の託児活動
——大躍進前後、黒竜江省の事例[1]

横山政子

はじめに

　大躍進時期、女性を家事労働から解放し、集団農業労働に参加させるために、村々に多くの託児組織が成立した[2]。黒竜江省では、1958年に生産隊レベルに設置された託児所や託児小組などが50,390ヵ所あり、1957年の約13倍であったと報告されている（後掲 表1）。しかし公共食堂に関する研究に比べ、これらの託児組織に関する研究は非常に少ない。どのようにしてこのような短期間に組織化されたのか。これらの託児組織の設立は、村のなかに存在していた親密な人間関係とどのような関わりがあったのか。政府は託児活動をどのように指導し、託児実践にはどのような葛藤があったのか。本章では黒竜江省婦女連合会（以下、婦女連合会は「婦連」と略記）および黒竜江省双城県婦連の檔案[3]や地方新聞『黒竜江農民』[4]などの地方史料と、筆者の聞き取り記録[5]をもとに、村に設置された託児組織と村の親密性との複雑な関係を明らかにしたい。

　中華人民共和国成立後まもなく、全国に託児所は1949年に384ヵ所、1950年に541ヵ所、1951年7月には1,079ヵ所と漸増した。1951年は農繁期託児所および工場託児所を中心に増加し、同年10月には農繁期託児所は1万ヵ所を超えた[6]。1956年2月、教育部・衛生部・内務部による「託児所および幼児園のいくつかの問題に関する共同通知」は農業生産合作社による季節的な託児所と幼児園の運営を提起した[7]。同時に乳幼児保育のこれまでの一元的管理から、託児所は衛生部が、幼児園は教育部がそれぞれ別に所轄することとな

265

った。1958年8月29日には、「農村の人民公社設立についての中共中央の決議」が発せられた。農地の基本建設や農業生産の躍進にむけて生活の集団化や集団主義思想の育成が叫ばれ、託児所以外にも、「公共食堂、幼児園、裁縫班、理髪室、共同浴場、養老院」などが謳われた。こうして託児所は、大躍進運動のなかで「社会主義の陣地」といわれた公共食堂とともに強く推進されていく。

　農村における託児所にかかわる研究には、①人民公社の制度に関する研究として託児所の理念や政策面を論じたもの、②農村調査を通して基層社会の実態を解明しようとする研究のなかに、公共食堂や託児所の存在が垣間見えるもの、③幼児教育の一環として就学前教育機関である幼児園を論じるなかで託児所にも触れているものなどがある。②では、Gail Hershatter氏が陝西省における農村調査をもとに高級合作社（以下、「高級社」と略記）までの託児を中心に考察している。

　これらは、託児所の理念とそれが実際に存在したことは確認している。しかしその設立と運営は、村のなかに存在していた親密な人間関係とどのような関わりがあったのだろうか。本章では東北地域の黒竜江省を対象として考察する。筆者はかつて当該省大躍進期の公共食堂運営のあり方を考察したが、実相は理念から遠くかつ複雑なものであった。では託児所の場合はどうだったのだろうか？

一　女性の労働と託児所

（一）大躍進期における託児組織の急増

　乳幼児保育機関である託児所を対象とするが、史料中では「托児組織」として、就学前教育機関である幼児園をともに含んで扱うことが少なくない（このため、以下、中国の場合、史料原文に従って「托」と表記する）。託児所と幼児園

はその入所対象年齢が異なり、一般に託児所は生後すぐから3歳までの乳幼児を対象とし、幼児園は4歳から7歳までの幼児を対象としている。

東北地域全体について、1950年6月の時点では託児所の設置は確認できないが、1951年8月になると989ヵ所（入所者2,876名）の農繁期託児所の設置が確認される。黒江省においては1951年から1960年までの農村における設置状況について、省婦連が手掛けた記録が残されている（表1）。大躍進期に入った1958年から託児所が爆発的に増加したことがわかる。

表1　黒竜江省における1951～60年の農村託児組織の推移

時期	幼児園		幼児隊		託児所		託児小組	
年・月	園数	人数	隊数	人数	所数	人数	組数	人数
1951年	—	—	—	—	—	—	4	15
1952年	—	—	—	—	3	26	12	55
1953年	—	—	—	—	70	1,407	813	2,539
1954年	8	640	—	—	96	1,640	1,131	2,958
1955年	＊46	3,246	—	—	122	2,617	1,885	9,470
1956年	147	6,381	548	10,858	2,174	25,685	5,675	22,435
1957年	69	3,571	176	3,908	405	4,579	3,522	11,543
1958年8月	18,890	・・	／	／	28,838	・・	20,723	・・
1958年12月	19,172	・・	／	／	29,468	・・	20,922	・・
1959年7月	15,616	・・	／	／	33,486	・・	・・	・・
1959年10月	15,974	・・	／	／	23,097	・・	33,094	・・
1960年3月	19,347	375,460	／	／	30,036	372,242	・・	・・
1960年5月	26,596	・・	／	／	34,470	・・	12,763	・・

出典：1960年6月「1951年-1960年農村託児組織数量発展情況」（黒竜江省婦連辦公室『一九五一―一九六〇有関農村託児組織数字統計表（生産生活部）』4頁、黒竜江省檔案館所蔵）。

注：1）資料中には数値が記入されていない空欄の箇所があった。前後の数値から推定して、数値が「0」であると思われるものを「—」で、省略されたと思われるものを「・・」で、不明である場合には「／」で示した。

　　2）表中の1955年の「＊46」は、史料中では「406」であったが、別史料（1957年「1956年婦児福利工作総結与今後工作意見的報告」（『第三次婦女工作会議関於婦女工作総結与今後意見』8頁、黒竜江省檔案館所蔵））を参照して「46」に修正した。

　　3）表中の1960年3月における幼児園と託児所の人数は、「1960年全省農村人民公社託児所、幼児園、敬老院、服務站、衛生所情況」（表1と同出典、1頁）によった。

託児組織の概要を整理しよう。

（a）託児組織の類別。表 1 の託児組織は、托児所・托児小組・幼児園・幼児隊の 4 種に類別されている。托児小組、幼児隊とはどのようなものだろうか。表 1 の 1951 年から 1957 年までのデータ（施設数および収容人数）を用いてそれぞれの規模を算出すると、托児所 9 〜 20 人、托児小組 3 〜 5 人、幼児園 50 〜 80 人、幼児隊 20 人前後となった。托児所・幼児園のそれぞれ小規模で簡便なものが、托児小組・幼児隊であるとみなせる。

（b）設置単位。1958 年 9 月 16 日には全省が公社化されたが、人民公社組織（人民公社—管理区（のちの生産大隊）—生産隊）を基準に設置単位について検討してみよう。表 1 の 1959 年 10 月時点のデータを用いて作成された表 2 [16] では、托児所と托児小組のデータはともに生産隊を基準に、幼児園のデータは管理区を基準に採られている。このことから、托児所・托児小組は生産隊を単位として、幼児園は管理区を単位として設けられたといえよう。

（c）普及度。1959 年 3 月時点のデータによれば、省内には 661 公社、7,800 管理区、4 万 1,100 生産隊が組織されており、ひとつの生産隊は平均 49 戸、243 人の規模である。[17] 表 2 によるとこの時期に、平均的には各生産隊において托児所と托児小組の少なくともどちらかが開設されていたことになる。

つまり 50 戸ほどの生産隊のなかで、托児所 9 〜 20 人あるいは托児小組 3 〜 5 人規模の託児活動が行われていた。

表 2　1959 年黒竜江省農村における託児組織の普及状況

公社数	管理区数 (A)	生産隊数 (B)	幼児園		托児所		托児小組		托児所＋托児小組	
			数(C)	C/A	数(D)	D/B	数(E)	E/B	数(F)=D+E	F/B
642	8,452	43,418	15,974	1.9	23,097	0.53	33,094	0.76	56,191	1.3

出典：注16。　　注：A〜Fは筆者による。

（二）女性労働力の組織化（1957 年と 1960 年）

こうした状況下で、女性をどのように組織して労働に活用しようとしたの

か。黒竜江省において模範県であった双城県（注3参照）の婦連党組の2つの檔案史料から考察する。1つは人民公社成立の前年の1957年、高級社時期の史料[18]、もう1つは、大躍進運動が最高潮に達した時期、1960年の史料である[19]。この2件の史料から双城県の女性労働力の組織化に関する部分を抽出して整理した（表3）。

表3　女性労働力の分類と組織化 ── 黒竜江省双城県（1957・1960年）の事例

		第一類	第二類	第三類	第四類
1957年	(a) 類別基準	若い。体力がある。手早く作業ができる。	体力がある。家事負担が軽い。子どもの数が少ない。	5歳以下の乳幼児を養育している。その上、1～2匹の豚や数羽～十数羽の鶏を飼育している。	体が弱い。技術がない。子どもが多い。家事負担が重い。
	該当者	66名／230名	72名／230名	30名／230名	62名／230名
	(b) 労働組織化	―	1年の三分の二の期間、社内労働に参加する。	乳幼児や家事の問題を何とか解決し、遅出早退を許し、一定の家事労働時間を保障する。1年の三分の一の期間、社内労働に参加する。	野良仕事には参加せず、家事に従事し、家庭内で副業生産を行う。
	労働力換算	―	労働力24名に相当する。	労働力10名に相当する。	―
1960年	(a) 類別基準	体が丈夫である。技術を持っている。家事負担が軽い。通年の各生産活動を担うことができる。	健康である。子どもが少ない。家事負担が比較的軽い。一般的な生産労働に携わることが可能である。	体が弱い。家事負担が重い。子どもが比較的多い。一般的あるいは軽微な労働に参加することが可能である。	長年病を患っている。年齢が高い。家事負担が重い。子どもが多い。一定の労働能力は持ち合わせている。
	(b) 労働組織化	農業生産の第一線に配置する。	多くの時間を野良仕事に参加する。	比較的軽い農作業若しくは託児所・食堂・靴工場などに配置する。	臨時に集団労働にかかわる以外は主に家庭での家畜の世話やその他の家事労働に携わる。彼女らを組織して豚・鶏を多数飼育する。

出典：注18・19参照。

　女性労働力は、強労働力である「第一類」から最も労働能力が低い「第四類」に分けられた。しかし、2つの年の間には、大きな違いがみられる。1957年の「第一類」には、他のすべての区分にある「家事負担」の文字が見当たらず、「若い」と記されており、未婚の若い女性を想定しているとみられる。

しかし1960年になると「若い」の語はなく、また「第一類」にも「家事負担」が付け加えられた。大躍進期に入ると既婚女性であっても「第一類」として「農業生産の第一線に配置する」と、動員が強化されていることがわかる。

　同様に「第二類」についても、1957年には労働期間の限定「1年の三分の二」があり「社内労働に参加する」とされていた。しかし1960年になると労働期間の限定が外され、「多くの時間を野良仕事に参加する」と変わり、やはり動員・労働の強化を目指している。

　「第三類」でも1957年には期間の限定「1年の三分の一」があり、家事や家畜の飼育の他、「社内労働に参加する」とされていた。しかし1960年には期間の限定が外され、「比較的軽い農作業」もしくは「托児所・食堂・靴工場などに配置する」と、やはり動員が強化されている。「託児所・公共食堂・靴工場」は、大躍進期の「生活の集団化」を実現するための事業で、それまで各家庭で行われていた育児・炊事・縫製を共同で行う場所である。

　「第四類」は1957年には「家事に従事し、家庭内で副業生産を行う」ことでかまわなかったが、1960年には「臨時に集団労働にかかわる」とされた。さらに「彼女らを組織して豚・鶏を多数飼育する」という。家畜の飼育は元来、家庭の養豚・養鶏などの副業であり、1957年段階では、第三類に分類された女性が各家庭で担っていた。実現されたか否かは確認できないが、1960年には、第四類の女性たちまで動員して、豚・鶏を飼育させ、それを集団労働として組織するといった方法が提案されている。

　このように、表3は模範県として双城県の婦連党組が、大躍進期の労働力確保を実現するために、大躍進前とは明らかに異なる女性労働力の配置を考案したことを示している。これまで家事に従事していた女性たちを、集団の仕事により多く動員しようとしたのである。そのためには家事労働への対策が必要で、表1のごとく、1958年から1960年の間は託児所数が極端に増え、女性の労働動員とそれを担う多数の保母を選定して配置することが急務となった。

270

（三）家庭内労働と集団労働

　しかし家事労働への対策は容易ではなかった。高級社の時期（1957年）の黒竜江省における家庭内での労働に関して、双城県の前出の調査報告（前掲注18参照）によれば、1956年に比べて家庭内労働は増加したという。（a）家畜の飼育：豚・鶏の飼育数が増加した。（b）自留地（私的利用が許可された畑地）・園地（小面積の野菜畑）での栽培：自留地・園地ともに面積が拡大した。（c）乳幼児の養育：出生率が上昇し、この1年間で多くの新生児が誕生した。中華人民共和国成立以後、全国的に高い出生率が認められるが、1950〜60年代の黒竜江省では女性1人あたり平均6、7人を出産していた。[20] 女性にとって出産・育児に要する期間が長期にわたり、おおよそ18歳くらいから40歳近くまで約20年がその期間とみなせる。[21] このように家畜の頭数、栽培の面積、出生率それぞれが伸びたことから家庭内の忙しさが増している。「女性の労働参加と合作社の集団労働との矛盾はさらに顕著になった。もし女性労働力の配置を誤れば、家庭内労働の問題を上手く解決できないだろう」とある。これらは人民公社化の前年の状況である。

　たとえば当時の生活の様子について、元公社員によると、「家庭では部屋や農具の補修などは父が行っていました。庭で飼っている家畜は母が世話をしていました。子どもが8人いました。母は冬になっても忙しかったです。朝4時から5時に起きて家族のために食事の支度をします。農閑期は特に、綿入れを縫う・ズボンを縫う・靴をつくる、といった仕事があります。6時頃には朝ご飯を食べて、それから鶏や鶩鳥や犬に餌をやります。12時ごろになると昼ご飯です。そして5時6時頃に夕飯を食べます。10時頃に床に就きます」［N氏］。このように、農閑期も家庭内での家事や育児に忙しい。さらに家畜の世話は1年を通じて女性の役割であった。

　このように家庭内の労働と集団労働の両立は難しく、それらの配分、調整は容易ではなかったようだ。

二　中央政府が目指す託児活動のあり方

（一）指南書、雑誌、新聞に掲載された託児所

　政府はどのような託児組織を創出しようとしていたのか。(a) 指南書、(b) 雑誌、(c) 新聞を手がかりに中央政府が目指す理念や制度を読み取っていきたい。指南書としては当時、『託児所をどのようにして上手く運営すればよいか』などと題する冊子が数多く刊行された。[22] また雑誌には、中華全国婦連の『中国婦女』を始めとして、広報活動のための託児所や公共食堂の記事が掲載された。さらに地域の新聞ではその地域の先進的な事例が報道されている。

　(a) 指南書：『人民公社の福利事業をどのようにして上手く運営すればよいか』（1960年）[23] では、北京郊外農村の託児所の受け入れ態勢が具体的に紹介されている。ある大隊では託児所13ヵ所、幼児園9ヵ所、托児小組3ヵ所が設けられ、入所年齢に達した乳幼児の97％にあたる総計1,094名を托児所・幼児園・托児小組のいずれかで預かっている。[24] この大隊に属しているある生産隊の託児所の様子は次のごとくである。[25] 新築された託児所は南向きの部屋に必要な設備や各種の玩具を備えている。5名の専業の保母がおり、保母の質の向上のために大隊では「保教学校」を開いている。保母たちは乳幼児を年齢にしたがって班分けする。這ったり座ったりする月齢の乳幼児はオンドル（床下暖房）の上で遊ばせ、歩くことのできる幼児は遊戯・散歩に連れ出す。所内には「幼児食堂」を設けて食事の味付けや栄養面に工夫をこらし、必要に応じて「全托」（宿泊をともなう24時間保育）を実施し、母親が遠くの耕地で働く際には授乳の便を配慮して野営の託児所を設ける。この生産隊は4年連続で、社会主義国家建設における模範的な託児所として表彰されている。

　この例から、模範的な託児所の環境を整理すれば、①託児場所として専用の部屋あるいは建物がある。所内に食堂などの設備を備えている。②保母は専業で、訓練を受けた女性である。③乳幼児を年齢別に班分けし、「全托」も

第9章 「おばあさん保母」からみる村落内部の託児活動

可能である、などが挙げられよう。

　(b) 雑誌：『人民中国』の1960年12月号には、「発奮して豊かな村づくり——河北省遵化県の建明人民公社」と題する記事が載っている[26]。そこに収められた8枚の写真のなかに、「貧乏村だったむかしは、子どもたちはいつもひもじい思いや寒い思いをしていたが、今では人民公社の託児所で幸福な集団生活をおくっている」と添えられた、託児所の写真がある（図1）。写真左端に、子どもたちを見守る大人がいる。保母であろう。頭に布か紐を結んだような髪留めをつけている、若い女性である。

　(c) 新聞：『黒竜江農民』の1958年12月5日に写真（図2）とともに「花は真っ盛り、保母は笑顔」（呼蘭県）が掲載された。「写真をご覧になって誤解しないでください。これは都市の託児所ではなく、呼蘭県衛星人民公社第八耕作区第一生産隊の託児所なのです」とあり、都市の託児所かと見間違うほどの農村ではめずらしい模範的託児所であるようだ。写真（図2）は託児所内の様子である。写真の右端の赤ん坊を抱いている三つ編み姿の女性が所長（保母）である。年齢は10代後半ぐらいだろうか[27]。その後方にも、子どもを抱いた同年代の女性らしき保母がいる。

図1　人民公社の託児所（『人民中国』1960年12月号）

図2　託児所の保母と乳幼児（『黒竜江農民』1958年12月5日）

273

この所長（保母）は図 1 の保母と共通点がある。ともに髪飾りや三つ編みをした若い女性であることだ。若い女性を保母として託児所の仕事に従事させるという政府側の方針の表れではないだろうか。

　若い女性という以外にも、保母にふさわしい要件があったようだ。たとえば、『黒竜江農民』1958 年 11 月 14 日に掲載された「二人の保母」（樺川県）と題する記事では、託児所が建てられ、党支部は共産党員の女性と共産主義青年団員の女性を保母にしたとの記載がある。同年 12 月 5 日の「保育・教育人員を育成し托児組織を強固にする——訥河県で保育学校が成立」（訥河県）という記事では、「保教人員」を育成するために人民公社に「保育学校」が設置され、衛生所の医師や助産士、「高小」（高級小学校。初級小学が四年制、高級小学が二年制）以上の若い保母など、合わせて 80 名が参加したとある。

　(a)(b)(c) の事例から、託児所の保母は、若い女性、共産党員、共産主義青年団の団員や小学校卒業程度の学歴をもつ者であり、保母には育成研修を推進していることがわかる。

(二) 保育員の育成研修 （1959 年）

　実際にどのような研修がなされていたのか。1959 年の双城県の史料を利用[28]して考察しよう。この史料では、「農業生産の大躍進と人民公社化の実現にともない、わが県の集団福利事業は迅速な発展をみせた。特に託児所・幼児園も全県の各人民公社・管理区に普及した。〔中略〕しかしわが県の託児所・幼児園の常年の運営は始まったばかりで、いくつかの必要な設備にはまだやはり十分ではないところがある。指導上も、全体の指導経験が不足している。保育人員の政治思想的自覚や業務知識も相当不足している」と述べている。そのために「さらに重要なことは、保教人員を選んで養成することである。彼女らの政治思想的自覚と業務の水準を高める」と、(1) 政治研修、(2) 業務研修を実施する計画をたてた。

　具体的には、(a) 研修対象：各郷の婦幼保健員、託児所長や幼児園長（現

場から離れずに業務に従事している保教員）300人。（b）条件：政治的に信頼できる、思想的に進歩している、「初小（初級小学校、四年制）」以上の文化程度、18〜35歳の託児所長や園長、あるいは上述の条件を具えた保教人員。（c）研修の内容：主要なのは政治研修で、それに加えて業務研修。（d）研修期間：2月下旬からから3月上旬のあわせて13日間程度、宿泊代および食事代は自費。

このような研修を通して、困難を恐れず、条件を主張せず報酬の多寡を気にしないような労働態度、子どもを愛し子どもの面倒をよくみて、人民公社をしっかり強固なものにする、などの政治的思想を有する保教人員を育成するという。業務の研修は、具体的には6つの項目（保教方面、保健方面、炊事学習、理髪知識、裁縫常識、託児所・幼児園の指導問題）が挙げられている。

以上、業務研修よりも政治研修が主要であると述べられており、研修期間中の宿泊代や食事代は自費で、革命のために貢献する政治思想的な側面の育成に重きが置かれている。

このように政府は、託児所・託児小組を最も基層にある生産隊という50戸程度の村落内部で結成し、一定の文化程度や政治思想を具えた18〜35歳の人員による革命に貢献する思想をもって運営しようとした。では、村のなかに存在していた親密な人間関係は託児所運営にどのようにかかわったのか。次節では、檔案史料に体験者の証言も加えて実際の状況についてみていこう。

三 「おばあさん保母」の誕生と託児の組織化

（一）大躍進以前（1956年）の村の託児実践における葛藤

省婦連党組の1956年2月の報告によると、県によって託児組織の普及に差が生じており、大部分の県では進展が遅く、その一因として保母の労働報酬の問題があった。ある県では保母のなり手がないことを危惧して保母の労働

報酬を高くした。すると子どもを預ける母親側の労働報酬が削られるため、母親たちは子どもを預けたがらないという現象が起こった。逆に母親の収入を多くすると、保母が預かる子どもが増えて手が回らず、母親が安心して働けない状態になったという。[29]

　その年の農繁期、双城県の託児組織は経験不足や指導の欠如により、季節的な託児所運営を堅持することができなかった。この状況について、県婦連が同年10月12日に民和社（高級社）に入って調査を行った。その報告が、「双城県民和社托児組織建立状況調査報告」（1956年10月18日）である。[30]ここには託児所の設置計画が頓挫した経験が記されている。

　　民和社は251戸、男性労働力230人、女性労働力164人。通年で働く女性労働力は全女性労働力の30％強程度〔50人ほど〕で、20人は家事と子どもが要因で働けない。ある女性は、子どもを家に残して糞肥に参加していた間に、子どもが水甕にはまって命を落としかけたことがある。調査したところ、託児所に入るべき子どもは32人おり、そうすると20人の婦女が生産に参加できると判明し、保育員として4人を選定した。しかし部屋を探さねばならず、2つのオンドルも作らねばならない。見積もると、子ども用の背もたれのない腰かけ30脚を作る必要があり、ボール、ベビーカー、タオル、洗面器、餅乾〔乾パン、ビスケット〕などの購入に200元余りの現金が要る。さらに日用品以外に保育員の報酬の三分の一の補助が今後必要になる。

　　社の主任は、「「夏鋤」〔夏季の除草作業〕がまもなく始まるし、オンドルを組むための煉瓦はまだなく、社員は食べる米がないとやかましく、婦人は毎日100人余りが畑仕事をしている。この上、託児所を設けることは有益なのか」と疑問視する。ある婦人は、「家に「老太太」〔おばあさん、年配の女性〕がいて、自分のことは自分でできる。2人の子どもを持つ者が、子どもたちを託児所に預けに行くことは適切ではない。保育員にお金を払わないといけないのみならず、子どもは米を持って行かな

ければならない。どう計算してみても、預けないほうがましだ」といった。そうこうするうちに、社の指導幹部の託児所設置に対する熱意は消え去った。

　以上の経緯から、頓挫した要因を整理しよう。①設備：託児の部屋、オンドル、日用品などの準備が必要。②人員：保育員とその報酬が必要。③母親の負担：保育員の報酬は母親が受け取る労働報酬から一部差し引くことになるし、子どもの食事として米を持たせなければならない。④作業負担：忙しい農作業の最中に託児所開設の準備をするに値するほど、託児所が必要であり有益なのかという疑問。本史料ではこの状況について、託児組織の成立と農業生産への参加が対立的に捉えられてしまっている、と分析している。
　このように託児所を成立させるためには、相当の準備が必要である。それが実現できた組織はいかほどあったのだろうか。

（二）託児所についての異なる証言

　前掲表2の1959年のデータより「平均的には各生産隊において托児所と托児小組の少なくともどちらかが開設されていたことになる」とした。しかしながらインタビューをすすめると、「託児所はなかった」と答える元公社社員が少なからずいる。以下では、元公社社員の証言を紹介する（注5参照）。
　「妻が子どもを産んだ時は働くことができません。家に居ます。子どもが4、5歳になってから仕事をまた始めます。託児所はないですよ」［L氏］。「託児所はありませんでしたよ」［E氏］。さらには、「私たちのところには託児所はありませんでした。一般的にはありません。あったところは模範的だったから託児所があったのでしょう」［B氏］と、当時の一般的状況として、託児所は模範隊以外では開設されていなかったと認識している人もいる。
　では、模範大隊での体験談はどうか。「息子と娘を託児所に3年間送りました。託児所は春節の時期を除いて冬季もずっと開いていました。私のとこ

ろは模範大隊でした。常によそから見学者が来ていました。仕事は大変多くて毎日労働に出て、日が暮れてから帰宅するので、託児所がないとやっていけません。ましてや私の姑は公共食堂で働いていましたから。全ての生産隊に託児所が1ヵ所ずつありました。当時の大隊長は毛沢東に9回も謁見したことのある人物でした」[K氏]と、まったく様相を異にする。

　また、模範県である双城県下の3つの公社の元社員に尋ねると、元婦女主任は「6人の子どものうちの1人を託児所に預けたことがあります。託児所は1958年の大躍進の時にできたのです。どの生産隊にも託児所がおよそ2年間ありましたね」[F氏]と語った。別の公社では「託児所はありました。わたしの母が託児所で働いていましたから。母ひとりで3人の女の子の面倒をみていました」[H氏]といい、さらに別の公社でも「託児所はありました。小さい規模のものもありましたね。自分の家と同じような様子です。農村託児所があったのは非常に短期間で、すぐになくなりました。家におじいさんやおばあさんがいれば、孫の面倒をみることができますからね」[G氏]と語っている。模範的組織として託児所があったものの、頼りにしたのは「おじいさんやおばあさん」であるという。模範的組織でなければなおさらのようで、「託児所は生産隊ではなく大隊にありました。託児所でわたしの親戚が働いていましたから、確かにあったのです。でも一般の家庭では子どもがいても託児所に入れません。お金がありませんし、家にいる老人が子どもの面倒をみますよ」[M氏]と、託児所の必要性を感じていないようだ。

　さらに、託児所が開かれていたとしても、通年とは限らないようだ。「託児所は1957年の高級社の時期からありました。一般的に1つの生産隊に1ヵ所です。冬の間はやっていません。冬は外で何の仕事もなく、女は外に出ません。子どもは家にいます。だから託児所は必要ありません」[J氏]。「うちの生産隊には託児所が1ヵ所ありました。1958年にできたのです。託児所は1年のうちおよそ半分の期間、5月から10月までの間は開いていました」[A氏]。「生産隊に託児所がありましたね。冬は閉まっていますが、春になるとまた始めます」[C氏]。「託児所の子どもの数はしょっちゅう変わります。た

278

とえば、親戚が来たとか、行きたくないので家にいるとか、夏休みなので家で面倒をみる人がいるとか、「小班」（ここでは託児所をさす。「大班」は幼児園をさす）の保母の人数は子どもの数によって決まります。臨時的なものですから、固定しているわけではありません。子どもの数は日々変わりますから」［A氏］と、受託する子どもの数もしばしば変動し、それによって保母の仕事も流動的であったようだ。

受託時間についても、「託児所も幼児園も朝7時から夕方6時くらいまででした。ただ託児所の乳幼児は乳を飲むので、2時間か、2時間半、忙しいときは3時間おきに、託児所に授乳に行きます。あの頃、農村は製粉所、豆腐屋、糧食加工を行っていました。その近くにあり、預けるのに便利なところだと大丈夫です。夜は皆、家に帰ります」［A氏］。1959年2月における黒竜江省の記録によると、「全托」（宿泊をともなう24時間保育）を採っていた託児所は全体の1.5％、その利用者数は全入所者数の2.0％に過ぎない[31]。多くは「日托」といわれる日帰り保育であった。農繁期を中心にした「日托」が主流だったと考えていいだろう。

これらの口述を整理すると、託児所は省内に広くは普及せず、模範的な組織に偏在していた可能性が大きい。そもそも「おじいさんやおばあさん」が孫を子守りするという伝統的意識が根強く、託児所の利用は農繁期を中心にした「日托」であり、通年や「全托」は一般的ではなかった。これは、中央が目指した託児の形態（第二節）を普及させることが、現実には上手くいかなかったことを示している。

（三）託児の場所と保母

託児所のあり方は様々で、専用の部屋と専任の保母を備えたものもあれば、民家において家事をしながら少人数の子どもの面倒をみるようなものもあった[32]。

まず託児の場所について。「託児所は生産隊にある集団の建物のなかにあり

ました」[H氏]という証言の一方で、託児所は場所が固定していたわけではないという証言もある。「託児所の建物は専用のものや固定のものではありません。保母の家というわけでもありません。〔生産隊の〕隊長がここにしようというと、その家に決まります。たとえばこの家は少し広いからと」[F氏]。「託児所は個人の家のなかでした」[C氏]。「一般的に託児所は誰かの家です。広くて余裕のある家です。ある人の家が広くて衛生的だというと、そこになります。このような具合です。あるいは子どもをあやしている人〔保母〕の家が〔託児所に〕なります」[F氏]。模範的な大隊に属していた元公社員も、「託児所の専用の建物はありません」[K氏]という。さらに「〔大隊の〕書記の妻が保母でしたが、その家で預かっていました。暖かいからです」[K氏]⁽³³⁾と、保母の自宅が託児の場所になっていたようだ。

　このように保母の家で託児所を開いたという報告は、檔案史料にも残されている。1961年の双城県宋群公社における「婦女の仕事」の調査報告には「〔託児所は〕おもに保母の家を借用する」⁽³⁴⁾と記述されている。これらの事例に共通するのは、先に第二節で考察した託児所のごとく新たに建てた施設や専用の施設ではなく、生産隊の建物や社員の家屋など既存のものを借用している点である。保母の家も少なからずあるようだ。

　では次に、保母はどのような人物だったのだろうか。体験者に「どのような人が保母になったのですか」とインタビューした。双城県の元婦女主任は、「第一に階級成分が大いに関係があります。地主や富農は絶対にいけません」「子どもの面倒をみることができる人、人柄がいい人です」[F氏]。模範的な大隊に属していた元公社員は、「身体が健康な人はみな戸外の労働に参加しますが、書記の妻は体の具合があまりよくありませんでした。この書記の妻ひとりで子どもたちをみていました」[K氏]。書記の妻であることと身体の不具合という2つの要素があるが、この書記の妻も健康であれば戸外労働に参加していたのであろう。前出の元婦女主任は、さらに続けて「働けない人が、子どもの面倒をみます。「老太太」などです。若い人はいません。外での畑仕事ができない人を配置して子どもをあやします。働ける人は皆畑仕事をしま

す。体の具合が悪くない場合もありますよ。子どもが小さくて、外の労働に
出て行けない場合や、家に多くの子どもを抱えている人が、自分の子どもと
一緒にみる場合もあります」[F氏]と回顧した。

　なかには自分の母親が保母だったという人もおり、「母は託児所で子どもを
みていました。私の2人の弟がまだ小さかったので、彼らを連れて託児所で
働きました。母ひとりで3人の女の子をみていました。2人の弟も一緒に託
児所で過ごしました。〔筆者 ── なぜ、お母さんは保母に選ばれたのですか？〕2
人の弟がまだ小さくて、母は畑仕事に出ることができませんでした。母は目
が悪かったので、母に子どもの面倒をみさせるほかありませんでした。母は
近眼でしたから、苗がみえません。それで託児所で子どもをみました。〔託児
所があったのは1年余りです。託児所がなくなってから、お母さんはどうしたのです
か？〕家に戻りました。私の母は働けなくなりました。目が悪いですから。家
に戻って家事などをしていました」[H氏]と体験を語った。

　同様の回答はまだある。「年配の女性や体の具合がよくない女性が子どもの
面倒をみました」[J氏]。「どんな人が保母になるのか、特に決まりはなかっ
たのですが、年配になって、外での仕事ができなくなった人が保母をしてい
ました」[C氏]。「何軒かの子どもを1人の「老太太」がみていましたね」[I
氏]。

　このようにインタビューでは「老太太」という言葉が異口同音に聞かれた。
「老太太」とは何歳ぐらいの女性をさすのだろうか。「四十、五十歳的老太太」
という表現もあることから、40歳から50歳くらいの女性をさしているよう
だ。双城県では各公社で「婦女文盲統計表」（作成年月は不詳だが、計画生育の
内容も含まれているので1970年代と思われる）が作成されているが、その年齢区
分によると、8～16歳は「少年」、17～30歳は「青年」、31～46歳は「中
年」、47歳以上は「老年」という枠組みである（数え年であろう）。よって「老
太太」とは、おおよそ40代後半以降の女性ととらえて差し支えないと考え
る。

　「老太太」の保母から若い女性の保母に移行していくべきだという見解を述

べる記事もある。1959年1月14日の『黒竜江農民』に掲載された「肇東鎮公社展望管理区——本当に社員の生活が改善された」（肇東県）と題する記事には、「幼児園や託児所は、かつては数名の「老太太」が子守りをしているに過ぎなかった。ただ番をしているだけであり、教育をすることはできなかった。今では優秀な小学校卒業程度のむすめが選抜されて、保母や「教養員」〔幼稚園の教師〕となっている」とある。

　しかし、このような事例は多くなく、口述が得られたように年配の保母が一般的であったと推察される。保母は、研修を受けた若い女性ではなく、すでに戸外の農業労働に従事することの難しい、子育て経験を有する「老太太」が中心であったことを指摘したい。

　Gail Hershatter氏が実施した陝西省における農村調査では、互助組から「保娃組」（子どもを守るグループ）が組織され、互助組では「老太太」が、高級社では「老婆」（妻、多くは中年以上）が保母を担っていたという証言が紹介されている。黒竜江省における人民公社化以前については考察できていないが、託児組織創設時期にはなおさら、おばあさんが保母になっていた可能性が高いのではないだろうか。

　なお、幼児園の教師は保母と区別して「教養員」というが、若い女性であったという証言がある。「幼児園の先生は若い人でしたが、託児所の保母はすべて年配者でした」〔D氏〕。託児所と幼児園は、乳幼児保育機関と就学前教育機関という点で異なる。保育と教育には、それぞれどのような人物が相応しいのかという異なる認識が反映された結果であろう。

　以上、実際にできた託児所は、従来の村の親密な関係に依拠して場所や保母が選ばれて成立している。模範大隊の事例でもその点はほぼ同様であり、模範大隊とはいえ、この親密な関係に依拠していたのである。

（四）「おばあさん保母」による保育

　保母たちは乳幼児をどのように受け入れ、子どもを預ける保護者の不安、

心配はどのように解消されたのだろうか。「託児所は1958年に始まったが、軌道に乗ったのは1961年頃になってからです。1958年はまだ準備段階で、保護者には心配がありました。始まったばかりで設備も整っていないし、預けたとしても子どもが泣くのではないか、病気にならないかと」[A氏]という証言も聞かれた。

このような開設時の心配は、『黒竜江農民』の1958年5月23日に掲載された「托児組の迅速で立派な試験的実施を経て」(巴彦県)という記事からも読み取れる。運営を始めた頃の母親と保母との微妙な関係が描かれているので、やや長くなるが引用する（引用中の改行は筆者による）。

巴彦県長春郷平川社では春耕が始まり、帯孩子組が成立し始めた頃、大衆が"六つのことを心配していました"。母親は、〔帯孩子組では〕子どもが争いをするのではないか、損をするのではないか、おなかがすくのではないか、泣きじゃくるのではないか、と心配していました。一方、子どもの面倒をみる「老太太」の方は、恨まれるのではないか、子どもを上手くあやせないのではないかと、心配していたのです。たとえば、第三隊の老朱太太〔朱姓の老太太、以下同様〕は「たとえ山のなかで仕事をすることになっても、子どもの面倒はみたくない。他人の子どもは難しい。冷たくしたり、逆らったり、脅かしたり、自分の子どものように上手くあやせない……」といいます。

これらの心配事を解決するために、社ではまず、第一隊の老孫太太の家で〔託児を〕試みることになりました。張秀雲と王桂蘭などの3人は子どもを老孫太太の家に預けました（子どもの玩具を持って行きました）。そして3人は仕事中に何度か家に戻って子どもたちの様子をうかがいました。すると老孫太太は面倒をみるのがたいそう上手で、子どもは全く泣いていなかったのです。翌日、さっそく8ヵ所の帯孩子組が組織されました。

その次に、母親と子守りのできる老太太が一緒に呼び集められました。

子どもを預ける意義や目的、報酬や方法を明らかにして、皆が信頼している人を民主的に選びました。〔中略〕貢景蘭は「老袁太太はわたしの実家の母と同じような感じです。きっとよくみてくれるでしょう」といっていました。〔後略〕

　さらに、大きな子どもと小さい子どもを組み合わせることにしました（なぜなら、大きな子どもたち同士は一緒にするとすぐに喧嘩になってしまうからです）。たとえば、第三隊の老王太太は６ヵ月、２歳、５歳の３人の面倒をみることにしました。この隊では５ヵ所の帯孩子組が成立しましたが、すべてこの方法で行うと、皆の満足が得られました。老太太は「小さい子は抱いてやればよいし、大きい子は受け入れてやればよい。そうすると子どもたちはすこしも泣かないものだ」というのです。現在までに全社の12の隊で合わせて64ヵ所の帯孩子組に、221人の子どもを預かっています。女性が労働に参加する困難は解決されました。〔後略〕

　この「老王太太」のいうように、乳児を含む若干名を１人の保母でみるのであれば、年齢の異なる子どもを組み合わせたほうが面倒をみるのが容易であろう。すなわち、家庭内でおばあさんが数人の孫をみるのと極めて似た状況となっている。第二節の指南書に掲載された模範的な託児所が、子どもの年齢別に班を編成するという方法とは異なるものである。

　なお、帯孩子組というのは、本記事の見出しに「托児組」とあることから、託児所より小規模で簡便な託児小組とみなしていいだろう。この記事では、託児小組にあたるものを「帯孩子組」「托児組」と称している。託児小組については、たとえば陝西省の「搶娃組（われさきに子どもを預かるグループ）」「保娃組（子どもを守るグループ）(40)」のように、地域によって様々な呼称があったと思われる。

　村のなかの従来の親密な関係に依存しながら柔軟に対応したからこそ、なんとかこのような形態の託児が可能になったのではないだろうか。それは中央政府が目指すような設備や保母（第二節）を有する託児所とは異なる、臨時

的な預かり活動ともいえるものであろう。

（五）孫の世話から、労働報酬を得る「おばあさん保母」の誕生へ

　保母に対する労働評価はどのようなものだったのだろうか。人民公社の社員は集団で行う労働に参加して報酬としての労働点数を受け取る。保母の労働点数については次のような証言がある。

　「保母にも工分〔労働点数をさす〕はありました。女性の工分は一般に8分や9分でしたが、保母も外で働く女性と同じ工分をもらえました。ともに革命工作ですから」[F氏]。「外で働く女性と大体同じです。たとえば私が10分もらうとすると、家で子どもをあやすことも10分です」[J氏]。

　しかし一方では、「保母にも工分はありますが、外での農作業に比べると少ない工分です」[K氏]。「保母に与えられる工分は重い肉体労働よりも少ないです。彼女らは一般に6分でした。農作業よりも少ないです。彼女らには〔子どもに対して〕責任があるのですが、肉体労働に比べれば低い労働点数なのです」[A氏]、という証言もある。

　なお、保母に支給する報酬は誰が負担するのかという問題について、1961年に双城県の婦連党組は、「家長が半分負担し、大隊の公益金から半分支出する」と述べ、具体的には「1～3歳の乳幼児は1.5分であるので、母親が8里を負担し、大隊が7里を負担する」という記述がある。

　このように保母に与えられる報酬である労働点数は農業労働と同じか、それよりも低い傾向が看取できる。それは保母の仕事内容が、肉体労働としての強度が低いことに加えて、先に検討したごとく老人や体の具合が十分でない人などでも担当できると認識されていたこと、さらに保育の傍らで保母が自らの家事労働を兼ねることもできた、などがその理由だと考えられる。

おわりに

　託児所は模範組織を中心に生産隊を単位として設置され、顔見知りの人々が生活を営む村落のなかで運営された。費孝通氏は次世代を養育する伝統的養育方式について、「村の婦人は普通、姑になると、もはや共同労働には参加せず、むしろ孫の世話などうちのなかの仕事をするようになる」と指摘しており、集団化時期においても伝統的養育方式は継承され、親世代と息子世代との互恵関係は維持されていたという。[43]　大躍進期における急激な託児所の増設は、この親密な関係がなければ実現しえなかった可能性が大きい。政府からの差し迫った託児所創設の要請に、おばあさんの活用で応えるしかなかった。

　筆者は本章のもとになった拙稿（2012年b、注１参照）で、同省における「おばあさん保母」の存在をすでに指摘していたが、近年、他地域農村でも「おばあさん保母」が報告されている。[44]　地域性もあり時期も異なるが、「おばあさん保母」がより普遍的な事象であった可能性がみえてきた。

　インタビュー証言から、同省では大躍進という特異な時期も「おばあさん保母」が存在しており、それは家庭で孫の面倒をみる祖母と大きく違わなかったことを明らかにした。旧来のジェンダー的役割分担を継承したといえる。若い女性が研修を受けて新たな社会的意義をもつ保育員が誕生するという政府の理念と、集団の農業労働が無理になった年配の女性の育児経験を活用するという現実との相克がみられた。

　託児所は通年ではなく、年齢別編成でもなかった。農作業の必要性に応じて臨時的な預かり行為がなされた。これは制度的な託児所というよりも、村民の親密関係にもとづいたより互助的な活動である。このように親密関係に大きく依存したからこそ、政府が宣伝したような、専用の建物、年齢別編成、研修を受けた保母を有するような託児所の成立が困難であったともいえるだろう。

　それにしても、このように大躍進期の農村でおばあさんが子守りにより報

酬を得たということは、歴史的に刻印されるべき事象である。

【注】

（1）本章は、次の3本の拙稿をもとに新たな史料を加えて再構成したものである。「大躍進運動前後の農村託児所と女性労働力 —— 黒竜江省の事例」（拙稿『現代中国』第86号、2012年a）。「中国大躍進運動前後の農村託児所 —— 保母を中心とした乳幼児の受け入れ態勢に関する黒竜江省の事例」（同『日本ジェンダー研究』第15号、2012年b）。「農業集団化における中国東北地域の家畜の飼育」（同『研究紀要（志學館大学人間関係学部）』第41巻、2020年）。なお、本研究はJSPS科研費JP22904018、JP18K01016の助成を受けたものである。

（2）「大躍進期の社会生活」（井口晃、日本国際問題研究所現代中国研究部会編『中国大躍進政策の展開　資料と解説』下、日本国際問題研究所、1974年、569-576頁）。

（3）現在の双城市。双城市檔案館所蔵の中共黒竜江省双城県婦連檔案を中心に取り上げる。双城県は省都である哈爾浜市の西南に隣接しており、県内には先進的としてしばしば引き合いに出されていた幸福公社を有し、黒竜江の農業集団化政策において範を示す役割を担っていたと考えられる。毛沢東は、1954年に双城県希勤村の農業合作化に関する報告を受け、その取り組みを翌年7月31日の「関於合作化問題的報告」のなかで評価している。さらに1958年5月18日には鄧小平・李富春・蔡暢らが双城県へ視察に訪れている（『歴史回眸 —— 20世紀的哈爾浜（新月旗城・双城）』元也他編著、哈爾浜出版社、1998年、230-231頁）。1958年に省内には57もの県があり、県レベルで平均的な黒竜江を語るには史料的限界がある。また婦連の史料であるという限界性もある。しかし使用した史料には、まだ報告先が明示されていない手書きの史料もあり、それは正式な報告書を作成する以前の一次資料とみなされる。

（4）『黒竜江農民』は哈爾浜で発行されていた。毎週月水金刊。同紙の1958年12月12日の「12月份報紙発行表」によれば、当時の発行部数は15.0万部（『黒竜江日報』は14.3万部）である。

（5）本章で用いる証言は、筆者が黒竜江省の元農村人民公社社員に対して実施したオリジナルな聞き取りである。以下はインタビュー対象者一覧である（呼称、性別、当時の居住県市、公社、職位）。
A氏（女性）哈爾濱市、W公社
B氏（女性）哈爾濱市、M公社
C氏（男性）哈爾濱市、H公社
D氏（男性）哈爾濱市、H公社
E氏（女性）啊城県

F氏（女性）双城県、X公社、婦女主任

G氏（男性）双城県、L公社

H氏（女性）双城県、S公社

I氏（男性）双城県、（公社は不明）

J氏（女性）蘭西県

K氏（女性）五常県

L氏（男性）延寿県、生産隊長

M氏（女性）牡丹江市

N氏（女性）（非公開）

このうち、K氏は模範大隊に所属し、F氏、G氏、H氏、I氏の4名は模範県である双城県内の公社に所属していた。

(6)『新中国与托児所』（周君尚編著、広協書局出版、1952年、35頁）。

(7)『中国経済統計・経済法解説』（小島麗逸編、アジア経済研究所、1989年、334-335頁）。なおそれまでの「幼稚園」から、1951年10月の政務院（後の国務院）による「関於改革学制之決定」により「幼児園」という呼称に改められている（『（世界教育体系）幼児教育』顧明遠・梁忠義主編、吉林教育出版社、2000年、431頁）。

(8)『現代中国の教育』（王智新、明石書店、2004年、149頁）。

(9)『建国以来重要文献選編』（中共中央文献研究室編、第11冊、中央文献出版社、1995年、446-447頁）。

(10) 注2論文の他、『人民公社の研究』（福島正夫、御茶の水書房、1960年、375、385、394-395頁（1959年に行われた人民公社の視察報告））。『中国の経済と技術』（小島麗逸、勁草書房、1973年、155-161頁）。『中国「人民公社」実態調査ノート』（佐藤慎一郎、大湊書房、1980年、137頁）。『二〇世紀の農民革命と共産主義運動　中国における農業集団化政策の生成と瓦解』（小林弘二、勁草書房、1997年、387、399頁）。さらに人民公社の回顧録である『人民公社興亡録』（宋海慶、第1冊、新疆青少年出版社、2000年、207-209頁）。中国の当時の論考としては、「家務労働的集体化、社会化」（胡縄、農業資料編輯委員会編『高挙人民公社的紅旗前進』農業出版社、1958年）。「関於家務労働的集体化、社会化」（劉松、『論人民公社』中国青年出版社、1958年）。他に、河北省の模範的な徐水人民公社を取り上げた「徐水人民公社幼児園考察報告」（祝士媛、『北京師範大学学報（社会科学版）』1959年1期）。「従生活集団化看婦女的解放」（王愛珠、『復旦学報（社会科学版）』1959年4期）など。

(11)『中国村落の権力構造と社会変化』（中生勝美、アジア政経学会、1990年、30-31頁）。『農民が語る中国現代史　華北農村調査の記録』（三谷孝、内山書店、1993年、50、63頁）。『中国農村変革と家族・村落・国家　華北農村調査の記録』（三谷孝編、第1巻、汲古書院、1999年、681頁）。『村から中国を読む　華北農村五

十年史』（三谷孝他、青木書店、2000年、248-249頁）など。また黒竜江省農村の人民公社では、「幼稚園や保育所はなきに等しく、就学前の子供は家庭内で養育される」という（「人民公社とコミュニティ」、中兼和津次、嶋倉民生・中兼和津次編『人民公社制度の研究』アジア経済研究所、1980年、7頁）。

(12) 農村幼児教育については、「建国以来拔粋的農村幼児教育」（李家麗、『華東師範大学学報（教育科学版）』3号、1985年）、および「中国における農村幼児教育の発展と変革」（唐淑著、劉郷英訳、『政策科学』12-2、2005年）、「新中国成立初期組建農忙托児互助組的実践及其影響」（黄天弘、『鄭州大学学報（哲学社会科学版）』第53巻第4期、2020年）など。

(13) 『記憶的性別――農村婦女和中国集体化歴史』（賀蕭著、張贇訳、人民出版社、2017年、286-290頁）（原著 Gail Hershatter, *The Gender of Memory: Rural Women and China's Collective Past*, Berkeley, Los Angeles, London: University of California Press, 2011）。

(14) 「中国大躍進期黒竜江省農村における公共食堂の地域的な運営形態――黒竜江省の場合」（拙稿『歴史学研究』第883号、2011年）。

(15) 注6の周君尚書（36-37頁）。

(16) 1960年6月「1959年全省農村托児組織分布情況和孩子入托情況」（黒竜江省婦連辦公室『一九五一－一九六〇有関農村托児組織数字統計表（生産生活部）』5頁、黒竜江省檔案館所蔵）。

(17) 1961年4月8日「黒竜江省農村人民公社社隊規模調整規劃（草案）」（黒竜江省委員会『省委関於農村人民公社工作的発文』1277頁、黒竜江省檔案館所蔵）。

(18) 1957年7月10日「中共双城県婦連党組関於人民内部中農村婦女方面的矛盾和解決弁法的調査報告」（中共双城県婦連党組（史料中に登場する管理区名は不明）、双城市檔案館所蔵）。

(19) 1960年（月日は不明）「関於組織婦女生産的五個問題」（中共双城県婦連党組、双城市檔案館所蔵）。

(20) 『中国人口（黒竜江分冊）』（熊映梧主編、中国財政経済出版社、1989年、411頁）。

(21) 『跨世紀的中国人口（黒竜江巻）』（同書編委会編著、中国統計出版社、1994年、154頁）。

(22) たとえば、『怎様組織農村托児所和幼児園』（中華全国民主婦連婦女児童福利部編、人民衛生出版社、1956年）。『怎様辦好人民公社的食堂、敬老院、托児所』（吉林省農業庁編、吉林人民出版社、1958年）。『怎様領導托児所幼児園』（遼寧省衛生庁・遼寧省婦連編、遼寧人民出版社、1959年）など。

(23) 『辦好人民公社的福利事業』（中共北京市委農村工作部辦公室編、北京出版社、1960年）。ここにはいくつかの託児所の模範的な仕事ぶりが集められている。

(24) 「加強党的領導、辦好托児組織――豊台区南苑人民公社大紅門大隊党総支領導托

児工作的経験」(前掲『辦好人民公社的福利事業』57頁)。

(25)「"七好一満意"托児所 —— 豊台区南苑人民公社西羅園生産隊托児所工作経験」(同上、52-56頁)。

(26)『人民中国』(外文出版社、北京、1960年12月、67-69頁)。『人民中国』は1953年1月創刊の北京で出版されている日本語による月刊誌。

(27)写真は鮮明ではないが、三つ編みの立ち姿から未婚の10代後半の女性と判断した。当時は「18歳から20歳前後で結婚する女性が多かった」という〔A氏〕。

(28)1959年2月5日「双城県培訓多召手保教員計劃」(双城県婦連、138-139頁、双城市檔案館所蔵)。

(29)1956年6月20日「当前農忙托児組織存在問題和今後意見的報告」中共黒竜江省婦連党組(黒竜江省委員会(批示)「省委摘要転発省婦聯党組関於当前農忙托児組織存在問題和今後意見的報告」1956年6月26日、2頁、黒竜江省檔案館所蔵)。

(30)1956年10月18日「双城県民和社托児組織建立情況調査報告」(双城県婦連、116-117頁、双城市檔案館所蔵)。

(31)1960年6月「1959年農村各季托児組織統計」(黒竜江省婦連辦公室『一九五一-一九六〇有関農村托児組織数字統計表(生産生活部)』6頁、黒竜江省檔案館所蔵)。

(32)注10の宋海慶書(207-209頁)。

(33)この隊では通年で託児所を開いていた。寒冷地のためオンドルの必要な期間が長い。日々生活を送っている居住家屋であれば、部屋が常に暖められているので都合がよい。

(34)1961年(月日の記載はなし)「宋群公社金星大隊第一生産隊秋収時期婦女工作中幾個問題的調査報告」(中共双城県婦連党組『1961年有関婦女工作方面的材料』135頁、双城市檔案館所蔵)。

(35)「東崗農業社の女性たちは本領を発揮する」(勃利県)(『黒竜江農民』1958年8月15日)。

(36)年齢には言及していないが子育て経験者を保母に選んだという記事もある。同上の史料では、「社内〔渤利県東崗農業社〕では3ヵ所の托児所、4ヵ所の托児組、1ヵ所の幼児園を設置した。夏鋤の時期〔夏季の除草作業で農繁期〕には102人の子どもを受け入れた。保母には子どもを持ったことのある女性を選出あるいは推薦した。ゆえに、〔保母は〕皆〔母親の〕信任を得た」とある。

(37)双城県の檔案史料。作成年月不詳。県内の人民公社ごと(さらには大隊ごと)に、年代別の「文盲」の人数を整理した表。

(38)他方で、次のような証言もあった。「年齢が高い人もいました。50歳ぐらいの人もいました。一般には平均して30数歳ぐらいでした。すでに結婚している人たちです。なかには若い女の子〔「小姑娘」〕もいましたけれども」〔A氏〕。この例で

は幼児園と託児所の間で、保母と教師が入れ替わることもあるなど、託児所の保母と幼児園の教師との区別が固定していなかったという。年齢に幅があるのはそのためであると考えられる。

(39) 注13の賀蕭（Gail Hershatter）書（288-289頁）。

(40) 注12の唐淑論文（104頁）。注13の賀蕭（Gail Hershatter）書（287-289頁）。

(41) 克東県では1964年にも託児組織の存在を記録しているが、その檔案史料には、「保母は収入が少なく、シャベルなどで畑地を削ってならす農業労働が1日10分であるのに対して子どもをみても1日4分にしかならず、保母になることは敬遠される」という記述が残されている（1964年「民助大隊托児組織工作情況調査研究」黒竜江省婦女連福利部、『托児組織情況調査材料』59頁、黒竜江省檔案館所蔵）。

(42) 1961年8月15日「関於対長勇、慶利両個大隊托児組織問題的調査」（中共双城県婦連党組、『1961年有関婦女工作方面的材料』61頁、双城市檔案館所蔵）。

(43) 『中国農村の細密画　ある村の記録1936-82』（費孝通著、小島晋治他訳、研文出版、1985年、318頁）。

(44) 注12の黄天弘論文の他、「新中国初期托児組織研究（1949-1959）」（張麗英、山西師範大学研究生学位論文、2017年、35-36頁）。「烏托邦与現実：人民公社化時期上海農村集体托幼研究（1958-1962）」（鐘子善、華東師範大学修士学位論文、2020年、26頁）。「山東農村保教人員的形象重塑与自我認同（1949-1961）」（朱麗麗、『首都師範大学学報（社会科学版）』総第259期、2021年第2期、27-35頁）など。

第10章

「共餐」をめぐる革命と私的人間関係
──1960年河北省の資料から

小嶋華津子

はじめに

　毛沢東による社会主義革命の実践のなかで、親密性に基づく私的人間関係はどのような機能を担ったのだろうか。本章では、中国語の「共餐（食事を共にする）」という視点から、この問いを考える。具体的には、「共餐」という行為が本来有する私的人間関係の維持・拡充機能と、中国共産党（以下、共産党、党）によって新たに付与された革命性との齟齬に着目し、未曾有の食糧難に直面した1960年の河北省の農村を舞台に展開された革命と人々の私的人間関係との相互作用を描き出してみたい。

　本論に入る前に、本章の分析の枠組みとなる主な議論を概観しておこう。

　まず、中国の私的人間関係と社会主義革命との関係に関する議論である。古典的先行研究は、中国における公私の別の曖昧性を指摘する。たとえば、費孝通は、1947年の論考で「差序格局」という視座を提起し、中国の人々の心象風景を、本人を中心に家族・親族へ、さらにその外（公共空間や果ては国家）にまで水紋のように推し拡げられる私的人間関係の広がりとして捉えた。[1]溝口雄三も、中国の「公」とは「私」を含み、私的関係の集積から成る「つながりの公」であると説いた。[2]

　では、こうした私的人間関係の拡張や公私の別の曖昧性は、毛沢東時代──基層社会にまで及ぶ中国共産党・政府機構の整備と人々の組織化、それらの公的機構を通じた社会主義革命の実践に特徴づけられる時代──を経てどのように変化したのだろうか。あるいは、変化しなかったのだろうか。この点

について、社会史の分野においては、基層社会に根付く私的人間関係の営み
に着眼し、毛沢東時代と前後の時期との連続性を描出する取り組みが、農村
研究を中心にみられるようになった。[3] しかし、革命の実践と私的人間関係の
営みとが相互にどのように作用していたのかを、政治権力の問題として論じ
た研究は多くない。[4]

　次に、「共餐」を視点とすることの妥当性について説明したい。「共餐」す
なわち食事を共にするという行為は、本章の文脈において3つの機能をもつ。
第1に、食事を共にする具体的な他者の健康と生存に関心を寄せるという機
能である。第2に、互いの親密性、集団としての共同性や連帯性を確認し、
それを拡充するという機能である。この機能については、文化人類学者によ
る研究がある。たとえば、ジャネット・カーステン（Janet Carsten）は、共に
食事をとることにより、感情的つながりや共同体としての感情が育まれるこ
とを論じている。[5] 第3に、政治的コミュニケーションの手段としての機能で
ある。中国でも、宴会は、贈答とともに、私的人間関係を築き、強化する重
要な手段であった。特に飲酒をともなう宴会は、感情的つながり（中国語：人
情）に基づく関係を深め、招宴、答礼宴などをつうじて貸し借り関係を築く
場として機能してきた。そして、公私の別が曖昧な中国において、宴会はし
ばしば、民衆が党や政府の幹部たちに取り入ったり、下級幹部が上級幹部に
阿ったり、組織間の協力や連携を強めたりするための政治的手段となってき
たのである。[6] そして、西澤治彦によれば、宴会や贈答を通じた私的人間関係
の政治化は、社会主義革命を経て社会的ヒエラルキーが再編されたことによ
って、中国の末端社会にまで波及し、構造化されたのだという。[7]

　1959年に中国全土で深刻化した食糧難は、上記のような「共餐」の慣習に
変更を迫るものであったと考えられる。食糧の絶対量が不足するなかで、家
族をはじめとする具体的な他者の健康と生存への関心は否応なく高まった。
そうしたなか、共産党中央指導者は、限られた食糧を効率的に分配すること
によって難局を乗り切ろうと、「共餐」の単位を、半ば強制的に家族から共同
体（人民公社、生産大隊、生産隊）へと変更しようとした。その象徴が、公共食

堂の導入であった。人民公社や生産隊の幹部も一般民衆も、公共食堂で共に食事をとることによって、経済的節約と政治的平等、さらには共産主義イデオロギーに基づく連帯感の発揚とが同時に達成されるはずであった。しかし、共産主義革命の一環として鳴物入りで導入され、全国的に推進された公共食堂は、当初より地元経済に深刻な悪影響を及ぼし、わずか数年足らずで解散されるに至った。

公共食堂については、一定の研究の蓄積がある。なかでも、羅平漢による『「大鍋飯」農村公共食堂始末』（四川人民出版社、2015年）は、1950年代後半から1961年に至る公共食堂の推移を各地の資料に基づいて論じた代表的な先行研究といえるだろう。また、楊継縄による『毛沢東大躍進秘録』（伊藤正ほか訳、文藝春秋、2012年）も、1つの章を公共食堂に関する論述に割いている。しかし、これらの書籍を含め、大躍進運動時期の公共食堂に関する先行研究は、公共食堂の失敗の原因を、主にその経済的不合理性に帰して論じたものであり、私的人間関係や権力構造と関連付けて詳細に分析した研究は管見の限り少ない。

そこで、本章では、試みとして、1960年の河北省を対象に、革命性の象徴として建設された公共食堂の内と外とに、「共餐」をめぐる私的人間関係がどのように展開され、革命のあり方や権力構造に作用していたのかを、当時の内部資料および回顧録に基づいて描き出したい。具体的には、中国共産党河北省委員会による内部刊行物『河北建設』、河北省反「走後門」運動弁公室による1962年の簡報、河北省保定市政協文史委員会が1998年に編纂した『在那艱苦的日子里――1960～1963年期間的河北保定』などの資料を手掛かりとする。[8]

一　食糧難と河北省における公共食堂の建設――生存保障と革命の実践

本節では、1958年に本格化した公共食堂の建設運動が、河北省においてど

のように展開されたのかを概観し、本章が対象とする1960年を、公共食堂を
めぐる歴史のなかに位置付けてみたい。

（一）公共食堂をめぐる党中央の政策

　中国全土に公共食堂建設の波が生じる端緒となったのは、1958年8月17日
に河北省北戴河で開催された中国共産党中央政治局拡大会議（以下、北戴河会
議）であった。この会議で毛沢東が、公共食堂による無料での食事提供こそ
が共産主義だと述べたことから、公共食堂の優越性を賞賛する言論が出回る
ようになり、同年10月25日付『人民日報』には「公共食堂を成功させよう
（中国語：辦好公共食堂）」と題する社論が掲載された。

　公共食堂の優越性は、主に次の4点にあるとされた。第1に、経済コスト
の削減である。世帯ごとに行っている炊事を1ヵ所に集中させることによっ
て、食糧のみならず炊事に必要な薪、石炭、灯油などを節約することができ
る。また、従来炊事に割かれていた労働力を、鉄鋼生産や農作業に投入する
ことができるというのである。第2に、衛生管理の向上である。当時「四害」
とされていたネズミ、スズメ、ハエ、カを除去するためにも、炊事と食事の
場所を、管理の行き届いた公共食堂に統合することが望ましいとされた。第
3に、女性の家事労働からの解放による男女平等の実現である。第4に、共
産主義への自覚に基づく集団主義精神の発揚である。公共食堂は、農民の間
に根付く私本位、家本位の「狭隘な」思想を克服し、共産主義の共同体を形
成する場として称揚された。また、そこでは、郷や人民公社の幹部も、農民
と共に食事をとり、連帯感を強化するよう求められた。このように、革命精
神や共産主義イデオロギーに基づく政治的任務として推進されたが故に、公
共食堂の導入は、運用の柔軟性を失い、現場の実態との乖離を生んでいった
といえるだろう。

　実のところ、公共食堂は各地に甚大な被害をもたらした。毛沢東の発言に
基づいて、無料で食事が提供された結果、民衆の間には、「食べなければ損」

という心理が働き、浪費が深刻化した。個々の世帯での炊事に比べ大食堂の炊事には大きな薪が必要となったため、近隣の林木は伐採し尽くされた。本来農民が農作業の合間に行っていた炊事に、管理員や炊事員など青年・壮年の専従担当者が配置されたことにより、労働力は浪費された。また、住居の分散状況にかかわらず広範囲を管轄する大規模な食堂が作られた結果、家から食堂までの往復、さらには食堂での順番待ちに多大な時間が浪費された。[10]

　1958年秋の不作を受け、同年末には全国的に大飢饉が発生し、多くの餓死者が出るに至り、[11] 食堂は次々と業務停止を余儀なくされた。このような事態に際し、1959年2月27日から3月5日にかけて河南省鄭州で開かれた党中央政治局拡大会議では、毛沢東自らが「共産風（無闇に共産主義化を急ぐ風潮）」を批判し、採算単位を人民公社から生産大隊、さらには生産隊に下ろすことなどを取り決めた。また、党中央は同年5月、「人民公社における夏季の収穫の分配に関する指示」を発布し、公共食堂については、全員参加とするか／部分参加とするか、常設とするか／農繁期のみの設置とするかなど、いずれも民衆の希望に応じて柔軟に対応するよう求め、食糧は各世帯に直接配給し、公共食堂を利用しない者については個人の保管とするよう指示した。[12]

　しかし、楊継縄によれば、毛沢東は、内心は公共食堂の急速な退潮に不満を募らせていた。そして、1959年7月から8月にかけて江西省廬山で開かれた党中央政治局拡大会議で、大躍進運動の進め方と併せて公共食堂の問題を指摘した彭徳懐（国防部部長）、周小舟（湖南省党委員会書記）、張聞天（外交部副部長）を「右傾反党集団」として断罪するとともに、「公共食堂は良い。過度に批判すべきものではない。私は積極的によくやるのに賛成だ」と述べた。それ以降、公共食堂に対する批判は、右派日和見主義ないしは帝国主義という政治的罪状となり、公共食堂の成功事例に関する偽情報と賛美が溢れ、公共食堂推進の波が再燃したのであった。[13]

　その結果、1959年末時点で全国の農村にはすでに391万9,000ヵ所の公共食堂が設置され、食堂を利用する農民は約4億人、人民公社総人口の72.6％に達した。[14] 1960年に入り大飢饉は深刻さを増したが、党中央は同年3月18

日、この比率を80％、さらには90％以上にするとの目標を掲げ、各地の党委員会に対し、食堂の成功に向けた取り組みを「階級闘争の地位にまで高めて」実施するよう指示した。食糧の現物配給先は、再び各世帯から公共食堂へと一本化された。その結果、同年4月時点において、河北・山西・陝西・山東・江蘇・安徽・河南・湖北・湖南・江西・四川・貴州など14省の統計で食堂を利用する農民は農村総人口の88.6％に達した。[15]

　1960年を通じて、公共食堂の推進という党中央の方針は維持された。同年11月3日に党中央が発布した「農村人民公社の当面の政策問題に関する緊急の指示書簡」(いわゆる「十二条」)は、「共産風」の是正による農業生産の回復を基調とし、大衆を動員して整風整社運動（共産風、誇大妄想風、生産盲目指揮風、強迫命令風、幹部特殊化風を是正する運動）を展開するよう呼びかけるものであったが、公共食堂を推進する方針に変更はなかった。党中央は、「書記は厨房へ、政治は食堂へ」というスローガンを打ち出し、同年12月には、各地に対し、生活への配慮と食堂の運営とを階級闘争の地位にまで高めて実施するよう改めて求めた。[16]

（二）河北省における公共食堂の建設

　河北省は、公共食堂の全面的導入を比較的早期に達成した省の1つであった。北戴河会議以降1958年10月中旬までに、同省では23.5万ヵ所の公共食堂が建設され、利用者は3,482万人、全省の人民公社構成員の95.5％に達したという。[17]

　しかし、河北省でも、公共食堂は設置当初より様々な問題を抱えていた。1958年11月28日に河北省党委員会が党中央に提出した報告書には、食堂の運営上の問題が率直に記載された。[18] そこで指摘された問題は以下の3点に整理できるだろう。第1に、食堂の規模を拡大し過ぎたことにともなう問題である。報告書によれば、一部の食堂の利用者数は、1,000人以上にまで膨れ上がり、厨房設備や炊事技術が追いつかず、食事の際に長蛇の列ができる、

食堂までの往来に時間がとられるなどの問題が生じていた。事実、王愷（保定市党委員会常務委員、常務副市長）によれば、王の実家のある涞水深山区では、家から食堂まで10里（5km）余りある者もおり、徒歩での往復に耐えられず、食事が済むとその場で次の食事まで待つ者も現れたという。[19]

　第2に、貧弱な設備である。承徳地党委員会が1958年11月下旬に河北省党委員会に行った報告によると、当該地区の1万8,055ヵ所の食堂のうち、食堂家屋を有しているものは1万であり、実に半数近くの食堂は露天であった。厳寒の冬を控え、人々の不満が高まるなか、承徳では、人民公社の農民に「自発的に」部屋を提供させることにより、家屋問題に対応した。たとえば、平泉県紅旗公社の4つの生産隊は、共産主義思想教育を通じて、農民に計189の部屋を公共食堂用に提供させた。[20]

　第3に、食事の無料提供が生み出す浪費と、それによる食糧不足である。民衆の間には「ただ飯が食べられるようになったのだから腰紐を緩めてでも食べよう」という空気が広がり、多くの人民公社で無制限に食事を提供した結果、月1人当たり50〜60斤（25〜30kg）の食糧が消費された。しかし、1959年に入ると全省の30の県が食糧不足に陥り、収穫の端境期に楽亭県で供応された食糧は、1日1人当たりわずか半斤（250g）であり、農民は芋の葉を食べて空腹を凌ぐより他なかった。[21] 解学恭（河北省党委員会書記処書記）が1959年1月に調査したところ、省内のいくつかの専区ですでに栄養失調による浮腫が蔓延しており、特に保定専区では浮腫が4,636人、それによる死者が306人に達していた。[22]

　しかし、1959年5月に党中央により「人民公社における夏季の収穫の分配に関する指示」が出されても、河北省の一部には、あらゆる方法を駆使して民衆を公共食堂から退出させまいとする動きがみられた。たとえば、河北省安国県伍仁橋公社党委員会は、各管理区党総支部書記に対し、閲覧後要回収の通知を発し、食糧配給先を各世帯と定めた同指示に表向きは従いながらも、実際には食堂に一括して配給する方法を認める方針を確認した。さらに伍仁橋村党支部は、食堂利用者と退出者との間で食糧配給の量や質に差を設けた

299

り、自炊世帯の炊事時間を制限したりして[23]、自炊を選んだ者たちを差別した[24]。特に、食堂を利用しない党員は、批判され、強制的に食堂に引き戻された[25]。

そして、廬山会議以降に再燃した公共食堂建設の波のなかで、河北省党委員会は、公共食堂の整頓と充実に努めた。食糧難の深刻化にともない、公共食堂は、革命性の象徴というよりもむしろ、民衆に最低限の食事を提供し生存を確保する砦としての実質的な意味を強めた。「低指標、瓜菜代」（国家の食糧配給指標を低く設定し、各種の代用食品を活用する）というスローガンの下、公共食堂では、食糧難を生き延びるための多彩な運動が展開された。計画的な食糧消費、食品の組み合わせやかさ増しの方法なども考案され、「食事大会」（中国語：吃飯大会）などのイベントを通じて普及が図られた[26]。たとえば、保定市では1960年11月、各行政レベルの党委員会第一書記の主導で、県ごとに「食事大会」が開催された。これは、食糧難への対応において優れたパフォーマンスをみせた公共食堂の管理者・炊事者が自らの経験に基づいて、管理と炊事の手解きをするイベントであり、人民公社や生産大隊の幹部や関係者が一同に会し、共に炊事し、食事をとることによって、手法を共有し、思想の統一を図り、それを各食堂や民衆に行き渡らせることが目指された[27]。イベントには党や政府の指導幹部も経常的に訪れた。彼らは、民衆の健康や生活に関心を寄せ、共に困難に立ち向かう姿勢を示し、革命精神を煽ることによって、飢えた人々をなんとかして党の下に団結させようと努めた。

二　公共食堂をめぐる私的人間関係と革命

しかし、河北省の資料を見る限り、公共食堂が直面した問題は、経済的不合理性や食糧難ばかりではなかった。共産主義の共同体として期待を集めた公共食堂であったが、その期待とは裏腹に、公共食堂は、私的人間関係や権力の私物化を映し出すプリズムと化した。

第10章　「共餐」をめぐる革命と私的人間関係

（一）　公共食堂における私的人間関係と権力

　公共食堂では、管理員・炊事員が、食糧や食事の分配において、自らと私的関係を持つ者や権力者を優遇する行為が普遍的にみられた。資料に記された事例を紹介しよう。

　1960年10月、侯順徳（邯鄲市永年県党委員会第一書記）は、視察に訪れた裹坂荘生産隊の8ヵ所の食堂で、利用する民衆から、管理員・炊事員に対する不満を多数聞かされた。たとえば、第五隊で食堂管理員を務める郭従友は、管理員になる前は、自分の食い扶持が減るのを恐れ、配給受領資格を持たない閨女（未婚の娘）を実家に住まわせなかったにもかかわらず、管理員になってからは、まる1ヵ月閨女を実家に住まわせており、皆口々に「管理員になれば『鉄飯碗（食の保障）』がもらえるから、本人も家族も親戚も友人も好きなだけ食べられるんだ」と批判していた。第一隊食堂では、夜に利用者が皆で食べようと取っておいた43斤（21.5kg）の果物が前任の管理員と幹部たちに食べられてしまった。白新月をはじめ民衆がそのことを問い詰めると、大隊の幹部は、「食堂を破壊した」、「幹部と民衆の関係を挑発した」などの罪状で白をやりこめ、それ以来誰も意見をいえなくなってしまった。その食堂では中秋節に月餅を作ったが、余った月餅20斤（10kg）余りもどこかに消えてしまったという。第四隊食堂では、管理員の白士永が、食堂に置いてあった3斤（1.5kg）の麺生地を盗んだ。第三隊食堂では、帳簿上は20日間で食用油120斤（60kg）を消費したことになっていたが、実際には利用者の口に入らず、食堂管理員・小隊幹部・大隊幹部が密かに山分けしていた。また、食堂の管理員や炊事員が、配給券すら受け取らずに、自分や家族、友人、幹部に多めに食事を盛るという行為が常習化していた。第三隊食堂の管理員は、党支部書記（白慎明）の妻に対しては、配給券も金も受け取らずにたくさんの食糧や芋を融通し、自分の気に入らない人に対しては、規定量に満たないほどの食事しか盛らなかった。[(28)]

　また、1960年12月の調査によると、廊坊市覇県堂二里公社第二食堂は、富

301

裕中農の王景文とその兄4人、兄弟の嫁2人が食堂の管理職に就き、富裕中農の靳加九、靳加善、靳庭泉の3兄弟が生活隊の要職に就いていたため、「王家大門」「靳家大院」と呼ばれていた。彼らは、食糧を私物化し、結託して食堂の食糧を300斤（150kg）、小麦の種40斤（20kg）、食糧調達専用費用（中国語：園地菜銭）120元を横領した。信安公社愛国生産隊第二食堂管理員の陳景周は、皆に分配された食糧の上前をはね、貧農や下中農には食事を少なく盛り、病人食を提供しない一方で、地主や富農に対しては飯を多く盛り病人食を提供していた。生産大隊の食糧保管員を務めていた周景龍も、同様に皆に割り当てられた食糧の上前をはね、病人用の米や小麦粉を食べ、配給券400斤（200kg）分、食糧500斤（250kg）余りを横領し、幹部への贈賄や親しい友人への贈答として配給券119斤（59.5kg）分、食糧500斤（250kg）余りを使った。また、幹部による食糧の大量消費が生じ、その量は500斤（250kg）余りに達した。⁽²⁹⁾

　管理員や炊事員による相次ぐ不正行為に際し、食堂の利用者の間には、悪徳な管理員や炊事員を更迭し、有能で徳のある幹部に替えてほしいとの要望が高まった。たとえば、前述の裵坡荘生産隊の白喜祥は、食堂管理員は老包（包拯）のような心を持ち、精神力と権力を兼ね備えた人物でなければならない、良い生活を実現するには良い幹部がいなければ駄目だと語った。⁽³⁰⁾

　そして、党中央が「書記は厨房へ、政治は食堂へ」と呼びかけるなか、河北省党委員会は、整風整社運動を展開するにあたり、最も民衆に支持され、最も優良な幹部・党員・貧下中農積極分子を、食堂の管理員・炊事員に抜擢することを決定した。劉子厚（河北省省長）も1960年11月10日、省の幹部会議で、「食堂の管理員には必ず良い人を充当しなければならない。生産隊党支部書記、隊長あるいは良い党員・団員を選抜して管理員を担当させる。我々が下放させた幹部にも管理員を担当させる。このようにして初めて党の政策を貫徹でき、食堂をしっかりと行うことができるのだ」と述べた。⁽³¹⁾このような政策の下、同年11月20日時点で、全省の3万6,000人余りの脱産幹部（生産活動に従事せず行政を行う幹部）が「三類食堂（問題の多い劣悪な食堂）」に管理

員として派遣され、20万人余りの生産隊幹部・党員・団員および貧下中農積極分子が食堂の炊事員となり、悪徳管理員・炊事員を追い出した。[32]

　実のところ、幹部の食堂への抜擢には抵抗もあった。前述の裴坡荘生産隊の状況に照らしていえば、第1に、人民公社やその党支部は、限られた有能な幹部を食堂管理員に抜擢することにより、他の業務に悪影響が及ぶことを懸念した。党支部書記を務める白慎明は、「党支部書記や支部委員を食堂管理員に任用したならば、生産隊全体の業務を誰がやるというのだ？」と不満を提起した。第2に、幹部の間には、食堂での任務に就くことを降格と受けとめる向きが強かった。党支部副書記の張尚従は支部の議論を経て食堂管理員に選ばれた時、「全村の事案を管理すべき支部書記が、一小隊の食堂の管理員をやるなど恥晒しだ」と述べたという。このような状況に対し、党は、民衆の生活に直結する食堂業務を着実に行うことの意義と、それに従事することの名誉を強調するとともに、ロールモデルとなるよう党総支部書記の白起中（聯村隊不脱産幹部）および中央財政部から下放された幹部2人を食堂管理員に抜擢した。[33]

　食堂の運営を階級闘争とみなす革命のロジックも、幹部や民衆の動員と業務の円滑な遂行に寄与した。劉子厚は1960年12月8日、中国共産党河北省第一期代表大会第三回会議での報告において次のように述べた。地主・富農・反革命・悪質分子は、天災がもたらした苦難を利用して混乱を作り出し、混乱に乗じて利益を得て（中国語：混水摸魚）、民衆を煽動して騒ぎを起こし、党と民衆を離間させ、なんとかして食堂という重要な陣地を奪おうとしている。現在全省の3分の1近くの食堂が困難な状況にあり、悪人が権力を握り、汚職を働き、法や規律に違反し、破壊活動を進めている。実践は、食堂こそが階級闘争を激しく行うべき場所であることを証明している、と。[34]すなわち、悪徳管理員・炊事員は、地主・富農・反革命分子・悪質分子であり階級の敵だとされたのであった。

　以下に、食堂の整頓が、階級闘争としてどのように記述されたのか、資料に基づき2つの人民公社の事例を紹介しよう。

303

1つ目は、邢台市巨鹿県平公社の事例である。整風整社運動が始まる前、平公社艾村生産隊とその食堂は生産隊長の孟繁琪ら「悪質分子」によって掌握されていた。孟らは汚職、窃盗、浪費を繰り返し、民衆の生死を顧みず、頻繁に食事の提供を停止し、4両（200g）という指標を顧みず、利用者は3両（150g）すら食べられないこともあった。その結果、村では病気が蔓延し、青年・壮年は生きるために逃亡し、農民は皆黄疸で痩せほそり、人心は荒廃した。1961年1月3日、指導者は数人の「悪質分子」の職を解き、6人の専従幹部を同生産隊の生活担当として派遣した。彼らは村に入った後、炊事員・管理員を支援して帳簿を検査し、食糧を測量し、食糧庫の在庫を確認した。これにより、民衆は、1日2食食べられるようになった。同時に省の医療隊が病人用の食堂を作り、病人用の補助食糧が増加したため、状況は好転し、病人は359人から103人に減少した。しかし、民衆の発動が不十分であったため、その後一旦工作組が村を離れると、「悪質分子」はまたもや活動を開始し問題が再発した。第二食堂担当の国家幹部が去って2日もすると、これらの「悪質分子」は食堂にやって来て揚げ餅を作って食べた。民衆は、「幹部が去ったら、食堂の粥は薄くなり、窩頭（トウモロコシやコウリャンなどの粉を水でこねて蒸した円錐形のまんじゅう）は小さくなった」と不満をいった。2月3日に整風整社工作組が村に来て、今度は民衆を発動して「悪質分子」の罪悪を徹底的に批判し、革命の風を起こした。それによって食堂は皆で行い、皆で食べるようになった⁽³⁵⁾。

　いま1つは、廊坊市覇県堂二里公社の事例である。堂二里公社の176ヵ所の食堂には1,065人の管理員・炊事員がいたが、整風整社運動を通じた徹底的な整頓によって、1960年12月22日時点で321人が更迭された。更迭された者のうち、地主・富農・「反革命分子」・「悪質分子」は97人、富裕中農が30人、能力不足による職務不履行とみなされた青年が204人であった。整頓を経て、現在食堂業務に従事する者は、公正で有能な貧下中農が絶対的優勢となり、食堂は様変わりし、利用者の支持を得られるようになった。他方、地主や富農分子は、心穏やかでなく、破壊行為に出た。たとえば、地主の買

祝祥は食堂で2斤（1kg）の絲糕（蒸しパン）を購入した際、「新しい管理員が渡してきたのは3両（150g）分少なかった」と騒ぎ立てた。しかし、幹部が彼を捕らえて直ちに量ったところ、わずかも少なくはなかった。賈の妻と娘も、新しい管理員を批判し、少数の人民公社社員を煽動して、管理員・炊事員を選び直そうと企て、5人（そのうち2人が地主、2人が富農、1人が「反革命」家族であった）を勝手に選んだが、民衆は断固としてその陰謀を粉砕した。黄家堡生産隊は、富裕中農で元党支部書記の劉占元が権力を握っていた時には、食堂の改善に努めず、300人余りの利用者がいるにもかかわらず、厨房は2つしかなく、箸もなく、代用食品の利用にも応じなかった。劉を停職にし、貧下中農が直ちに食堂の改革を行った結果、食堂の家屋も整えられ、食事の種類も多くなった。義和荘は富農分子によって権力を握られており、工作組が村に入るや2日もしないうちに食堂での食事提供を停止した。これは、工作隊を飢えさせて追い出そうという企てであり、このような事案はしばしば発生した。1960年12月上旬、覇県党委員会が、食糧不足の生産隊の食糧配給指標を1日1人当たり7両（350g）から5.9両（295g）に、それ以外の生産隊の指標を7.6両（380g）から6.35両（317.5g）に引き下げたとき、「悪質分子」は悪辣な攻撃と破壊を行った。たとえば堂二里で警察局副局長を務めていた張少奎は、「配給量は幾度も減らされ、死人が増え、苦しむ家々には団欒もなく、親戚友人の往来もなく、生きていても悲惨、死んでも悲惨」と述べて民衆を煽動した。堂二里は、2通の匿名の書簡を受け取ったが、そこには「共産党は、土匪よりもさらに劣っており、貧しき者、富める者もろともに滅ぼしている。（我々の暮らしは）国民党時代にも増して苦しくなった」と書かれていた。これに対し、党は総力をあげて、貧下中農に依拠して旱魃の年の苦しさを思い出す運動を展開し、ようやく多くの農民は新しい配給指標を受け入れるようになった。⁽³⁶⁾

　以上のように、食糧難下の公共食堂の導入は、共産主義の共同体を生み出すどころか、むしろ私的人間関係や権力の私物化を浮き彫りにし、党の支配の正当性を基層社会から揺るがせた。有能な幹部を食堂業務に従事させ、食

糧難に苦しむ民衆の不満を和らげ、その不満を共産党ではなく「悪質分子」に向かわせるために、階級闘争や革命は有用なフレームであった。

（二）公共食堂外で展開される権力者の「共餐」——県幹部を中心に

この時期の特徴としていま一つ指摘するべきは、一般の公共食堂の外に広がっていた「共餐」の空間である。資料からは、階級闘争の前線として公共食堂建設に力が注がれていた1960年、公共食堂の外では、幹部たちが比較的豊かな「共餐」を享受していた実態が垣間見られる。ここで取り上げたいのは、県幹部の「共餐」である。前述のように、郷や人民公社の幹部については、民衆と同一の食堂で食事をとるよう求められていたが、県の幹部にはその適用がなかった。その結果、一部の県には贅沢や浪費が顕著にみられ、それは人民公社や村レベルにも波及した。

以下、資料に記述された事例をみてみよう。

1960年8月16日に天津市党委員会監察委員会・組織部が河北省党委員会薊県三反工作組からの聴取と匿名の書簡に基づいて作成した報告書によると、天津市薊県党委員会の副部長級・人民委員会科局長級以上の幹部が利用する中灶食堂では、小麦粉や米などのいわゆる「細糧」や肉、油が規定の量の数[37]倍も消費され、さらに部長以上の幹部やその家族は規定外の食糧の提供を受けていた。同県党委員会書記の張雷に至っては、同年1月から7月15日にか[38]け、客の接待を名目に74回にわたって大量の飲食（中国語：大吃大喝）を行ったほか、90回にわたって少人数で酒を飲んだ。その頻度は、大規模な接待から数名での小宴まで合わせて、平均して1日当たり1.34回に達した。また、張は、飲み友達の三河公社副書記の趙和とつるみ、何かにつけて三河公社第一書記を差し置いて趙和と話をつけて業務を進め、同年夏に県党委員会が幹部人事の差配を検討した時には、趙和を人民公社第一書記に抜擢するよう提案した。張はさらに業務を等閑にして、県の劇団の女優である齋彩春と絶えず一緒に飲み食いや享楽に興じ、齋が病だと知れば、人民委員会弁公室副主

任の李広志をともなって見舞いに行き、齋を県党委員会招待所に招き、県党委員会の中灶厨房で餃子や副菜を作って彼女に届けさせた。また、齋の入党問題にも熱心に口利きした。張の影響を受けて、県党委員会の機関職員の間にも飲酒の習慣が広がり、ほぼ毎晩数名集まれば深夜まで酒を飲むという状況であった。中灶食堂の統計によると、1960年上半期には白酒800斤（400kg）余り、果実酒34瓶、ビール82瓶、豚羊肉1,178斤（589kg）が消費された。

　また、薊県党委員会書記処の一部では、県外から訪れた幹部や県内の幹部に対し、多額の公金を用いて接待するのが慣例となっていた。彼らは、幹部と会うからには食事でもてなさないと申し訳が立たないという誤った認識を持っていた。このような慣行については、通県地党委員会および唐山市党委員会によって再三にわたり批判されたものの、改められることはなかった。1959年には計344回の接待が行われ、2,738人が接待され、接待費は2,353.37元に達した。1960年1月から7月15日にかけては、計229回の接待が行われ、2,177人が接待され、接待費は2,068.11元であった。

　さらに、薊県党委員会の一部の書記は、人民公社に視察に出向いた際には、視察先に接待を要求した。たとえば、大廠公社は、1959年10月から1960年6月にかけて、県党委員会幹部を65回にわたって接待し、接待費の支出総額は277.97元に達した。三河公社は1960年5月と6月の2ヵ月だけで、県党委員会幹部の接待のために118.75元を支出した（人民公社の4人の書記が72.88元分を等分で負担し、残額45.87元は公金で賄った）。

　このような県党委員会のやり方は、人民公社、管理区および生産隊の幹部にも悪影響を与えた。一部の人民公社幹部は生産隊に行くと、指導幹部気取りで接待を要求し、生産隊幹部は指導幹部を接待するという名目で大宴会をした。薊県の11の人民公社を対象とした調査によると、1959年以降、公金での接待や贈答（中国語：請客送礼）は総額6,678元に達した。また、30の管理区を対象とした調査によれば、同様に1959年以降の公金からの接待費支出の総額は4,753元であった。たとえば、高楼公社小五福管理区書記の焦呈春は1958年12月から1959年9月にかけて公金531.23元を用い、焦が1959年9

月に異動となった時には、管理区の７つの村がみな変わるがわる焦を接待し、宴席には毎回管理区と村の幹部20～30人が出席した。また焦は各村に対し答礼宴を開き、小隊長以上の幹部60人余りが大いに飲み食いし、公金115元を浪費した。さらに焦は肖李荘でも４つの村の幹部とともに会食し、１回の食事に95元を使い、その支払いについては４つの村に土地面積に応じて負担させ、１苗につき１分３厘を要求した。生産隊レベルの幹部による飲食も相当に深刻な浪費を生んでいた。全県の799の生産隊において、411人（生産隊幹部総数の4.15％）の幹部に深刻な浪費がみられ、1959年以来、公金５万元余りが浪費された。1959年５月から1960年５月にかけて高楼公社の生産隊、三河公社の生産隊が飲食に用いた公金はそれぞれ２万5,000元、１万900元であった。たとえば高楼公社中檀生産隊は、党支部書記の李永年、生産隊長の馬連祥が主導して彼ら専用の食堂を設置し、恒常的に公金を用いて人民公社や管理区の幹部を接待し、1959年以降、総額355元を支出した。[40]

　また、唐山市党委員会が1961年３月17日に報告したところによると、同市昌黎県の一部の責任幹部は、人民公社を視察する際にも一般の公共食堂で食事をとらず、独自に食事をしていた。彼らは、下級組織による接待に対しては、それを黙認した。県党委書記処書記の袁平は1960年に安山公社を視察した際、公社書記の王進堂の家で食事をとった。袁は党機関から肉を持参し、豚肉の餃子には飽きたから鶏肉を食べたいといい、王は彼のために鶏を２羽絞めた。県書記処書記の凌作雲は視察の際にビスケットと牛乳を持参した。下級組織の接待が周到でないと文句をいい、「社会主義人情に欠けている」と述べる幹部もいた。[41]

　食糧難の時期の幹部による贅沢な「共餐」生活、とりわけ官官接待や、それを支える食糧の特別供与を禁止するため、党中央は1960年10月から11月にかけて具体的な通達を発布した。1960年10月12日付「責任幹部に対する特需供与を整頓し、商品供与の『走後門（裏ルート）』を禁止することに関する中央の指示」は、地や県の党委員会が勝手に規定を設けて実施していた幹部に対する特別ルートでの物品供与を一律廃止するよう求めるものであった。

特に、民衆と団結しなければならない県党委員会書記や人民公社党委員会書記およびその他の幹部やその家族が特別ルートでの供与を享受し、人民公社幹部の家族が生活面で民衆よりも優遇されている現象については直ちに是正しなければならないとした。また、いかなる幹部も職権を濫用して特別待遇を求めてはならず、いかなる機関も所有する生活物資を随意に販売したり、接待や贈答に用いたりしてはならないとした。そして、商品供与の「走後門」を厳格に禁止するべく、生活物資の流通を掌握する政府行政部門において、大衆動員型の「走後門」反対運動を展開することを決定した。⁽⁴²⁾また党中央は、同年11月3日には、接待・贈答や招待所の新設を禁止する通知を発した。この通知は、あらゆる機関・工場・企業・部隊・学校・団体および人民公社に対し、職場単位や個人に対する贈答を禁じるものであった。中央や地方の責任者が下級機関を視察する際に、視察先の機関が宴会その他の特殊な接待を行うことも禁じられた。⁽⁴³⁾

　河北省でも、1959年1月10日、天津で開かれた中国共産党河北省委員会第一期委員会第七回全体会議において、林鉄（河北省党委員会第一書記）が幹部の作風問題に言及し、接待や贈答をやめるよう述べるなど、食糧難の時期を迎えて幹部の浪費への戒めが繰り返されたが、⁽⁴⁴⁾効果は上がらなかった。そして、党中央が特別供与や接待について前述の指示を発布するに至って、省内の各市はようやく具体的な規定を打ち出したのであった。たとえば、邯鄲市は1960年10月22日、次のような規定を発布した。第1に、各ランクの幹部は一律に豚肉と鶏卵を食べてはならず、対外供出任務の達成に断固として協力しなければならない。第2に、各行政レベルの各機関・企業・学校の党員責任幹部は、機関食堂に加入し、幹部・職工・学生と共同生活を行わねばならない。農村で業務に従事する際には、農村の公共食堂で民衆と共に同一の食事をとらねばならない。工場・企業・学校の幹部や職員は一律に労働者や学生の食糧、油、肉などの必需配給品を横領してはならず、違反した場合には汚職により処分する。第3に、幹部が職権を濫用し、特別ルートで物資を購入することを厳禁とする。各行政レベルの企業や商業部門は断固たる姿

勢で特別ルートを塞ぎ、私利私欲にかられた全ての行為に対し闘争しなければならない。第4に、見栄を張る風紀を厳禁とする。いかなる場合にも宴席を設けたり、会食を行ったり公金で客を接待したりしてはならない。第5に、ガソリンを節約し、工農業生産を支援するために、市・県（区）・工場・企業・機関などの部門の責任幹部は、必要な場合を除き車を使用してはならず、各行政レベルの招待機関は、外賓や上級責任幹部を車で送迎する場合を除き、一般に車での送迎をしてはならない。第6に、中央と国務院が責任幹部に対し特需供与する場合を除き、規定を設けて責任幹部に特別待遇を供与することを禁じる。また、河北省党委員会は同年12月22日に発布した「大衆の生活の手配において当面留意すべきいくつかの問題」と題する通達のなかで、幹部と民衆とが食事を共にしないという問題を徹底的に解決することが、食糧の節約の成否を決める鍵となるとし、全面的な取り組みの必要に言及した。

　以上に、主に県・人民公社・管理区・生産隊の「共餐」の実態を論じたが、無論、より上層のレベルにも、特権に基づく充実した「共餐」空間が存在していた。「走後門」反対運動を通じて露呈した一部を紹介しよう。

　1960年11月1日付の天津市党委員会監察委員会の報告によると、市・区レベルの党・政府機関は、国慶節にあたり、職権を濫用して特別ルートで物資を入手し、大量飲食を行った。たとえば、市林業局は、従楊柳青林業研究所、水産局などの手配により、鶏鴨魚肉479斤（239.5kg）、果物291斤（145.5kg）を入手した。これらの食糧は、一部を会食で食べ、残りを正局長、副局長、弁公室主任、一般幹部で傾斜配分した。市建材局は、局長の同意の下、ある処長が自ら工農聯盟農場、養魚研究所などから、牛肉、鮮魚計404斤（202kg）を手配し、一部を会食で食べ、残りを幹部の職別に応じて分配した。市文化局は、豚5頭を殺し、名義上は幹部の会食に用いたが、実際にはその大部分を、党委員会書記、局長、一部の処長級幹部が大いに食した。当該局託児所と幹部集団は砂糖や白酒を入手して食した。市交通運輸局は、自動車学校、覇県、蓟県などから75羽の鴨、330個の鶏卵、200個のピータン、1,000斤（500kg）余りの青菜、50個余りの柿を入手し、7名の正副局長、3名の党委

310

員会書記で分配し、民衆は「自動車学校の副食品基地は、局長や書記への特別供与所と化している」と批判した。[47]

　張家口市では、商業局など13の単位の1961年6月から12月にかけての食事接待が、のべ250回、出席者のべ1,056人、支出総額2,049.7元に達した。そのうち、4つの職場単位が半年間の接待で食した肉と魚は876.5斤（438.25kg）、各種の酒が314斤（157kg）、卵81斤（40.5kg）、湯（水）油258斤（129kg）であった。[48]

　唐山市では、1961年12月に財貿部系統で「走後門」反対運動が展開されている最中に、特別ルートでの食糧調達と大量飲食が発覚した。その1つの形態が、会議の開催や新学期の開始などを理由に行われる会食であり、たとえば、市政治協商会議は、12月に会議を2回開催し、粉頭（小麦粉や緑豆粉で作った柔らかいシート状の食品）10斤（5kg）、湯油14斤（7kg）、内臓70斤（35kg）、肉12斤（6kg）、水産物85斤（42.5kg）、茶葉2.5斤（1.25kg）、酒4斤（2kg）、タバコ4本、椎茸5斤（2.5kg）を消費した。もう1つの形態が接待である。たとえば、市公安局は、接待を理由に、規定の配分を超えて、粉頭3斤（1.5kg）、野菜23斤（11.5kg）、クラゲ5斤（2.5kg）、内臓6斤（3kg）、湯油3斤（1.5kg）、肉12斤（6kg）、卵7斤（3.5kg）、魚12斤（6kg）、酒15斤（7.5kg）、点心14斤（7kg）、タバコ28本、果物5斤（2.5kg）、菓子15斤（7.5kg）、茶葉4斤（2kg）を供出させた。[49]

　このように、階級闘争や革命の前線として称揚される公共食堂の外には、生産隊、管理区、人民公社、県、そして市へとつながる幹部の私的人間関係と、権力の私物化により生み出される「共餐」の空間が維持されていた。食糧難の時代、十分な食糧のみならず家族の団欒も親戚友人の往来も失った民衆と、両者を共に維持した権力者との間には、物質面、さらには親密な人間関係や権力とのつながりという面においても格差が拡大した。

三　公共食堂の幕引き

　「十二条」に基づく整風整社運動と並行して、党中央は各地の人民公社の実態調査を推進した。毛沢東は1961年1月の中国共産党第八期中央委員会第九回全体会議でこの方針を打ち出し、自らの秘書である田家英、胡喬木、陳伯達が率いる調査組をそれぞれ浙江・湖南・広東の農村に派遣した。劉少奇、周恩来、朱徳、鄧小平、彭真ら党中央の指導者や、地方党委員会の責任者も精力的に農村調査へと赴いた。一連の調査においては、民衆の生活に直結した公共食堂の実態把握が主たる目的の1つとなった。[(50)]

　河北省でも同年年初より実態調査がなされ、各地から食堂の抱える問題が報告された。保定市党委員会常務委員で常務副市長を務める王愷は、食堂が成功していると評判の漕河郭家営村の調査に赴いた。王が身分を隠して村民たちの話を聞いたところ、判明したのは、食堂が実際には存在していないという事実であった。つまり村民は、普段は各家で食事をとり、上級機関から検査が入ったり、外から視察が来たりする時にだけ、周到に準備し、あたかも食堂が機能しているかのように装っていたのであった。村支部書記は、王の身分が明かされると「（こうなったのも）自分が党のいうことを聞かないからだ」と泣いて詫びた。調査を終えた王は、公共食堂が基層幹部や村民にとって大きな負担であり、到底維持できないものだという内容の報告書を書き、同年春に省党委員会の幹部会議で報告した。[(51)]

　保定軍分区副政治委員を務める赤毓春は、1961年1月下旬、保定市党委員会第二書記の楊培生、党中央から視察に来た楊尚昆とともに安新県を視察し、県党委員会および工作組の報告を聴取した。劉文海が驚きもあらわに、市党委員会副書記の王常柏同志がかつて「食堂を社会主義の陣地として階級闘争の地位にまで引き上げねばならない」といっていたことを知りながら、何故に食堂の苦境を報告できると思うのかと問うと、赤は、「我々は一貫して食堂業務に尽力し、これまでその手を緩めたことはない。私はただ実情を報告す

第10章 「共餐」をめぐる革命と私的人間関係

るまでであり、食堂をやるべきでないとか、失敗だったとかいうのではない。何か問題が生ずれば私個人が責任をとるので安心してほしい」と述べた。そして春節の前夜、県党委員会は上級機関の指示に基づき、各生産隊の食堂の停止を通達した。これを聞いて幹部や村民は喜んだが、鉄鋼生産運動の際に、皆自分の鍋を供出してしまっており、どのように自炊するのかが次なる問題となった。その後、工作組が各世帯を巡回し、銅製の勺や洗面器で炊事ができること、食堂の鍋やかまどを使って交代で炊事できることを教示した。追って市と県の指導者が徐々に鍋問題を解決した。⁽⁵³⁾

各地の調査に基づき、党中央は1961年3月、広州で工作会議を開き「農村人民公社工作条例（草案）」を採択した。これは、人民公社の過度の大規模化や平均主義、管理制度上の問題などを是正する方針を示したものであった。これを受けて、河北省も同年4月15日、「河北省農村人民公社工作補充条例（草案）」を公布した。同条例は、公共食堂に関し、全員参加とするか／部分参加とするか、常設とするか／農繁期のみの開設とするか／開設しないか、生産隊に1ヵ所設置するか／数ヵ所設置するか、食糧を食堂に分配するか／各世帯に分配するかについて、自由な運用を認めるものだった。また、食堂の管理員・炊事員および管理委員会の選挙の定期的実施、食堂の会計の公開義務なども明記していた。⁽⁵⁴⁾工作条例（草案）の試行過程で省内の多くの公共食堂が業務停止を決めた。たとえば、唐山では、133ヵ所の食堂のうち123ヵ所が停止を決定した。⁽⁵⁵⁾その後5月から6月にかけて党中央は工作会議を開き、「農村人民公社工作条例（修正草案）」を採択し、食糧を各世帯への分配とし、食堂を行うか否かは人民公社の構成員の協議に委ねることを正式に決定した。これにより、公共食堂の歴史に終止符が打たれたのであった。

おわりに——「共餐」をめぐる革命と私的人間関係

本章では、1960年の河北省の資料に基づいて、公共食堂をめぐる私的人間関係と革命との相互作用について考察した。大躍進運動において、公共食堂

313

は、人民公社の幹部と民衆とが「共餐」を通じて、私本位、家本位の思想に代わる共産主義的な共同体を構築するための実験場であり、階級闘争と革命の最前線であると位置付けられた。そうであるからこそ、現場に多くの問題を引き起こしながらも、1959年7～8月の廬山会議以降、公共食堂の建設と参加の強制が、中国全土でうねりを成したのであった。

　しかし、未曾有の食糧難に際し、一部の公共食堂は「共餐」を通じた連帯をもたらすどころか、むしろ私本位、家本位の発想に基づく食糧の収奪の場と化した。多くの民衆が、家族の健康や生存の維持、一家団欒、親戚友人との往来にとって極めて重要な家という「共餐」の場を取り上げられる一方で、食堂の炊事員・管理員やその家族は、権力を私物化し、食糧を収奪した。また幹部たちは特別ルートや私的関係を通じて食糧を入手し、公共食堂の外で「共餐」を享受し、それにより権力者間のタテ（村／生産隊―管理区―人民公社―県―市―省）、ヨコの私的人間関係を維持、強化した。各家が世帯ごとに、ないしは数世帯で「共餐」を享受していた状況下では隠されていたであろう幹部の特権化の現実は、公共食堂という「共餐」の場の画一化によって、白日の下に晒されたのであった。

　食糧の節約と効率的分配を妨げる権力者の勝手な振る舞いを禁止し、経済的危機を乗り越えるにはどうしたら良いか。これはおそらく党中央として取り組まねばならない喫緊の課題であっただろう。党中央は、1960年秋から幹部による特別ルートでの食糧等の入手や贈答・接待に対する取り締まりを強化するとともに、各地で整風整社運動を展開した。1962年9月の中国共産党第八期中央委員会第一〇回全体会議で毛沢東が継続革命論を打ち出し、直後に社会主義教育運動の開始を宣言した時、劉少奇もそれに賛同したというが、[(56)]統治構造に巣食った権力の私物化、幹部の特権化という問題に対処しなければ国家が維持できないという危機意識は、党中央指導者の共有するところであったと推察される。社会主義教育運動は、人民公社の帳簿・倉庫・財産・労働点数を明朗化し（四清）、汚職や官僚主義を追放することを目的に展開されたが、毛沢東の主導の下、徐々に階級闘争としての色彩を強め、暴力的な

第10章　「共餐」をめぐる革命と私的人間関係

プロレタリア文化大革命へと展開していく。

【注】

（1）『郷土中国』（費孝通著、西澤治彦訳、風響社、2019年、65-82頁）。

（2）『中国の公と私』（溝口雄三、研文選書、1995年）。

（3）たとえば、閻雲祥（Yunxiang Yan）による、黒竜江下岬村での長期にわたるフィールド・ワークは、閻自身が「本研究の重点を、一人の人間とその情感生活に置く」と記述したように、職場「単位」や村、居民委員会などにおける集団生活ばかりに目を向けてきた先行研究の偏向を克服し、私的生活空間をも含めた中国理解に道を切り拓こうとするものである。『私人生活的変革 —— 一個中国村荘里的愛情、家庭與親密関係1949～1999』（閻雲祥著、龔暁夏訳、上海書店出版社、2006年）。

（4）その理由としては、リベラリズムをはじめとする近代の政治思想の伝統において、私的領域が前近代的ないしは非政治的な空間として扱われてきたことに加え、毛沢東時代にはイデオロギーが統治体制のみならず私生活のありようをも規定したと広く解釈されてきたことが挙げられるだろう。また、感情で結びついた私的人間関係の営みが、数値化や実証性を重んずる行動主義的政治学の方法論で説明できる範疇を逸脱していること、小規模性、閉鎖性を特徴とする私的領域が、公共的集団に着目する新制度論的分析の俎上にも載りにくかったことが考えられる。

（5）Janet Carsten ed., *Cultures of Relatedness: New Approaches to the Study of Kinship*, Cambridge University Press, 2000.

（6）Mayfair Mei-hui Yang, *Gifts, Favors, and Banquets: The Art of Social Relationships in China*, Cornell University Press, 1994、「関係消費的表演与凝固：当代中国転型期飲酒社交消費研究」（黎相宜、『開放時代』2009年1月）、「官場『酒文化』的駆動因素、治理補償功能与路径」（羅迪、『領導科学』2020年8月（上））。

（7）『中国食事文化の研究 —— 食をめぐる家族と社会の歴史人類学』（西澤治彦、風響社、2009年、593-594頁）。

（8）これらの資料はいずれも、中文出版物服務中心編『中共重要歴史文献資料彙編』として編纂されたものである。『河北建設』は第二十一輯第五十六種、『在那艱苦的日子里 —— 1960～1963年期間的河北保定』は特輯一百六十四、『反対商品「走後門」運動簡報』は第二十五輯第十九分冊である。

（9）『毛沢東大躍進秘録』（楊継縄著、伊藤正・田口佐紀子・多田麻美訳、文藝春秋、2012年、153頁）、『「大鍋飯」農村公共食堂始末』（羅平漢、四川人民出版社、2015年、36-37頁）。

（10）前掲『「大鍋飯」農村公共食堂始末』（40-41頁）。

(11) 大飢饉の間に餓死した数千万人のうち、1958年の餓死者は7.72％であり、その多くが1958年の最後の1～2ヵ月間に餓死したものであった。前掲『毛沢東大躍進秘録』（173頁）。

(12) 前掲『「大鍋飯」農村公共食堂始末』（128-129頁）。

(13) 前掲『毛沢東大躍進秘録』（164-169頁）。

(14) 同上（168頁）。

(15) 「堅持党性、勇挑重担」（孫玉琴、保定市政協文史資料委員会『在那艱苦的日子里——1960～1963年期間的河北保定』、1998年10月所収、〔中共重要歴史文献資料彙編特輯164、中文出版物服務中心、2020年〕、3頁）、前掲『毛沢東大躍進秘録』（170-171頁）。

(16) 前掲『毛沢東大躍進秘録』（171頁）。

(17) 前掲『「大鍋飯」農村公共食堂始末』（33、98頁）。

(18) 同上（99頁）。

(19) 前掲「堅持党性、勇挑重担」（3頁）。

(20) 前掲『「大鍋飯」農村公共食堂始末』（103頁）。

(21) 同上（105頁）。

(22) 同上（111頁）。

(23) たとえば、1959年7月1日から12日にかけ、食堂では1日1人当たり7両（350g）の副菜が提供されたが、自炊世帯には平均して2.4両（120g）しか支給されなかった。

(24) 自炊世帯の1日当たり炊事時間は、米を挽いたり麺を練ったりする時間を含め2時間までとされた。

(25) 前掲『「大鍋飯」農村公共食堂始末』（129-130頁）。

(26) 1960年10月の報告には、天津市河北区光復道公社の32カ所の食堂のうち24ヵ所で、1斤（500g）の米を4斤半（2.25kg）に、1斤の小麦粉を1斤8両（900g）から2斤（1kg）に増量するための手法が考案され、実施されたと記述されている。しかし、それが具体的にどのような手法なのか、資料に記載はない。「光復道公社大抓食堂節約糧食的経験」（1960年10月8日）（『河北建設』第512期、1960年10月21日、23頁）。

(27) 「河北省委批転保定市委関於発動群衆開好吃飯大会的報告」（1960年11月16日）（『河北建設』第517期、1960年11月26日、15-16頁）。

(28) 「河北省委批転侯順徳同志関於調整与加強生産隊食堂管理員的報告」（1960年10月27日）（『河北建設』第514期、1960年11月5日、26-27頁）。

(29) 「中共河北省委批転覇県堂二里省委整風整社工作隊関於生活戦線上的闘争情況向省委的報告」（1960年12月26日）（『河北建設』第520期、1960年12月31日、34-37頁）。

第 10 章 「共餐」をめぐる革命と私的人間関係

(30) 前掲「河北省委批転侯順徳同志関於調整與加強生産隊食堂管理員的報告」(28 頁)。なお、包拯（999〜1062 年）とは、北宋の仁宗の時代に科挙を経て進士に合格し、大理評事、建昌知県、枢密副使として多くの役職に就いた人物であり、清廉潔白な官吏として後世に広く伝えられている。

(31) 「劉子厚同志在省直幹部会議上関於切実安排好人民生活問題的報告」(1960 年 11 月 10 日)(『河北建設』第 516 期、1960 年 11 月 19 日、16 頁)。

(32) 「把安排生活和辦好食堂提高到階級闘争的地位上来！—— 中央転発李雪峰、劉子厚両同志的報告」(1960 年 12 月 2 日)(『河北建設』第 518 期、1960 年 12 月 9 日、11 頁)。

(33) 前掲「河北省委批転侯順徳同志関於調整与加強生産隊食堂管理員的報告」(28-29 頁)。

(34) 「堅決貫徹執行中央的緊急指示信、深入開展整風整社運動 —— 劉子厚同志在中共河北省第一届代表大会第三次会議上的報告」(1960 年 12 月 8 日)(『河北建設』第 520 期、1960 年 12 月 31 日、12-13 頁)。

(35) 「巨鹿県艾村生産隊搞好群衆生活的経験」(『河北建設』第 526 期、1961 年 3 月 16 日、31-33 頁)。

(36) 前掲「中共河北省委批転覇県堂二里省委整風整社工作隊関於生活戦線上的闘争情況向省委的報告」(34-37 頁)。

(37) 中灶食堂は、食事の基準が一般民衆の食堂（大灶食堂）より高く、高級幹部の食堂（小灶食堂）より低いものを提供する食堂であった。

(38) 41 歳、男。中農出身。1938 年に革命工作に参加、1942 年入党。助理員、区長、財糧科長、県党委員会宣伝部副部長、県長、専署農林局副局長、水利局長などの職を歴任し、薊県党委員会書記処書記兼県長を務めていた。張の下で、数人の職員は、書記専属秘書と化し、書記の外出に随行し、買い物や水汲みなど家事労働までをも提供した。その結果、公務が手薄になってしまったという。

(39) 1959 年以降いつまでの統計であるのか資料に記載はないが、報告書が作成された 1960 年 8 月 16 日までの期間であることは間違いない。

(40) 「堅決向官僚主義、舖張浪費和特殊化作風進行闘争 —— 中共天津市委批転市委監委関於薊県県委厳重舖張浪費、官僚主義問題及張雷同志所犯錯誤的検査報告」(1960 年 10 月 5 日)(『河北建設』第 513 期、1960 年 10 月 23 日、31-32、36 頁)。

(41) 「唐山市委関於昌黎県部分負責幹部生活特殊的通報」(1961 年 3 月 17 日)(『河北建設』第 529 期、1961 年 4 月 31 日、31 頁)。

(42) 「中央関於整頓対負責幹部的特需供応、禁止商品供応『走後門』的指示」(1960 年 10 月 12 日)(『河北建設』第 513 期、1960 年 10 月 23 日、21-22 頁)。

(43) 「中共中央関於不准請客送礼和停止新建招待所的通知」(1960 年 11 月 3 日)(『河北建設』第 516 期、1960 年 11 月 19 日、1 頁)。

317

(44)『中国共産党河北歴史大事記（1949.7-1978.12）』（中共河北省委党史研究室編、中央文献出版社、1999年、256頁）。

(45)「中共邯鄲市委関於各級負責幹部以身作則帯領広大幹部群衆勤倹節約的幾項規定」（1960年10月22日）（『河北建設』第515期、1960年11月14日、23頁）。

(46)「河北省関於当前安排群衆生活中応注意的幾個問題」（1960年12月22日）（『河北建設』第521期、1961年1月10日、10-11頁）。

(47)「天津市委対市委監委関於某些市区級機関舗張浪費、走後門私分商品等問題報告的批示」（1960年11月7日）（『河北建設』第517期、1960年11月26日、24-25頁）。

(48)「張家口市商業系統請客成風」（河北省反「走後門」運動弁公室『反対商品「走後門」運動簡報』第15号、1962年1月25日、2-3頁）。

(49)「省委財貿部工作組関於唐山市財貿系統在反対商品『走後門』運動中辺反辺『走後門』情況的報告」（1962年1月25日）（河北省反「走後門」運動弁公室『反対商品「走後門」運動簡報』第15号、1962年1月25日、6-7頁）。

(50)前掲『毛沢東大躍進秘録』（175-181頁）。

(51)前掲「堅持党性、勇挑重担」（4-5頁）。

(52)役職不詳。県の役職者と思われる。

(53)「参加整風整社工作的日日夜夜」（赤毓春、保定市政協文史資料委員会『在那艱苦的日子里1960-1963年期間的河北保定』1998年10月、15頁）。

(54)「河北省農村人民公社工作補充条例（草案）」（1961年4月15日）（『河北建設』第528期、1961年4月24日、20-24頁）。

(55)「河北省委批転唐山地委関於貫徹執行全国農村人民公社工作条例（草案）試点工作的報告」（1961年6月2日）（『河北建設』第533期、1961年6月21日、10頁）。

(56)『中国共産党の歴史』（高橋伸夫、慶應義塾大学出版会、2021年、194頁）。

あとがき

　私は子供時代（1970年代末から1980年代初期）、親とともに中国江西省南昌市内にある祖父の家に住んでいた。当時は、毛沢東時代が終わったものの、毛沢東時代の社会主義「単位」体制がまだ残っており、人々の職場は生活を営む場でもあった。近所の人々がみんな祖父と同じ勤務先で働いた顔見知りだったこともあり、近所の家と行ったり来たりしていた。朝は近所の子どもたちと一緒に小学校に登校し、放課後は部活も塾もなく、自由に外で遊んでいた。夜は家族との時間だった。携帯やパソコンはもちろんなく、テレビも電話も冷蔵庫もなかった。最高気温が40度だった真夏日に停電することさえよくあった。だが、なぜか苦痛を感じた記憶はない。むしろ、そうした日々を思い出すたびに、一種の郷愁の念が湧いてくる。あの時代は過ぎ去ってしまった。考えてみれば、それは、ふるさとに対する郷愁より、半分は自由な子ども時代、残りの半分は濃厚な人間関係に対する懐かしさなのかもしれない。

　家族や近所との濃厚な関わりは、いまの東京では感じられない。中国に戻ることによって再び感じられるようなものでもない。いまの中国は、あの時代と違う。高速鉄道やインフラ設備、通信設備などの整備、電子商品やAI技術の普及によって、都市化が急速に進んでいる。それにともなって生活の便利度が著しく向上している一方、人間関係は希薄になりつつある。人々の価値観や行動様式も急速に変化し、結婚、子育てなどかつて中国人家庭にとって最重要であった事柄は、いまの若者たちにはさほど重要視されなくなっている。むしろ、自分のために楽しく自由に生きたいという価値観や生き方が若者を中心に急速に広がっている。こうした状況をみると、過去100年にわたる中国社会の変容の転換点は一体どこにあったのか、という問題が浮かぶ。もちろん、その答えは見方によって異なるが、家族や友人との関わり方や人間関係のあり方を考えると、毛沢東時代の革命や政治運動より、市場化や情

報化の波による影響のほうが大きかったような気がする。

　だが、あれほど人々の人生を翻弄し、多くの悲劇を生み出した毛沢東時代は、普通の人々にとってどのような意味を持つのか。この問題に答えるのは、さほど容易なことではない。本書の編集作業を終えようとしているいま、頭のなかには毛沢東時代の社会が持っていた２つの「顔」が浮かんでくる。ひとつは、血、情や絆にまつわる親密な「顔」である。いまひとつは、社会から排除された人々に対する冷淡な「顔」である。人と人との親密な関係は人々の生を支えていたと同時に、新たな政治秩序のなかに組み込まれて権力への依存を高め、壊れやすく脆弱なものでもあった。こうした親密な関係のあり方は、毛沢東時代の中国社会特有のものだったのか、それとも近代国民国家の支配に包摂された近代社会に共通してみられるものなのか。国民国家の成立という世界史の視点からみれば、毛沢東時代の中国社会の変容はどこまで独自性があるのか。これらの問題については今後の課題としたい。

　本書は、2021年に中国側研究者５名と日本側研究者５名とともに立ち上げた国際共同研究プロジェクトの研究成果である。同プロジェクトは「毛沢東時代の中国における革命と『親密圏』――民間史料と口述史が語る恋愛、婚姻と子育て」というタイトルで2021年度に三菱財団人文研究助成金（競争的学術資金）を申請し、無事に採択された。その後、新型コロナウイルス感染症の影響により、プロジェクト活動は１年延期となり、2022年３月から本格的にスタートした。三菱財団から助成金をいただいたおかげで、2024年３月にかけての２年間、合計７回研究会を開催し、海外の研究者を日本に招聘したり、研究成果を国内外に積極的に発信したりすることができた。ここでまず、ご支援くださった三菱財団に厚くお礼申し上げる。

　次に、共同研究者の先生方のご尽力にお礼申し上げたい。研究会では、「親密圏」研究の理論および方法論、建国初期の中国農村の離婚問題、人民公社時代の婚姻と性、中国都市家庭の親子関係や夫婦関係、若者の日記に対する内容分析、社会主義時代の娯楽など様々なテーマにわたり、活発な議論を行うことができた。本書の各章の内容は、プロジェクトメンバーの先生方がこ

うした討論を踏まえた上で論文を執筆したものである。張楽天先生（復旦大学教授）には、毛沢東時代の経験者という立場から、本書の内容に対して的確かつ建設的なご助言を多くいただいた。小嶋華津子先生（慶應義塾大学教授）にはプロジェクトを立ち上げた当初から励ましていただき、丸田孝志先生（広島大学教授）には、2023年秋に急遽論文の執筆に関する相談を行ったにもかかわらず、快く引き受けていただいた。

　研究会の開催のほか、これまでの2年間、研究成果を国内外に積極的に発信することもできた。2023年3月にボストンで開かれた「アジア研究協会」（Association for Asian Studies、略称：AAS）では革命と親密な関係に関するパネルを企画し、プロジェクトメンバー3名（小嶋華津子先生、横山政子先生、魏瀾先生）とともに研究論文を報告することができた。パネルでは、コメンテーターを務める叢小平先生（アメリカ・ヒューストン大学教授）から本研究プロジェクトの内容に関する貴重なコメントをいただいた。また、2024年6月に開催されたアジア政経学会春季大会では、「革命と中国社会の変容：『日常の政治』の視点から」をタイトルとする自由分科会を企画し、研究プロジェクトメンバー3名（丸田孝志先生、泉谷陽子先生、大濱慶子先生）が本書の執筆内容に関する研究報告を行い、分科会のコメンテーターを務められた南京大学の朱安新先生と兵庫県立大学の鄭成先生から貴重なコメントをいただいた。その後、中生勝美先生（桜美林大学教授）からも本書の内容の一部について熱心なご指導を賜った。このように、数多くの先生方からご支援をいただいたからこそ本書の刊行が可能になった。感謝を申し上げたい。

　本プロジェクトを開始した当初から、日本の中国女性史研究会のリンダ・グローブ先生（上智大学名誉教授）、江上幸子先生（フェリス女学院大学名誉教授）、小浜正子先生（日本大学特任教授）、そして私が長年お世話になっている中兼和津次先生（東京大学名誉教授）と奥村哲先生（首都大学東京名誉教授）から細かなご指導やご助言をいただいた。勤務先では、田島英一先生（慶應義塾大学教授）と「生活世界と公共性」という大学院生向けの科目を共同で担当し、文献の輪読や討論などを通して研究の視野を広げ、知的な意欲を高めることが

できた。加茂具樹先生（慶應義塾大学教授）には、研究と仕事の両面から支えていただいた。慶應義塾大学法学部の高橋伸夫先生には、本書の出版に向けて励ましのお言葉と貴重なご助言をいただいた。ほかにもお世話になった先生方が多くいらっしゃるが、あわせてお礼申し上げたい。

　最後に、本書の出版にあたって、東方書店の家本奈都氏から編集上の支援をいただいたことに厚くお礼申し上げる。

※本書の出版にあたっては、三菱財団人文研究助成金を受けた（課題番号：202120020）。

2023年6月

鄭浩瀾

著者紹介（執筆順）

鄭浩瀾（Zheng Haolan）
慶應義塾大学総合政策学部准教授。慶應義塾大学政策・メディア研究科博士後期課程修了、博士（政策・メディア）。専門分野：中国近現代史、中国地域研究。『中国農村社会と革命』（慶應義塾大学出版会、2009年、第26回大平正芳記念賞受賞作）、『毛沢東時代の政治運動と民衆の日常』（共編著、慶應義塾大学出版会、2021年）ほか。

丸田孝志（Maruta Takashi）
広島大学大学院人間社会科学研究科教授。広島大学大学院文学研究科博士課程後期退学、博士（文学）。専門分野：中国近現代史、中国共産党史。主要著作：『革命の儀礼 —— 中国共産党根拠地の政治動員と民俗』（汲古書院、2013年）、『現地資料が語る基層社会像 —— 20世紀中葉 東アジアの戦争と戦後』（共著、汲古書院、2020年）ほか。

李秉奎（Li Bingkui）
北京大学准教授。北京大学博士課程修了、博士（歴史学）。専門分野：中国近現代史。主要著作：『太行抗日根拠地中国共産党農村党組織研究』（北京、中共党史出版社、2011年）、『狂瀾与潜流：中国青年的性恋与婚姻』（北京、社会科学文献出版社、2015年）ほか。

張楽天（Zhang Letian）
中国復旦大学当代中国社会生活資料センター主任。復旦大学社会学部元教授。専門分野：社会学、文化人類学。主要著作：『告別理想：人民公社制度研究』（上海、東方出版中心、1998年、2010年第一回陸学芸社会発展基金受賞作）、『新馬路12号：従義烏走向世界』（上海、文匯出版社、2023年）ほか。

魏瀾（Wei Lan）
上海郷村振興研究センター助理研究員、イギリス・ダラム大学博士課程修了、博士（哲学）。専門分野：社会学、文化人類学。主要著作："Materialisation of the Good Life in the New House: Remaking Family Relations in Rural South China", *European Journal of East Asian Studies*, Vol.20 (1), 2021; "Playing the Edge Ball: The Politics of Transgression in Rural Land Development in China", *Focaal: Journal of Global and Historical Anthropology*, Vol.2022 (94), 2022.

黄彦杰（Huang Yanjie）

シンガポール国立大学中文学部助理教授。アメリカ・コロビア大学博
士課程修了。博士（歴史学）。専門分野：中国近現代史、中国地域研究。
主要著作：*Market in State: The Political Economy of Domination in China* (co-
authored), New York, and London: Cambridge University Press, 2018; "The
Work Replacement System and Politics of Livelihood in Urban China, 1962-
1980", *Twentieth Century China*, vol 49, No.2, 2024.

泉谷陽子（Izutani Yoko）

フェリス女学院大学国際交流学部教授。東京都立大学人文科学研究科
博士課程満期退学、博士(史学)。専門分野：中国近現代史。主要著作：『中
国建国初期の政治と経済』（御茶の水書房、2007 年）、『アジアの独裁
と「建国の父」──英雄像の形成とゆらぎ』（共著、彩流社、2024 年）
ほか。

大濱慶子（Ohama Keiko）

神戸学院大学グローバル・コミュニケーション学部教授。北京師範大
学国際与比較教育研究所比較教育学専攻博士課程修了、博士（教育）。
専門分野：比較教育学、ジェンダー研究。主要著作：『女性研究者支
援政策の国際比較──日本の現状と課題』（共著、明石書店、2021 年）、
『中国の娯楽とジェンダー──女が変える／女が変わる』（アジア遊学、
共著、勉誠出版、2022 年）ほか。

横山政子（Yokoyama Masako）

志學館大学人間関係学部教授。大阪大学文学研究科文化形態論専攻東
洋史学科博士後期課程修了、博士（文学）。専門分野：中国近現代史、
中国東北地域研究。主要著作：「中国大躍進期における農村公共食堂
の地域的な運営形態──黒竜江省の場合」（『歴史学研究』第 883 号、
2011 年）、『中国の娯楽とジェンダー──女が変える／女が変わる』（ア
ジア遊学、共著、勉誠出版、2022 年）ほか。

小嶋華津子（Kojima Kazuko）

慶應義塾大学法学部教授。慶應義塾大学法学研究科博士課程単位取得
退学、博士（法学）。専門分野：現代中国政治。主要著作：『中国の労
働者組織と国民統合─工会をめぐる中央–地方間の政治力学─』（慶應
義塾大学出版会、2021 年）、『中国共産党の統治と基層幹部』（共編著、
慶應義塾大学出版会、2023 年）ほか。

訳者紹介

金牧功大（Kanemaki Kota）

慶應義塾大学大学院法学研究科博士後期課程在籍。修士（法学）。同塾総合政策学部講師（非常勤）。防衛大学校総合教育学群教官（非常勤講師）。経済産業省通商政策局専門職員（非常勤）。専門分野：現代中国政治史。主要著作：「人民解放軍による『チャムドの戦い』の再検討」（『日本西蔵学会々報』69 号、2023 年）。

手代木さづき（Teshirogi Sazuki）

京都大学大学院文学研究科博士後期課程在籍。修士（文学）。専門分野：中国近現代史、ジェンダー史、大衆文化史。主要著作：「一九四〇年代上海の越劇と女性パトロン」（『東洋史研究』第 82 巻第 3 号、2023 年）。

御器谷裕樹（Mikiya Yuki）

慶應義塾大学法学研究科博士後期課程在籍。修士（法学）。専門分野：中国政治史。主要訳書：龎宏亮『知能化戦争——中国軍人が観る「人に優しい」新たな戦争』（五月書房新社、2021 年［第 4 章、第 6 章担当］）。

比護遥（Higo Haruka）

日本学術振興会特別研究員 PD。京都大学大学院教育学研究科博士後期課程修了、博士（教育学）。専門分野：中国近現代史、メディア文化論。主要著作：『近現代中国と読書の政治—— 読書規範の論争史』（東京大学出版会、2024 年）ほか。

革命と親密性　毛沢東時代の「日常政治」

2024 年 12 月 5 日　初版第 1 刷発行

編著者●鄭浩瀾
発行者●間宮伸典
発行所●株式会社東方書店
　　　　東京都千代田区神田神保町 1-3　〒 101-0051
　　　　電話 (03) 3294-1001　営業電話 (03) 3937-0300
装　　幀●冨澤崇（EBranch）
印刷・製本●丸井工文社

※定価はカバーに表示してあります

ⓒ2024 鄭浩瀾　Printed in Japan　　ISBN978-4-497-22418-7　C3022

乱丁・落丁本はお取り替え致します。恐れ入りますが直接本社へご郵送ください。
Ⓡ 本書を無断で複写複製（コピー）することは、著作権法上での例外を除き、
禁じられています。本書をコピーされる場合は、事前に日本複製権センター
（JRRC）の許諾を受けてください。
JRRC〈https://www.jrrc.or.jp　E メール：info@jrrc.or.jp　電話：03-3401-2382〉
小社ホームページ〈中国・本の情報館〉で小社出版物のご案内をしております。
https://www.toho-shoten.co.jp/